KB204229

하나님의 때가 차매

복음과 십자가

하나님의 때가 차매

복음과 십자가

펴 낸 날   2019년 4월 1일 1판 1쇄

지 은 이   황 재 명
펴 낸 이   허 복 만
펴 낸 곳   야 스 미 디 어

편 집 기 획   나   인   북
표지디자인   디자인일그램
등 록 번 호   제10-2569호

주   소   서울 영등포구 양산로 193 남양빌딩 310호
전   화   02-3143-6651
팩   스   02-3143-6652
이 메 일   yasmedia@hanmail.net
I S B N   978-89-91105-72-0 (03230)

정가 15,000원

하나님의 때가 차매

복음과 십자가

THE
GOSPEL
AND THE
CROSS

황재명 지음

목차

시작하며

1

예수 그리스도의 오심과 복음

2

예언과 계시의 복음

3

영광과 평화의 복음

4

복음과 하나님

5

십자가에서 이루어진 복음

6

십자가 복음과 고난의 역설

7

십자가 복음과 '아름다운 발'

8

십자가 복음과 '갈릴리로 가라'

시작하며

    고대 헬라 문화권에서 시간을 표현할 때 사용하던 단어 중에 '크로노스'와 '카이로스'라는 단어가 있다. 크로노스는 우리가 일반적으로 알고 있는 과거, 현재, 미래로 흘러가는 시간의 경과나 과정을 나타내는 수평적 시간 개념이다. 이에 반해, 카이로스는 어떤 사건이 일어나는 때나 기회를 지칭할 때 사용되는 단어로, 성경에서는 하나님의 구속 역사 속에 일어나는 예정된 사건 또는 결정적인 순간을 나타내는 시간적 개념으로 사용되고 있다. 특히 복음서에 기록된 예수님이 언급하신 '시간' 또는 '때'는 보편적 시간 개념인 '크로노스'라기 보다는 '카이로스', 즉 하나님의 구속 역사속에 예정되어 있던 영적 의미의 시간을 의미한다. 따라서 성경에 계시된 복음과 십자가를 이해하고 깨닫는 데에 있어서 하나님의 때(카이로스)를 올바로 아는 것이 필요하다.

복음서를 보면, 하나님의 아들 그리스도의 오심을 예비한 세례 요한이 옥에 갇힌 후 예수님은 드디어 하나님의 복음을 전파하시며 하나님의 나라가 가까이 왔음을 선포하셨다. "요한이 잡힌 후 예수께서 갈릴리에 오셔서 하나님의 복음을 전파하여 이르시되 때가 찼고 하나님의 나라가 가까이 왔으니 회개하고 복음을 믿으라 하시더라"막1:14-15. 마가는 예수님의 복음 선포가 하나님의 때가 찼음을 선포함으로 시작되었음을 강조한다. 예수님의 공생애의 시작이 하나님이 예정하신 구원 역사가 전개되어지는 카이로스의 시점과 맞물려 있음을 보여 줌으로 예수님의 사역이 전적으로 하나님의 뜻에 따라 이루어지고 있음을 암시하는 것이다. 사실, 성경을 보면 그리스도로 오신 예수님의 출생, 사역, 죽음 모두가 하나님의 카이로스 시간표에 의해 진행되었음을 알 수 있다. 예수님의 공생애는 하나님 나라의 복음이 선포된 카이로스와 함께 시작되었으며,

그리고 3년이라는 크로노스의 시간을 거쳐 골고다 언덕위에서 하나님이 예정하신 또 다른 카이로스인 십자가로 그 끝을 맺고 있다.

예수님은 하나님의 복음을 선포하러 이 세상에 오셨고, 그리고 이 세상을 떠나시는 그때를 위하여 오셨던 것이다. 바로 그때가 예수님이 죽으심으로 하나님께로 돌아가는 이미 예정되었던 시간(카이로스)이었다. 예수님의 공생애 초기를 보면 '아직 그때가 이르지 아니하였다'고 기록하고 있다. 가나의 혼인잔치에서 예수님은 어머니 마리아에게 '내 때가 아직 이르지 아니하였나이다'요 2:4라고 말씀하셨고, 초막절 절기를 지키러 예루살렘으로 올라가는 형제들이 예수님에게 이제는 세상에 공개적으로 메시아임을 드러내라고 압박하였을 때에도 '내 때가 아직 차지 못했다'요 7:8라고 답변하셨다. 그리고 예수님이 유대 율법의 관점으로 볼 때 신성모독의 참람한 말씀을 하셨음에도 불구하고 유대인들이 예수님을 붙잡지 못했던 이유도 '아직 그의 때가 이르지 아니하였기 때문'요 7:30이라고 성경은 설명한다. 그러나 예수님의 공생애가 끝을 맺는 시점에서는 그때가 이르렀음을 분명히 밝히고 있다. 마지막 유월절을 지키러 예루살렘으로 올라가신 예수님은 제자들에게 "성안 아무에게 가서 이르되 선생님 말씀이 내 때가 가까이 왔으니 내 제자들과 함께 유월절을 네 집에서 지키겠다 하시더라"마 26:18라고 이르셨다. 그리고 유월절에 예배드리기 위해 올라온 헬라 사람들이 예수님을 만나고자 했을 때, 예수님은 "인자가 영광을 얻을 때가 왔도다"요 12:23라고 말씀하시며 드디어 그때가 도래하였음을 선언하셨다. 하나님의 예정하신 때가 이르렀음을 선포하신 예수님은 곧바로 십자가에서 겪으실 수난에 대한 고통과 두려움을 토로하셨으며, 동시에 하나님의 뜻을 따르고자 하는 순종의 결연함도 보이시며 기도하셨다. "지금 내 마음이 괴로우니 무슨 말을 하리요 아버지여 나를 구원하여 이 때를 면하게 하여 주옵소서 그러나 내가 이를 위하여 이 때에 왔나이다"요 12:27. 예수님에게 그 '때'는 고난과 죽음의 시간이었으며, 그리고 동시에 하나님의 뜻에 절대로 복종해야 하는 시간이었다. 한치의 오차도 없이 온 우주만물을 다스리시는 하나님의 주권적 목적과 계획안에 예정되어 있던 시간이었다. 바로 그때가 예수님이 대속제물로 십자가에 달리신 때였으며, 하나님과 예수님이 영화롭게 되는 때이었다. "예수께서 이 말씀을 하시고 눈을 들어 하늘을 우러러 이르시되 아버지여 때가 이르렀사오니 아들을 영화롭게 하사 아들로 아버지를 영화롭게 하게 하옵소서"요 17:1.

　예수님의 십자가는 고난과 영광을 동시에 보여주는 하나님의 카이로스이다. 하나님의 구속 역사가 선포되고 이루어져 가는 과정 속에 없어서는 안될 절대 필수 조건이 예수님의 십자가이다. 십자가 없는 복음은 존재하지 않는다. 예수님의 십자가의 때가 얼마나 중요한지에 대해 존 스토트는 그의 저서 '그리스도의 십자가'에서 다음과 같이 강조하고 있다. "그(예수님)분의 교훈, 모범, 긍휼과 능력의 일들이 매우 중요하긴 하지만, 그 가운데 어느 것도 그분 사명의 중심은 아니었다. 그분의 마음을 지배했던 것은, 사는 것이 아니라 자기의 생명을 주는 것이었다. 이 최후의 자기희생, 이것이 바로 그분이 이루기 위해 이 세상에 오신 바 그 '때'였다"p55. 제시펜 루이스 또한 "십자가는 이 시대의 참된 방향과 목표를 가르쳐 주는 구심점이며 또한 과거로부터 시작해서 현재와 미래를 이끌면서 인류 역사를 주관하시는 하나님 사역의 중심축이다"라고 설명하고 있다'갈보리 십자가', p11-12. 백번 지당한 설명이다. 십자가는 성경의 중심축일 뿐만 아니라 역사의 중심점이다. 역사와 신학의 중심인 예수님의 십자가는 2000년전 과거에 일어났던 사건이 아닌 오늘 현재에도 계속해서 역사하는 실제적 체험이자 능력이며 미래를 볼 수 있는 소망의 창이다. 그래서 십자가는 앞으로 다가올 마지막 카이로스인 예수 그리스도의 재림을 분명하게 보여주고 있다. "또 내게 말하되 이 두루마리의 예언의 말씀을 인봉하지 말라 때가 가까우니라"계 22:10.

인간의 역사는 과거에서 현재로 흘러오고 그리고 미래를 향해 나아가고 있다.그러나 영원하신 하나님 앞에서는 인간의 시간표(과거, 현재, 미래)의 구분은 아무런 의미가 없다. 왜냐하면 하나님과의 관계에서는 모든 시간은 언제나 현재 곧 영원한 지금이기 때문이다. 그럼 '지금' 우리 성도에게 주어진 '크로노스'와 '카이로스'는 무엇인가? 하나님의 '카이로스'에 합당하게 살아가는 '크로노스'의 삶은 무엇인가? 이 질문에 우선 먼저 인간 역사의 크로노스를 살펴봄으로 시작하려 한다.

일반적으로 사람은 과거를 뒤돌아보며 오늘의 현주소를 파악하고 내일의 비전을 만들어간다. 인류의 역사도 마찬가지이다. 오늘의 시대적 흐름을 바로 알고 미래를 대비하기 위해서는 과거 역사 속에서 그 실마리를 찾아가야 한다. 지금 우리가 살고 있는 시대를 바라보면, 구 소련의 붕괴와 신흥 강자 중국의 등장 그리고 중동의 봄 등으로 국제정세가 급격하게 변화하고 있으며, 기독교의 영향력이 서구 유럽권에서 아시아 아프리카 지역으로 이동하고 있음을 알 수 있다. 특히 교회의 세속화와 개신교내의 분열 그리고 기독교 성도 수의 감소 추세는 과거 15-16세기 유럽이 겪었던 상황과 별반 다르지 않아 보인다.

중세 유럽 또한 오늘날과 마찬가지로 국제정치 및 종교적 역학 구도가 급변하였던 시대였다. 1453년 오스만 투르크가 동로마 제국 비잔틴을 멸망시키고 새로운 종교 왕국의 출발을 선포하였고, 서유럽 내에서는 로마교황의 권위가 예전처럼 절대적인 영향력을 발휘하지 못하고 있었다. 급기야는 프랑스 왕권에 의해 로마 교황청이 아비뇽으로 이전되는 사건이 발생하였다. '아비뇽 유수' 사건으로 교회 권위는 추락하였으며, 설상가상으로 세 명의 교황들이 각각 자신이 진정한 교황이라고 주장하면서 초래된 교회의 대분열 등 일련의 사건들로 인해 많은 카톨릭 신자들이 교회를 떠나게 되었다. 한마디로, 유럽의 정신을 받쳐오던 기독교 세계관이 붕괴되기 시작한 암울한 시대가 바로 중세이다. 이러한 시대적 혼돈과 카톨릭교회의 타락 속에 희망의 서광을 비추었던 운동이 종교개혁 운동이다.

기독교의 본질을 회복하기 위해 일어난 종교개혁 운동, 그 운동의 시발점에 서있던 사람들 중에 데시데리우스 에라스무스(Desiderius Erasmus)라는 네덜란드 신학자가 있다. 에라

스무스의 정신을 한 마디로 요약하면 '아드 폰테스'(Ad Fontes)
이다. 라틴어 Ad Fontes는 '샘'을 뜻하는 '폰스'(fons), 즉 뿌
리 또는 근원이라는 말과 '돌아가다'라는 의미를 가진 '아
드'(ad)라는 두 단어가 합성된 용어이다. 시편 42:1을 보면,
"목마른 사슴이 샘물을 찾아 헤매듯이, 내 영혼이 주를 찾습니
다"에서 '샘물을 찾아'라는 라틴어 표현이 Ad Fontes이다. 중
세교회가 타락하여 하나님을 멀리하였을 때 외쳤던 운동이 바
로 Ad Fontes 본질의 샘물로 돌아가자는 운동이었다. 그렇다
면 오늘날 교회가 돌아가야 할 근원은 무엇일까? 바로 하나님
의 말씀, 성경이다.

성경으로 돌아가자! '새로운 역사는 일이 진행된 중간에서
가 아니라 처음부터 시작되어야 한다'라고 외친 에라스무스의 주
장은 백 번 옳다. 기독교 본질의 회복운동의 첫 걸음은 바로
하나님 말씀의 초심으로 돌아가는 것이다. 마틴 루터가 성경
으로 철저히 돌아갔을 때 종교개혁이 이루어졌듯이 오늘날 교
회도 성경으로, 복음의 본질로 돌아가야 다시 한번 하나님 나

라의 부흥을 이 땅에 실현시켜 나갈 수가 있다. 하나님 말씀으로 돌아가자는 Ad Fontes외침은 특별히 종교개혁의 다섯 가지 'sola' 정신으로 계승되었다. Sola Fde(오직 믿음) Sola Scriptura(오직 성경) Sola Gratia(오직 은혜) Solus Christus(오직 그리스도) Soli Deo Gloria(오직 하나님께 영광) 이런 'sola' 정신이 오늘날 복음주의 신앙의 기초가 되었음에 그 누구도 부인하지 않을 것이다.

종교개혁 이후 기독교는 '옛 것의 구습과 전통'을 버리고 오직 복음에 기초하여 세상에 참된 진리가 무엇인지를 증거하여 왔다. 그러나 종교개혁된 기독교도 시간이 흐름에 따라 그 정신과 신앙이 변질되고 탈색되어 또 다른 위기를 맞고 있다. 복음의 본질을 점점 잃어버린 세대에서는 비본질이 본질처럼 행세하며 세상을 혼란스럽게 한다. 그 가짜(짝퉁) 본질은 진짜보다 이성적으로 더 세련되 보이고, 감성적으로 더 화려하게 치장함으로 세상의 문화와 세계관의 유행을 이끌어 간다. 그 세대가 바로 지금 우리가 살고 있는 오늘이다. 현대 변증가 오스 기니스가 정확하게 지적하였듯이 "우리 세대 보다 더 에라스무스 세대에 가까웠던 세대는 없을 것이다"'Fool's Talk', p119. 에라스무스의 정신, Ad Fontes 외침이 오늘날 우리 시대에 다시 한번 불붙듯 일어나야만 한다. 그래야 내일의 희망을 계속해서 써내려 갈 수 있기 때문이다.

"하나님의 도는 완전하고 여호와의 말씀은 순수하니 그는 자기에게 피하는 모든 자의 방패시로다"시 18:30. "주의 말씀의 강령은 진리이오니 주의 의로운 모든 규례들은 영원하리이다"시 119:160. 하나님의 말씀은 완전하고 순수하며 영원한 진리이다. 하나님의 말씀은 어제나 오늘이나 변함없이 살아 역사하는 힘이 있으며 양날 선 어떤 칼보다도 더 예리해 우리의 혼과 영과 관절과 골수까지 찔러 쪼개기까지 하며 그 어떤 마음의 생각과 의도도 정확히 분별해 낸다히 4:12. 바로 이 말씀으로 돌아가는 것이 우리가 사는 길이며 교회가 다시 한번 세상의 소망이 되는 길이며 온 세상이 하나님을 경배하며 찬양하는 길이다.

하나님의 말씀은 약 3400년 전 모세부터 약 1500년 동안

40여 명의 인간 저자에 의해 기록되었으며 그 말씀은 구약과 신약으로 구성된 성경으로 집성되었다. 구약은 총 39권으로 모세오경으로 시작하여 기원 전 5세기경에 작성된 예언서 말라기로 끝을 맺고 있으며, 신약은 4복음서부터 요한 계시록까지 총 27권으로 구성되어 있다. 유대교 경전인 구약의 역사를 보면, 율법서는 기원전 5세기경, 예언서와 성문서는 기원전 3세기경에 유대 경전(TaNaKh)으로 집성된 것으로 추정된다. 그러나 히브리어로 기록된 구약은 그 당시 헬라 문화권아래 흩어져 살고 있던 수 많은 이스라엘 디아스포라에게는 읽기 어려운 경전이었다. 이런 요구가 반영되어 기원전 2-3세기경 이집트 알렉산드리아에서 70여명의 유대 학자들이 모여 100여년에 걸쳐 히브리어 구약을 헬라어로 번역한 The Septuagint (The LXX: 칠십인 역 성경)를 출간하게 되었다. 이를 정리하면, 구약의 마지막 책인 말라기가 기록된 기원전 5세기에서 헬라어 구약이 번역되기 시작한 기원전 3세기 사이에 구약 39권이 모두 취합되어 하나의 경전을 이루었음을 알 수 있다. 다시 말해, 히브리어 구약 원본의 집성시기와 헬라어 구약 번역의 시기가 별로 차이가 나지 않음을 알 수 있다.

안타깝게도 오늘날 성경의 원본은 남아있지 않다. 그럼 성경은 언제 오늘날처럼 66권으로 정해졌는가? 현재의 성경인 신, 구약 66권이 교회의 경전으로 공인된 것은 주후 397년 카르타고 공의회에서 결정되었고 이후 1546년 트렌트 공의회 때 재확인 되었다. 참고로 현존하는 히브리어 성경사본 중 구약전부가 보존된 가장 오래된 사본은 '레닌그라드코덱스'(맛소라 사본)이다. 이 사본은 주후 1008년 작성된 것으로 오늘날 대부분의 성경본과 역본들의 표준본문으로 사용되고 있다.

4세기 말(397년 카르타고 공의회) 기독교 경전으로 공포된 총 66권의 구약과 신약은 문학적, 역사적 측면에서 별도의 언약의 말씀(Testament)으로 인식되어왔다. 그러나 신약과 구약은 본질적으로 다른 것이 아니라, 동일한 하나님에 의해 계시되었으며 서로 연속선상에 있음을 성경 자체가 증명하고 있다. 신약성서의 저자들은 예수님의 삶, 죽음 그리고 부활가운데 일어난 역사적 사건들을 기록하면서 구약성서의 문서와 역사적 사실과 배경을 인용하고 있다.

그러므로 예수님의 생애와 사역, 특별히 십자가의 공의와 은혜를 올바르게 이해하기 위해서는 구약성서와 신약성서를 연결하여 이해할 필요가 있다. 복음서를 보면 예수님도 구약의 말씀을 인용하며 자신의 사역을 설명하셨고, 다음과 같이 선포하셨다. "내가 율법이나 선지자를 폐하러 온 줄로 생각하지 말라 폐하러 온 것이 아니요 완전하게 하려 함이라"마 5:17. 초기 기독교 선교와 신학의 기초를 놓은 사도 바울 또한 로마서 10:4에서 "그리스도는 모든 믿는 자에게 의를 이루기 위하여 율법의 마침이 되시니라"고 공포하며 성경의 완성은 예수 그리스도를 통해 이루어졌음을 분명히 하고 있다. 하나님의 본체이신 예수 그리스도가 이 땅에 오심으로 이루어진 하나님의 구속 역사의 주요 흐름과 핵심을 성경 속에 계시된 '복음과 십자가'라는 두 단어의 카이로스 속에서 찾아보려 한다.

1

예수 그리스도의 오심과 복음

"아름다운 소식을 시온에 전하는 자여 너는 높은 산에 오르라 아름다운 소식을 예루살렘에 전하는 자여 너는 힘써 소리를 높이라 두려워하지 말고 소리를 높여 유다의 성읍들에게 이르기를 너희의 하나님을 보라 하라. 보라 주 여호와께서 장차 강한 자로 임하실 것이요 친히 그의 팔로 다스리실 것이라 보라 상급이 그에게 있고 보응이 그의 앞에 있으며 그는 목자 같이 양 떼를 먹이시며 어린 양을 그 팔로 모아 품에 안으시며 젖먹이는 암컷들을 온순히 인도하시리로다"사 40:9-11

오늘날 우리들이 살고 있는 시대를 종종 '혼돈과 무질서의 시대'라고 정의한다. 어디로 가고 있는지, 무엇을 하고 있는지, 인생의 방향과 목적을 상실한 채 그저 정신없이 바쁘게 살아가고 있다는 의미이다. 이런 21세기 삶을 요약한다면, 아마도 복잡하게 붐비는 대로(大路)의 횡단보도 중간에 서서 지금 그 길을 건너오고 있는지 아니면 건너가고 있는지를 망각한 방향성을 잃은 시대요, 그리고 그 곳에서 앞뒤로 달리는 차에 치이지 않으려고 안간힘을 쓰며 버티는 시대라 할 수 있을 것이다. 그렇다면 지금 '나'는 그 길을 건너오고 있는가 아니면 건너가고 있는가? 보다 근본적으로, 지금 무엇이 '나'로 하여금 그 길을 건너가게 또는 건너오게 만들고 있는가?

이 질문에 성도라면, 하나님이 주신 말씀에 따라 사는 것이 가장 현명하고 올바른 인생이라고 답할 것이다. 하나님의 말씀이 건너가라 하면 건너가고 건너오라 하면 건너오는, 하나님 말씀대로 사는 인생, 바로 이 정답의 인생을 살아온 수많은 믿음의 발자취들을 지난 기독교 역사 속에서 어렵지 않게 찾아볼 수 있다. 그 중에서도 특히 초기 기독교 정립 및 교회 개척에 선구자였던 사도 바울은 교회들을 향해 써 보낸 편지를 통해, 자신은 하나님의 복음을 위해 택정되었으며^{롬 1:1} 그 복음으로 기독교 교인들을 낳았고^{고전 4:15} 그리고 그 복음을 전하지 않으면 자신에게 화가 있다고^{고전 9:16} 선언할 만큼, 인생의 방향과 목적에 대해 분명히 깨닫고 있었음을 보여준다. 그럼 정통 바리새인이었던 바울, 교회를 핍박하고 탄압했던 바울의 인생을 뒤바꾸어 놓은 복음이란 무엇인가?

21세기는, 지난 세기와 비교하여, 인터넷 디지털 기술과 멀티미디어 통신 시스템이 비약적으로 성장하였으며, 특히 고도의 소프트웨어 기술로 컴퓨터, 통신, 가전, 방송, 금융의 융합화를 이루는 사회문화적 기적을 이루고 있다. 이런 놀라운 기적을 대표하는 것들이 바로 LTE, 5G, 사물 인터넷, 핀테크(fintech), AI 등 오늘날 일상의 삶 속에서 자주 듣고 있는 '사회 공용어'들이다. 이런 테크놀로지(technology) 풍요의 홍수 속에 살아가는 현대사회를 바라보며 던지는 질문이 하나 있다. '과연 얼마나 많은 사람들이 그 공용어의 의미를 알고 사용하고 있을까?'

한 동안 강사로 출강하던 어느 대학교 학생들에게 'LTE'가 무엇이며 '광대역'이 무엇인지를 물어본 적이 있다. 3년여에 걸쳐 수강한 모든 학생들에게 동일한 질문을 하였는데 그 어느 누구도 정확하게 대답한 학생은 없었다. 모든 학생들이 스마트폰을 들고 강의실로 들어온다. 그리고 서로를 향해 '스마트'한 용어들을 내뱉는다. 그러나 그 용어들의 의미는 모른다. 이 모습은 오늘날 교회 안에서도 동일하게 나타나고 있다. 기독교 신앙을 고백하며 주일 성수하는 사람들에게 너무나 익숙한 교회용어들인 복음, 구원, 십자가, 하나님 나라 등, 이 단어들은 지금 성도들에게 어떤 의미로 다가가고 있을까? 얼마나 많은 성도들이 그 익숙한 단어들을 올바로 이해하며 신앙생활하고 있을까? 2000년전 바울의 인생뿐만 아니라 오늘날 우리의 삶도 확(180도)바꾸어 놓은 복음, 그 복음은 문자 그대로 단순히 '좋은 소식'(good news)이란 의미인가?

역사 속의 복음

기원전 5세기경 통일제국을 형성한 페르시아는 그리스를 정벌하기 위해 3차에 걸친 전쟁을 일으켰다. 그 중에서도, 특히 인류 역사 속에 뚜렷한 기억을 남겨준 전쟁이 바로 2차 전쟁이다. 제1차 정벌시도가 실패로 끝난 뒤 페르시아 왕 다리우스 1세는 다시 군대를 이끌고 그리스 정벌에 나섰다. 아테네 서남부에 위치한 마라톤 평원에서 벌어진 전투에서 그 어느 누구도 막강한 페르시아 군사력(전함 6백척을 비롯하여 보병 10만명 및 기갑 1만명)에 대항하여 그리스가 승리하리라고는 상상도 못하였다. 그러나, 이미 역사가 증거하듯이, 그 전쟁의 승자는 그리스였고 이 기쁜 승전보를 아테네에 전하기 위해 전령병 중에 한 군사가 달리기 시작하였다(전승에 의하면 그 전령의 이름은 '필리피데스'로 알려져 있다).

오늘날 널리 회자되고 있는 마라톤의 전설은 바로 여기서부터 시작되었다. 마라톤 평원에서 아테네까지 약 42km 거리를 달려온 그 전령은 '우리 아테네군이 승리했다'라는 기쁜 소식을 전하고 숨을 거두었다고 전해진다. 바로 그 전령이 죽어가면서 전한 '그리스가 이겼다'라는 소식, 그 '좋은 소식'에 해당되는 헬라어가 바로 복음(good news)으로 번역되는 '유앙겔리온'이라는 단어이다. 로마제국이 들어선 이후에도 이 '유앙겔리온'이라는 단어는 전쟁에서의 승리, 황태자의 탄생, 세자의 결혼 등 국가적인 좋은 소식을 선포할 때에 주로 사용되었고 그 좋은 소식이 선포되는 날에는 거대한 축제가 열렸으며 시민들에게는 풍성한 선물이 주어졌다.

성경을 보아도 이런 '좋은 소식'을 전하는 국가적인 시스템이 이미 고대 이스라엘 내에서도 형성되어 있었음을 알 수 있다. 특히 사무엘하 18장을 보면, 압살롬과의 전투 결과를 마하나임에서 초조하게 기다리고 있던 다윗에게 두 명의 전령이 보내졌음이 기록되어 있다. 그 두 전령 중에, 비록 나중에 출발했지만, 앞선 전령을 앞지르고 먼저 마하나임에 달려온 아히마아스(사독의 아들)를 보고 다윗은 '저는 좋은 사람이니 좋은 소식을 가져온다'라고 읊조렸다^{삼하 18:27}. 바로 이런 전쟁의 승리를 알리는 좋은 소식 또는 그 승전보를 알리는 사람에게 주어진 보상^{삼하 4:10, 18:27}에 해당하는 헬라어가 '유앙겔리온'이다(참조: 히브리어 구약을 헬라어로 번역한 칠십인역 성경). 이런 의미의 '유앙겔리온'은 시편이나 예언서 시대에 들어와서는 좀 더 구체적으로 '하나님의 통치가 이루어질 것이라는 구원의 기쁜 소식'으로 사용되기 시작하였고^{시 40:9-10, 사 40:9, 41:27, 52:7, 61:1}, 시간이 흘러 어느 날 베들레헴에서 태어난 '예수'라는 유대 아이를 통해 그 '유앙겔리온'의 본질이 무엇인지가 분명하게 계시되었다.

첫 번째 성탄과 복음

하나님이 이 땅을 향해 베푸신 새로운 언약의 서막을 알린 예수 그리스도의 탄생은 기독교 신앙의 본질적 진리 그 자체이며, 인류역사를 BC와 AD로 나누는 획기적인 사건이었다. 인류의 역사가 BC에서 AD로 옮겨지는 시점에 로마제국은 전 국가적으로 호적 조사를 실시하였고 그 조사에 응하기 위해 각자의 고향으로 향하던 사람들 중에 유대인 부부 요셉과 마리아가 있었다. 어느 날 그들은 날이 저물고 밤이 깊어오자 가던 길을 멈추고 베들레헴이라는 작은 마을로 들어가 쉴 곳을 찾으려 하였다. 그러나 이미 베들레헴은 빈 방을 찾을 수 없을 정도로 인산인해를 이루었고, 그들이 선택할 수 있는 곳은 오직 단한곳 마구간뿐이었다눅 2:7. 그 당시 마리아는 임신 중이었고 거의 산달이 다 되었으므로 그들에게는 다른 선택의 여지가 없었다. 그들이 마구간에서 휴식을 취하던 그 날밤, 그 날밤이 인류 역사의 가장 중요하고 축복 된 성탄의 날이 될 줄은 그 어느 누구도 생각하지 못했을 것이다. 그러나 이 모든 것은 전부다 하나님의 구속 계획안에 예비되어져 있었다. 그 날밤 기쁜 성탄의 소식을 전하기 위해 하나님의 전령인 천사들은 이 세상으로 보내어졌고, 다음과 같이 선포하였다.

"천사가 이르되 무서워하지 말라 보라 내가 온 백성에게 미칠 큰 기쁨의 좋은 소식을 너희에게 전하노라 오늘 다윗의 동네에 너희를 위하여 구주가 나셨으니 곧 그리스도 주시니라 너희가 가서 강보에 싸여 구유에 뉘어 있는 아기를 보리니 이것이 너희에게 표적이니라 하더니 홀연히 수많은 천군이 그 천사들과 함께 하나님을 찬송하여 이르되 지극히 높은 곳에서는 하나님께 영광이요 땅에서는 하나님이 기뻐하신 사람들 중에 평화로다 하니라"눅 2:10-14.

하나님의 천사들이 전한 유앙겔리온, 그것도 큰 기쁨의 유앙겔리온(the good news of great joy)은 유대 아이로 태어난 예수가 바로 '구주'라고 선포함으로 시작되고 있다. 그리고 그 구주가 나신 곳이 다윗의 동네라고 특별히 기록하고 있다. 그럼 왜 천사들은 굳이 예수가 태어난 곳까지 알려줘야 했던 것일까? 이에 대해 사도행전은 이렇게 답하고 있다. "하나님이 약속하신 대로 이(다윗) 사람의 후손에서 이스라엘을 위하여 구주를 세우셨으니 곧 예수라"행 13:23. 사실 성경을 보면, 이미 오래 전부터 이 세상을 구원할 메시아가 다윗의 후손으로 오실 것을 계속해서 예언해 왔음을 알 수 있다. 바로 이 메시아 예언들이 드디어 2000년전 베들레헴에서 태어나신 예수를 통해 온전히 실현되었음을 알려준 것, 다시 말하면 인간의 역사 속에 줄곧 선포되어 온 하나님의 메시아 약속이 드디어 성취되었다는 것, 그것이 바로 큰 기쁨의 유앙겔리온이요 성탄의 본질인 것이다.

오늘날 베들레헴('떡집' 의미)에서 동쪽으로 약 2km 정도 떨어진 곳에 '목자들의 들판'이라 불리는 장소(현재 아랍인의 마을 벳사후 지역)가 있다. 전승에 의하면 이 들판이 바로 2000년전 천사가 목자들에게 나타나 메시아의 탄생을 알린 곳으로 알려져 있다. 예루살렘에서 약 10km 떨어져 위치하고 있는 베들레헴은 역사상 아주 오래된 도시로 성경에서는 야곱의 아내 라헬이 장사 지낸 곳으로 처음 소개되고 있다^{창 35:18-20}. 그리고 무엇보다도 베들레헴은 다윗의 조상 룻과 보아스가 만난 이야기의 배경이 되는 곳이다. 보아스는 여리고에 살았던 라합과 결혼한 살몬의 아들로 레위기^{룻 2:2}와 신명기^{룻 4:7}의 말씀을 삶의 현장에서 실천하며 살았던 인물이었고 룻은 유대 시어머니 나오미를 따라 베들레헴으로 온 모압 여인이었다.

룻기는 짧은 내용이지만 룻과 보아스가 오벳-이새-다윗으로 이어지는 메시아 계보를 보여줌으로 인간 역사속에서 이루어져 가는 하나님의 놀라운 구원 섭리를 다루고 있다.

또한 베들레헴은 다윗이 사무엘에 의해 이스라엘의 두 번째 왕으로 기름 부음을 받은 곳이기도 하다삼상 16:1-3. 베들레헴은 한때 블레셋에 의해 점령당하기도 하였으나, 다윗에 의해 다시 탈환되어 오랫동안 이스라엘의 영토로 속해 있었다. 이스라엘이 남북 왕국으로 분열된 뒤에는 르호보암에 의해 군사 요충지로 구축되어 남유다의 주요한 전략적 도시로 세워졌다대하 11:6. 그러나 그후 베들레헴은 그 위치적 중요성이 점점 감소함에 따라 예루살렘 근교에 있는 하나의 작은 마을로 남아 있게 되었다. 이는 주전 6세기말 바벨론에서 귀환한 123명의 사람들만이 베들레헴에 살았다는 기록을 통해 확인할 수 있다. 근대에 들어와 베들레헴은 1967년 6일 전쟁 때 이스라엘이 한때 점령하였었으나 현재는 오슬로 평화 협정에 따라 1995년부터 팔레스타인 자치지역으로 인정받고 있다.

이 베들레헴에서 메시아가 탄생할 것을 아주 오래전에(지금으로부터 약 2700년전) 미가 선지자는 하나님의 계시를 통해 예언하였다^{미 5:2}. 그리고 그 예언대로 메시아는 베들레헴에서 탄생하였으며, 그 베들레헴 들판에서 목자들은 천사가 전하는 메시아의 탄생 소식, 복음의 소식을 들었고, 그로부터 시간이 흘러(최대 2년) 동방에서 온 박사들이 '메시아의 별'을 따라가다가 그 베들레헴 들판의 어느 지경을 지나갔던 것이다. 동방 박사들은 자신들이 지나간 그 베들레헴 들판에서 천군 천사들이 메시아 오심에 대해 찬양했던 사실을 몰랐을 것이다. 오직 성경만이 시간과 공간을 뛰어넘어 진리를 말하고 있다.

주후 70년 이스라엘이 로마의 침공 받아 멸망 당한 이후 예루살렘 성전은 무너졌고 더 나아가 예수 그리스도가 탄생한 베들레헴에도 아도니스 우상 신전이 세워졌다. 메시아의 오심에 대한 증거를 담고 있는 역사적 현장들이 하나하나 역사 속으로 사라져 가는듯 보였다. 그러나 주후 4세기 기독교를 공인한 로마 황제 콘스탄티누스에 의해 베들레헴에 세워진 우상 신전은 허물어졌고 그곳에 교회가 세워지는 기적이 일어났다. 이 교회가 바로 기독교 성지 순례지 중 반드시 방문해야 할 '예수 탄생 기념교회'이다. 이스라엘의 한낱 보잘것 없었던 작은 마을 베들레헴, 그 베들레헴은 역사의 흐름 속에 묵묵히 메시아가 오심을 증거하였고 더 나아가 메시아를 맞을 준비를 하였던 것이다. 이 역사적 사실 앞에 다음과 같은 질문을 던진다. '나'는 메시아의 오심을 증거하고 있는가? '나'의 인생 속에 메시아를 맞이한(또는 맞이할) 베들레헴은 어디인가? 그 베들레헴에 세상의 신전 아도니스를 세워놓았는가? 아니면 예수 그리스도의 교회를 선포하고 있는가?

첫 번째 복음을 들은 사람들

크리스마스 시즌이 되면 동방에서 온 세명의 박사들이 아기 예수의 탄생을 축하하기 위해 베들레헴 마구간에 모여 있는 모형을 흔히 볼 수 있다. 복음서 중 유일하게 동방박사에 관해 언급하고 있는 마태복음을 보면 동방박사가 세명이었다는 기록은 없다. 동방박사를 지칭하는 헬라어 단어 'magos'(점성술가 또는 천문학자)는 단순히 복수형으로 표현되고 있으며그들(적어도 두 명 이상의 박사들)이 세 가지의 예물(황금, 유향, 몰약)을 가지고 아기 예수께 경배 드렸음이 기록되어 있다마 2:1, 11.

그럼 동방박사들은 메시아의 오심을 어떻게 알았을까? 마태복음을 보면 그들은 동방에서 별(왕이 태어났음을 알리는 별)

을 따라 이스라엘로 찾아왔음을 기록하고 있다. 그러나 동방 박사들도 처음부터 아기 예수가 탄생한 베들레헴으로 나아갔던 것은 아니다. 그들은 먼저 예루살렘으로 가서 '유대인의 왕으로 태어나신 분이 어디 계십니까? 우리는 동방에서 그분의 별을 보고 그분께 경배하러 왔습니다'라고 말하였다^{마 2:2}. 동방박사들이 언급한 '유대인의 왕'이란 의미는 마치 '다윗 후손'이라는 명칭이 유대인들에게 메시아를 의미하였듯이 이방인들에게는세상을 구원할 구원자(메시아)를 가리켰던 호칭으로 추정된다. 그 당시 이방 세상의 점성술과 천문학이 궁극적으로 소망하며 바라보았던 것도 온 세상을 구원할 메시아의 오심이었던 것이다. 이스라엘뿐만 아니라 고대 근동지방에서도 '메시아 소망 사상'이 자리잡고 있었다는 사실과 그 메시아가 이스라엘에서 태어날 것으로 믿고 있었다는 사실에 놀라움을 금할 수 없다. 그렇다면 하나님을 모르는 세상적 사람들(동방박사), 세상적 학문(천문학), 그리고 세상적 종교(점성술)를 통하여 구원자 메시아의 오심이 선포되었다는 사실을 어떻게 이해해야 하는가? 하나님은 이스라엘의 하나님, 교회만의 하나님이 아니라, 온 세상의 하나님, 온 우주 만물을 창조하신 하나님이시다. 이 땅에 구원자로 오신 메시아는 이스라엘의 회복 뿐만 아니라 이방인의 구원을 위해 오셨음을 암시하는 것이다.

그럼 동방박사들은 왜 예루살렘으로 찾아갔을까? 동방박 사들은 유대인의 왕이 당연히 이스라엘의 수도 예루살렘 궁전 에서 태어났을 것으로 생각하였던 것이다. 왕이 왕궁에서 태 어난다는 것은 지극히 상식적이고 당연한 이치이다. 그 상식 과 이치대로 동방박사들은 예루살렘으로 나아갔으나 이 땅에 오신 메시아를 만날 수가 없었다. 동방박사들이 예루살렘으로 들어갔을 때 놀랍게도 동방에서부터 온 별은 멈추었고 그들이 예루살렘을 나와 베들레헴을 향해 길을 떠나자 그 별은 그들 을 앞서 인도하다가 아기 예수가 있는 집^{마 2:11} 위에 이르러 멈추었다. 그들은 마침내 그 집에 들어가 어머니 마리아와 함 께 있는 아기 예수를 보고 땅에 엎드려 경배하며 황금과 유향 과 몰약을 예물로 드렸던 것이다. 이때 아기 예수의 나이는 2 살 이하였음을 성경은 암시하고 있다^{마 2:7, 16-18}.

동방박사들은 하늘의 별을 연구하다가 메시아의 오심을 맞이할 수 있었다. 그들에게 유대인의 왕이 태어났음을 알려 준 별, 그 별을 그들은 어떻게 알았을까? 참으로 이해할 수 없는 신비한 일이 아닐 수 없다. 그러나 하늘의 수 많은 별들 중에 단 하나의 메시아 별을 제대로 인지한 동방박사들의 천문학적 탁월함도 세상적 통념과 이성의 한계를 뛰어넘지 못하고 예루살렘으로 향하는 우를 범하였다. 그들은 상식과 이성적 판단에 따른 '과정의 오류'('논리의 오류')를 거친 후 에서야 비로소 진리가 무엇인지를 바로 보게 되었던 것이다. 그렇다면 상식과 진리를 구분해 주는 기준은 무엇인가? 다시 말해 동방박사들을 예루살렘이라는 상식에서 메시아가 태어난 베들레헴(진리)으로 인도한 것은 무엇인가? 그것은 바로 성경 말씀이다. 구약에 기록된 미가서 선지자의 예언이다[미 5:2].

메시아가 이 땅에 오심을 이해하는 것은 바로 하나님의 말씀인 성경에서부터 시작하여야 한다. 예수 그리스도의 오심에 대한 수 많은 성경 예언 중 특히 동정녀 탄생, 다윗 후손으로 오시는 메시아, 이스라엘과 이방인의 구원을 이루시는 메시아, 그리고 고난과 대속의 죽음을 통해 하나님의 구원을 성취하시는 메시아에 대한 예언을 기록하고 있는 이사야서를 보면 "어둠 속에 걷던 백성이 큰 빛을 보았고 죽음의 그림자가 드리운 땅에 사는 사람들 위에 빛이 비쳤다"라고 장차 메시아

가 큰 빛으로 오심을 예언하고 있다^{사 9:2}. 놀랍게도 이 메시아
빛은 하나님이 이미 오래전 고대 근동 점술가 발람을 통해 온
세상에 선포한 빛이었다("한 별이 야곱에게서 나오며 한 규가 이스
라엘에게서 일어나서……"^{민 24:17}). 그리고 바로 그 별이 2000년
전 동방박사들이 본 별이었던 것이다. 참으로 경이로운 사실이
아닐 수 없다! 특히 예수님이 이 땅에 오시기 1400년전 이방
점술가 발람의 입을 통해 예언된 '야곱에서 나오는 별'이 바로
동방박사들이 '동방에서 본 별'로 연결되고 있음에 영적 전율을
느낄 수밖에 없다. 왜냐하면 '한 별이 야곱에서 나오며'의 동사
'나오다'에 해당하는 헬라어 원어(아나텔로)가 바로 동방(아나
톨레)이라는 의미를 갖고 있기 때문이다. 다시 말하면, 동방박
사들이 '동방에서 본 별'이 바로 발람이 예언한 '야곱에서 나오
는 별'이었던 것이다. 성경이 예언해 오고 이방 점술가와 점성
가들이 증거한 그 별이 바로 유대 청년 예수께 성취되었음을
사도 요한은 증거하고 있다. "참 빛 곧 세상에 와서 각 사람에
게 비추는 빛이 있었나니 그가 세상에 계셨으며 세상은 그로
말미암아 지은 바 되었으되 세상이 그를 알지 못하였고 자기
땅에 오매 자기 백성이 영접하지 아니하였으나"^{요 1:9-11}.

메시아가 이 땅에 참 빛으로 오셨지만 그분을 받아들이지 않은 대표적인 사람들을 꼽으라면 주저없이 헤롯 왕과 유대인들이라고 말할 것이다. 그들은 '유대인의 왕' 메시아의 탄생 소식을 듣고도 전혀 기뻐하거나 경배하지 않았음을 성경은 기록하고 있다. 스스로 유대인의 왕으로 자처한 헤롯은 오히려 메시아의 탄생 소식을 듣고 심기가 불편함과 동시에 두려움이 생겨 아기 예수를 죽이려는 음모를 꾸미기까지 하였다. 헤롯이 메시아를 맞이하지 못했던 결정적 이유는 바로 자신의 자리가 도전을 받고 위태로워질 수 있었기 때문이다. 세상 권력에 대한 강한 집착을 지니고 있던 헤롯은 전에도 자신의 왕위를 지키기 위해 자신의 아내와 두 아들을 죽였던 자이다. 이스라엘을 다스릴 왕이 태어났다는 사실, 그것도 성경에 예언한 대로 메시아가 왕으로 오셨다는 소식은 정통 유대인이 아니었던 헤롯에게는 심각한 위협과 도전으로 다가왔을 것이다. 이런 헤롯의 모습은 자신을 위해 하나님을 이용하려는 세속적 신앙또는 기복주의적 신앙을 나타낸다. 내가 하나님을 위해 존재하는 것이 아닌 하나님이 나를 위해 존재해야 한다고 생각하는 철저한 인본주의적 종교관의 모습을 보여주고 있다.

헤롯뿐만 아니라 온 예루살렘 사람들도 유대인의 왕 메시아의 오심에 대한 소식을 들었다. "유대인의 왕으로 나신 이가 어디 계시냐 우리가 동방에서 그의 별을 보고 그에게 경배하러 왔노라 하니헤롯 왕과 온 예루살렘이 듣고 소동한지라"^마 ^{2:2-3}. 유대인의 왕, 메시아가 탄생했다는 소식은 온 예루살렘 성이 떠들썩할 정도로 쇼킹한 뉴스였다. 성안의 모든 사람들이 듣게 된 '소동의 뉴스'였다. 오늘날로 말하면 CNN, BBC등 세계적인 주요 방송들이 앞다투어 특별 뉴스로 내보내는 헤드라인 뉴스였던 것이다. 그러나 안타까운 점은 그 어느 누구도 동방박사들을 따라가 유대인의 왕으로 오신 메시아를 경배한 사람은 단 한사람도 없었다는 사실이다. 참으로 아이러니가 아닐 수 없다. 바로 이런 모습이 '행위 없는 죽은 믿음'의 표본인 것이다. 삶과 신앙을 철저하게 분리하는 이원론적 신앙의 모습으로 하나님의 말씀이 삶 속에 전혀 능력으로 발휘되지 못하는 무늬만 신앙인의 모습이 그 당시 이스라엘안에 만연했음을 알 수 있다.

2000년전 유대인들이 그토록 고대했던 메시아가 오셨는데 그들은 기뻐하거나 환영하지도 않았다. 단지 큰 소동만이 예루살렘 성내를 가득 채웠을 뿐이다. 이 소동은 33년 뒤 예수님이 십자가를 지시기 위해 예루살렘성으로 입성하실 때 다시 한번그 모습을 드러냈다("예수께서 예루살렘에 들어가시니 온 성이 소동하여 이르되 이는 누구냐 하거늘" 마 21:10). 예수님께서 나귀타고 입성하실 때 사람들은 그들의 겉옷을 길에 펴고 종려나무 가지를 흔들며 큰 소리로 '호산나'를 외쳤다: "호산나 다윗의 자손이여 찬송하리이다 주의 이름으로 오시는 이여 가장 높은 곳에서 호산나"마 21:9. 그러나 아이러니하게도 그들의 찬양 소리는 일주일도 지나지 않아 '십자가에 못박으라'는 함성으로 바뀌어 버렸다. 이것이 이스라엘 종교 중심지 예루살렘이 보여준 소동의 실체였다.

오늘날도 크리스마스 시즌이 되면 세상에 큰 소동이 일어난다. 대형 크리스마스 트리와 캐롤 송 그리고 반짝이는 조명 장식으로 치장한 거리들과 빌딩들이 세상적 화려함과 찬란함을 잔뜩 뽐내며 축제 분위기를 고조시킨다. 한적한 마을(베들레헴)보다는 번화한 대도시(예루살렘)에서 크리스마스의 소동은 더 강하고 크게 메아리치며 일어난다. 그러나 거기에는 단지 소란스러움의 회오리만 있을 뿐, 진정한 기쁨과 영원한 축복은 없다. 크리스마스 시즌이 지나면 세상은 크고 좋은 소식 (the greatgood news)을 기억하지 못하고 허탈감과 공허함의 숙취 속에 또 다른 세상적 소동을 준비하며 나아간다.

인간이 만들어낸 그 세상적 소동 중에 예수님이 누구인지를 바로 깨달은 사람이 있었을까? 2000년전 '호산나'를 외쳤던 무리 중에 예수님의 진정한 제자는 과연 얼마나 되었을까? 오늘날 '메리 크리스마스'를 외치는 사람들은 예수님의 제자인가? 아니면 단지 예수님의 팬인가? 아니면 이도 저도 아닌가? 카일 아이들먼 목사님이 던진 질문 '당신은 예수님의 제자인가 아니면 팬인가?'는 우리 성도들에게 있어서 가장 중요한 질문 중의 하나이다. 예수님의 제자라 자처하며 종교적, 예전적,문화적 소동(사역) 등은 일으키지만 정작 '메시아 별'을 따라 베들레헴으로 나아가 하나님의 아들 그리스도를 만난 사람은 그리 많지 않다.

헤롯 왕과 함께 메시아의 오심을 들었던 또 다른 사람들이 있다. 그들은 누구보다도 성경에 능통한 대제사장들과 율법학자들이었다. 그들은 메시아의 탄생에 대한 미가서의 예언을 정확히 알고 있었고 헤롯과 동방박사들에게 그 예언을 알려 주었다^{마 2:4-6}. 그러나 그들은 인류의 구원자가 탄생했다는 소식에 아무런 반응도 보이지 않았다. 그저 단지 성경 지식의 뛰어남만 보여주었을 뿐 그들 안에서 메시아의 오심에 대한 기쁨과 소망의 박동소리를 전혀 찾아볼 수가 없다. 그들은 성경 말씀이 단순히 문자로 기록된 신령한 문서가 아니라 오늘 현실 속에 영원히 살아 움직이는 하나님의 역사라는 사실을 깨닫지 못했다. 단지 종교적 직업을 가진 자로 그들이 알고 있었던 예언이 실제로 어떻게 일어났는지를 확인해보고 싶어하는 최소한의 학자적 호기심 마저도 없었던 직업 종교인이었다.

동방박사들과 함께 '메시아의 별'을 따라 베들레헴으로 나아가 미가 선지자의 예언을 확인한 종교 지도자나 율법학자, 그리고 유대인이 단 한 명도 없었다는 사실에 그저 허탈감과 안타까움만이 남아있을 뿐이다. 이 사실 앞에 "항상 배우나 끝내 진리의 지식에 이를 수 없느니라"^{딤후 3:7}는 사도바울의 경고가 생각난다는 것이 참으로 가슴이 아프다. 그럼 진리가 무엇인가? 이 질문은 빌라도가 법정에 끌려온 예수님께 던졌던 질문이다. 예수님은 '네가 유대인의 왕이냐'고 질문한 빌라도에게 '진리에 대하여 증언하려 왔으며, 무릇 진리에 속한 자는 내 음성을 듣는다'고 대답하였다. 그러자 빌라도는 '진리가 무엇이냐'고 질문하고 바로 법정으로 나가 버렸다요 18:37-38. 이에 대해, 17세기 영국 철학자 프랜시스 베이컨은 "빌라도는 올바른 질문을 던졌다. 그러나 그 대답을 기다리지 못했다"고 평가하였다. 예수님께 진리를 물어보고 그 대답을 기다리지 못한 빌라도는 의심 많은 제자 도마도 들은 "내가 곧 진리이다"라는 그 대답을 듣지 못했던 것이다.

진리를 바로 보지 못하고 성경 지식으로 머리만 커진 예루살렘은 이 땅에 오신 하나님의 아들 메시아를 바로 보지 못했다. 빛이 비쳤으나 그 빛을 깨닫지 못한 어두움만이 이스라엘의 종교 중심지 예루살렘을 뒤덮고 있었던 것이다. 이런 영적 어두움은 예수 그리스도가 십자가에 달리실 때 예루살렘에 임한 세 시간의 칠흑 같은 어두움(오후 12시부터 3시까지)으로 연결되어 임박한 하나님의 심판의 전조를 보여준다. 예수 그리스도가 십자가에 달리실 때 하나님은 침묵하셨다. 하나님의 침묵은 세 시간의 흑암과 지진, 그리고 예루살렘 성전안에 있던 지성소의 휘장을 위에서 아래로 찢는 사건으로 이어졌다. 그 침묵은 독생자 예수 그리스도를 십자가에서 죽게 만든 아버지의 절규(지진)이자 동시에 그의 백성들을 향한 사랑(휘장 찢으심)의 깊이를 보여주었다. 그리고 그 침묵은 예루살렘을 향해 곧 다가올 심판의 폭풍전야 같은 엄숙하고 두려움(흑암)의 침묵이었다.

　유대인의 왕으로 오신 예수 그리스도의 탄생은 예루살렘 모든 사람들에게 전해졌고 그 기쁜 좋은 소식을 듣지 못한 사람은 단 한 명도 없었다. 그러나 그들은 그들의 왕 메시아의 오심을 맞이하지 않았다. 오직 기쁨으로 메시아의 오심을 맞이했던 동방박사들만이 하나님의 은혜를 받았음에 의심할 여지가 없다. 복음을 단순히 듣는다고 해서 영원한 생명의 축복을 얻는 것은 아니다. 복음을 듣고 마음으로 영접하는 자만이 하나님 나라의 유업을 받을 수 있다. 이 진리는 성경에 능통했던 바리새인과 율법학자들이 예수 그리스도로부터 책망과 꾸지람을 받았던 반면, 성경은 잘 몰라도 메시아의 오심을 열망하며 구원의 능력을 믿었던 수 많은 병자들과 세리 그리고 죄인들의 이야기를 통해 확증된다. 메시아의 오심을 기쁨으로 맞이하는 첫 걸음은 반드시 성경으로부터 시작되어야 한다. 그러나 단지 성경 말씀을 아는 것에 안주해서는 안된다. 그 깨달은 성경 지식을 통해 예수 그리스도를 만나야 한다. 그리고 예수 그리스도가 말씀하시는 대로 순종하며 살아가야 한다. 바로 이 것이 '쉐마 이스라엘'^{신 6:4}이다. '이스라엘아 들으라'는 것은 단순히 하나님 말씀에 대한 청각적 들음을 말하는 것이 아니라 하나님 말씀대로 순종하며 살아가는 삶의 들음을 의미한다. 성경을 통해 깨달은 지식이 멸망으로 인도하는 교만의 도구가 되는가 아니면 영원한 생명의 구원으로 인도하는 크고 좋은 소식이 되는가는 바로 그깨달은 말씀에 삶으로 순종하는가에 달려 있다.

사실 성경을 보면 동방박사들보다 먼저 메시아 탄생을 맞이했던 사람들이 있다. 아이러니하게도 예수 그리스도의 오심에 대한 첫 소식은 밤에 양을 치던 목자들에게 전해졌다^{눅 2:8}. 궁전에 있던 왕족도 아니고, 성전에 있던 제사장이나 레위인도 아니고, 회당에 있던 랍비나 바리새인도 아니고 밤에 외로이 삶의 현장에서 힘들게 살아가는 목자들에게 제일 먼저 복음은 다가갔던 것이다. 오늘날로 굳이 말한다면, 밤에 아파트를 지키시며 섬기시는 경비원들, 밤에 거리를 깨끗이 청소하시는 환경미화원들, 어둔 밤 도로나 터널을 보수하시는 작업

자들 등, 비록 삶은 힘들고 고달프지만 하루하루를 믿음으로 성실하게 살아가는 성도들에게 가장 먼저 복음이 선포되었던 것이다(참조: 사 61:1-2). 성경은 복음의 첫 소식을 들은 목자들이 고용된 목자들인지 아니면 양들의 주인인지 밝히고 있지 않다. 아마도 목자들에게 제일 먼저 그리스도의 탄생 소식이 전해진 것은 예수 그리스도가 선한 목자로 이 땅에 오셔서 자기의 양떼를 지키기 위해 목숨까지 버릴 수 있는 분임을 암시하고 있는 것은 아닐까! 이에 대해 사도요한은 이렇게 답하고 있다. "나는 선한 목자라 선한 목자는 양들을 위하여 목숨을 버리거니와 삯꾼은 목자가 아니요 양도 제 양이 아니라 이리가 오는 것을 보면 양을 버리고 달아나나니 이리가 양을 물어가고 또 헤치느니라"요 10:11-12.

예수 그리스도는 이 세상에 참 목자로 오셨다. 성경을 보면, 목자와 양에 관하여 기록한 곳이 적지 않다. 하나님을 목자로 이스라엘 백성을 양으로 묘사하거나, 또는 이스라엘의 왕을 목자로 백성을 양으로 비유한 곳도 있다. 특히 목자에 대해서는 선한 목자사 40:11와 악한 목자겔 34:4, 슥 11:17로 구분하며, 하나님이 앞으로 선한 목자를 보내주실 것을 예언하고 있다겔 34:11-16. 바로 그 선한 목자가 2000년전 이 땅에 생명의 빛으로 오신 예수 그리스도이시다. 구약의 선한 목자에 관한 대부분의 기록은 예수 그리스도가 누구인지를 보여주는 그림자요 모형이었던 것이다.

그럼 베들레헴 들판의 목자들은 언제 메시아의 탄생 소식을 들었는가? 천사가 목자들에게 전한 '온 백성에 미칠 크고 좋은 소식'은 하루 세번 정해진 유대인의 기도 시간(종교적 시간)도 아니고 하루를 시작하는 새벽(세상적 시간)도 아닌 모든 사람들이 자고 있던 한밤중에 선포되었다눅 2:10. '복음이 한밤중에 선포되었다'는 것은 무슨 의미를 던지고 있는 것일까? 예수님이 말씀하신 '열 처녀 비유'에서도 신랑되신 그리스도가 한밤중에 오시는 것으로 묘사되고 있다. 그 비유를 보면, 신랑을 기다리던 열 처녀는 신랑이 늦도록 오지않자 졸려서 모두 잠이 들었다가 한밤중에 '보라, 신랑이 오니 나가서 맞으라'라는 소리에 깨어났음을 알 수 있다마 25:6. 신랑이 도착했을 때 열 처녀 모두 잠에서 깨어났다. 계속해서 자고 있던 처녀는 단 한 사람도 없었다. 바로 그때 열 처녀가 모두 깨어났을 때, 누가 만왕의 왕으로 오신 그리스도의 오심을 영적으로 준비하고 있었는가?^{마 25:1-13}. 우리 성도들에게 '깨어있느냐 아니면 자고 있느냐'의 문제보다 더 중요한 것은 '지금 준비되어 있는가'라는 영적 질문이 아닌가 싶다.

　　130년전 하나님은 선지자 이사야를 통해 예언한 큰 빛을 동방의 작은 나라 조선에도 비추어 주셨다. 메마르고 가난한 땅 조선에 그 빛이 임함으로 그리스도가 누구인지 알게 되었으며, 그리스도를 맞이한 사람들은 어둠의 권세에서 구원받아 하나님의 나라로 옮겨지는 은혜를 받았다^{골 1:13}. 그때와 비교하면 지금 세대는 가난하지 않다. 그러나 안타깝게도 130년전 하나님이 보내주신 빛을 점점 잃어가며 다시 어둠 속으로 들어가고 있다. "빛이 어둠에 비치되 어둠이 깨닫지 못하더라"^{요 1:5}고 외치는 사도요한의 안타까움이 오늘 이 세대를 향해 메아리치고 있음을 보아야 한다. 이 땅에 참 빛으로 오신 그리스도를 증거하는 작은 불빛이라도 드는거룩함의 선포가 오늘 우리 삶 속에 일어나야 한다.

　　예수님은 오늘도 성경을 통해 우리에게 선포하고 계신다. "나는 다윗의 뿌리요 자손이니 곧 광명한 새벽 별이라"^{계 22:16}. 하나님의 아들 메시아는 이 땅에 빛으로 오셨다. 그리고 영원한 빛으로 온 우주만물을 다스리신다. 생명의 빛이신 예수님은 오늘 우리에게 세상의 빛이 되라 말씀하신다. "이같이 너희 빛이 사람 앞에 비치게 하여 그들로 너희 착한 행실을 보고 하늘에 계신 너희 아버지께 영광을 돌리게 하라" 마 5:16. 지금 당신은 복음의 빛으로 세상을 비추고 있는가? 복음의 선한 행실을 통해 하나님께 영광 돌리고 있는가?

2

예언과 계시의 복음

"또 이르시되 내가 너희와 함께 있을 때에 너희에게 말한 바 곧 모세의 율법과 선지자의 글과 시편에 나를 가리켜 기록된 모든 것이 이루어져야 하리라 한 말이 이것이라 하시고 이에 그들의 마음을 열어 성경을 깨닫게 하시고" 눅 24:44-45

성경은 예수님이 하나님의 말씀대로 이 땅에 오신 그리스도이심을 분명히 기록하고 있다. 예수라는 유대 청년이 2000년 전 갑자기 나타나서 '내가 그리스도다'라고 메시아 종교를 선포한 것이 아니라 이미 창조 때부터 그리스도의 오심은 하나님의 구속 계획 안에 들어 있었다. 성경 역사의 시작부터 계시되었고창 3:15 예언되어온 그 분이 바로 예수 그리스도이시다. 이 진리를 사도 바울은 로마 교회에 편지를 보내면서 제일 먼저 강조하였다. "이 복음은 하나님이 선지자들을 통하여 그의 아들에 관하여 성경에 미리 약속하신 것이라"롬 1:2. 그리스도의 복음은 전혀 낯설거나 새로운 것이 아니라 하나님의 선지자들로 말미암아 성경에 미리 기록된 약속대로 주어진 것이다. 특히 바울은 '성경'을 의미하는 단어('그라페')에 '거룩하다'라는 의미를 가진 '하기아이스'('하기오스'의 복수형)를 함께 사용함으로 성경은 거룩하게 취급되어야 할 하나님의 계시임을 강조한다. 그리고 더 나아가, 성경을 복수형('그라파이스')으로 표현함으로 어느 한 부분의 성경이 아닌 구약성경 전체가 예수 그리스도에 대한 하나님의 약속을 담고 있음을 보여준다. 세상 문서가 아닌 거룩한 하나님의 말씀이 약속하며 가리켰던 그 메시아가 바로 2000년전 성육신 하신 예수 그리스도이셨던 것이다.

하나님의 말씀대로 이 땅에 오신 예수 그리스도! 이 사실을 믿는 성도라면 당연히 하나님의 말씀을 읽어야 한다. 성경을 읽고 깨달아야 예수 그리스도가 누구이신지를 알게 된다. 오늘날 현대 교회의 문제점 중에 하나가 바로 성경은 읽지 않고 신앙 참고서만 본다는 데에 있다. 오늘도 수 많은 양질의 신앙 서적들이 출간되고 있다. 인터넷에서는 복음주의적 설교와 강의 양육이 넘쳐나고 있다. 그런데 정작 하나님 나라의 유일한 교과서인 성경 말씀은 읽지 않는다. 바로 여기에 문제가 있다. 설교나 강의가 아무리 복음적이고 은혜롭다 할지라도 그 자체로는 본질이 아니다. 단지 우리를 진리의 말씀안으로 들어가게 도와줄 뿐이다. 오직 하나님의 말씀인 성경만이 복음의 본질이며, 우리를 참된 진리와 생명으로 인도한다. 그럼 우리가 반드시 읽어야 할 성경(특히 구약성경)은 하나님의 아들 그리스도가 이 땅에 오심에 대해 어떻게 계시하고 예언하고 있는가?

구약에 기록된 메시아 예언의 성취

이사야 7장을 보면 웃시야의 손자 요담의 아들인 아하스 왕에 대한 이야기가 기록되어 있다. 요담은 아버지 웃시야 대를 이어서 16년 동안 이스라엘을 통치하였고 그 다음으로 요담의 아들 아하스가 20세에 왕이 되어 이스라엘을 16년간 다스렸다(대하 28장 참조). 아하스가 왕이 되기 최소 16년 전에 하나님은 선지자 이사야를 부르시며 다음과 같이 말씀하셨다. "여호와께서 이르시되 가서 이 백성에게 이르기를 너희가 듣기는 들어도 깨닫지 못할 것이요 보기는 보아도 알지 못하리라 하여 이 백성의 마음을 둔하게 하며 그들의 귀가 막히고 그들의 눈이 감기게 하라 염려하건대 그들이 눈으로 보고 귀로 듣고 마음으로 깨닫고 다시 돌아와 고침을 받을까 하노라 하시기로"사 6:9-10.

하나님은 선지자 이사야가 말씀을 전하면 전할수록 이스라엘 백성은 마음이 굳어져서 깨닫지 못하고, 귀가 막혀 듣지 못하고, 눈이 어두워져서 보지 못하게 될 것을 예견하시면서 백성들에게 가서 말씀을 전하라는 참으로 '이상한' 사명을 주셨다. 이 사명에 순종한 이사야는 최소 16년 이상 하나님이 말씀하신 계시를 이스라엘 백성에게 선포하여 왔다. 그러면 하나님의 말씀을 16년 동안 들은 이스라엘은 어떻게 되었을까? 말씀을 듣고 돌이키는 회복이 일어났을까? 전혀 돌이킴의 기색도 보이지 않았음을 이스라엘 역사는 증명하고 있다. 이스라엘 백성은 하나님의 말씀을 듣고 더 마음이 굳어지고 불순종의 타락으로 나아갔다. 그 타락의 대표적 인물 중에 한 사람이 바로 아하스 왕이다. 아하스 왕은 하나님의 말씀을 들으면 들을 수록 하나님을 더 멀리하며 세상의 우상을 쫓아 섬겼으며, 하나님을 신뢰하지 않고 세상의 강대국을 의지하였다.

이사야 7장을 보면 하나님의 말씀에 순종하기를 거부한 아하스 왕, 특히 하나님께 표적 구하기를 거절한 아하스 왕의 불신앙이 초래할 결과를 설명한 후에[10-13절], 14절에서 하나님이 친히 보여주시는 징조를 선포하고 있다. 그 징조가 바로 '처녀가 잉태하여 아들을 낳을 것'이라는 예언적 계시이다("보라 처녀가 잉태하여 아들을 낳을 것이요. 그의 이름 임마누엘이라 하리라"). 여기서 '처녀'로 번역된 히브리어 '알마'는 일반적으로 결혼여부를 막론하고 젊은 여인을 총칭하는 의미를 갖고 있다. 그래서 오늘날 유대인 성경을 보면 처녀(virgin)로 번역하지

않고 단순히 젊은 여자(young woman)라 번역하고 있다. 그러
나 기억해야 할 것은 성경 안에서 '알마'가 처녀를 지칭할 때에
도 종종 사용되었다는 사실이다(예: 창 24:4, 출 2:8, 시 68:25, 잠
20:19 등). 특히 기원전 2-3세기에 70여명의 유대인 랍비들이
히브리어 구약을 헬라어로 번역한 성경(The LXX)을 보면 이사
야 7:14의 '알마'를 '숫처녀'를 의미하는 헬라어 '파르테노스'
로 번역하였다. '파르테노스'는 마태복음 1:23에서 마리아를
가리켜 '동정녀'라고 한 단어와 동일한 헬라어이다. 예수님의
하나님 아들 되심과 그리스도 되심을 거부했던 유대 종교지도
자들의 조상이 이미 오래전에 예수님의 동정녀 탄생을 증거하
였다는 사실과 예수님 당시 유대인들이 그 헬라어 구약을 읽
으면서도 깨닫지 못했다는 것은 참으로 아이러니가 아닐 수
없다.

한 마디로, 이사야 7:14의 표적은 앞으로 다윗 왕조(이스
라엘)의 불신앙 속에서도 하나님은 계속해서 구원 경륜을 이루
어 가실 것이며, 그 경륜의 중심에는 임마누엘('하나님이 우리와
함께 하신다') 메시아가 있음을 선포한 것이다. 메시아의 동정
녀 탄생 계시는 이사야 9장에서 좀더 구체적으로 설명되고 있

다. "이는 한 아기가 우리에게 났고 한 아들을 우리에게 주신 바 되었는데 그의 어깨에는 정사를 메었고 그의 이름은 기묘자라. 모사라. 전능하신 하나님이라. 영존하시는 아버지라. 평강의 왕이라 할 것임이라"사 9:6. 이사야는 먼저 메시아가 동정녀의 태를 통해 아기의 몸으로 성육신 하실 것을 암시한다. 그리고 그 아기의 어깨에는 정사(government)를 메고 있음을 보여줌으로(참조: 사 22:22), '다스리는 자', 곧 왕으로 오실 것임을 계시한다미 5:2.

장차 만왕의 왕으로 오시는 아기의 이름은 첫번째로 기묘자(Wonderful)이다. 이 이름은 '모든 자연의 법칙과 세상 상식을 초월하는 경이로움'을 의미하며, 예수 그리스도의 성육신(동정녀 탄생), 공생애 기적, 십자가 죽음, 부활, 그리고 승천에 이르기까지 놀랍고 기적적인 사건들을 암시한다. 두번째로 모사(Counselor)는 '가르치는 자' 또는 '믿고 신뢰하는 자'라는 의미를 갖고 있으며, 이는 메시아의 온전한 지혜와 통찰을 지칭하는 표현이다사 11:2. 세번째로, 전능하신 하나님(mighty God)은 메시아의 신성과 전능하심('엘-샤다이')을 고백하는 표현으로, 메시아도 하나님과 동등하게 경배 받아야 할 분임을 강조한

다빌 2:6. 네번째 이름은 영존하시는 아버지(everlasting Father)
이다. 이 이름을 통해 메시아는 하나님의 아들로서 하나님 아버
지와 동일하시며, 태초부터 계셔서 영원히 존재하시며('엘-올
람'), 온 우주 만물을 창조하시고 다스리심을 보여준다요 1:9-10.
마지막으로, 메시아로 오시는 아기의 이름은 평강의 왕(Prince
of peace)이다. 이 이름은 하나님이 선지자들을 통해 약속해
오신 '평화의 언약'민 25:12, 사 54:10, 겔 34:25, 37:26-27, 말 2:5이 드
디어 메시아를 통해 이루어질 것을 암시하고 있으며, 더 나아
가 메시아가 이 땅에 오셔서 행하시는 사역을 통해 하나님 나
라의 '샬롬'(평화)이 이루어질 것을 보여준다사 53:5, 눅 2:14, 골
1:20.

　　선지자 이사야는 장차 왕으로 오실 메시아가 누구이신지
를 예언할 뿐만 아니라 어디서 어떻게 사역하실 지도 예언하
고 있다. "전에 고통 받던 자들에게는 흑암이 없으리로다 옛적
에는 여호와께서 스불론 땅과 납달리 땅이 멸시를 당하게 하
셨더니 후에는 해변 길과 요단 저쪽 이방의 갈릴리를 영화롭
게 하셨느니라 흑암에 행하던 백성이 큰 빛을 보고 사망의 그
늘진 땅에 거주하던 자에게 빛이 비치도다"사 9:1-2. 이는 메시

아가 선포하는 구원의 빛이 이스라엘의 정치, 종교의 중심지인 예루살렘이 아닌 멸시와 천대를 받고 있는 갈릴리 지역부터 비추게 될 것을 보여준다. 세상적 지도자는 이스라엘의 수도 예루살렘에서 그의 정치적 위치를 확고히 하려고 했을 것이다. 그러나 하나님의 방법은 일반 세상적 통념과는 확실히 달랐다. 하나님은 흑암 속에 고통받고 멸시당하던 땅, 미래에 대한 소망을 잃어버린 땅, 사망의 그늘진 땅, 죄 가운데 신음하던 암울한 땅에 메시아를 빛으로 보내실 것을 약속하셨다. 이 약속은, 이미 성경에 기록되어 있듯이, 예수 그리스도의 공생애가 이스라엘의 북쪽 갈릴리 해변 지역인 납달리와 스블론에서부터 시작됨으로 성취되었다. '포로 된 자에게 자유를, 눈먼 자에게 다시 보게 함을 전파하며 눌린 자를 자유롭게 하고 주의 은혜의 해를 전파하러 오신'(눅 4:18-19, 참조: 사 61:1-2) 예수 그리스도가 바로 이사야가 예언한 하나님의 아들 메시아이시다.

그렇다면 이사야 9장에 계시된 '아기'가 예수 그리스도라는 사실을 어떻게 알 수 있는가? 이에 대해 이사야 11장은 '이새의 줄기에서'(1절) 또는 '이새의 뿌리에서'(10절) 한 싹이 나올 것임을 예언함으로 하나님의 아들 메시아가 다윗의 후손으로 오실 것을 분명히 증거하고 있다. 이사야는 다윗의 후손으로 오시는 예수님을 통해 이 땅에 온전한 평화의 메시아 나라가 도래할 것이며^{사 11:1-9} 그 메시아 나라를 향해 세계 각처에 남아있는 모든 신실한 자들이 돌아오게 될 것을 예언하였다^{사 11:10-16}. 이 예언은 하나님이 다윗을 향해 이미 약속하신 "그는 내 이름을 위하여 집을 건축할 것이요 나는 그의 나라 왕위를 영원히 견고하게 하리라"^{삼하 7:13}는 언약의 재확인이며, 장차 그리스도가 오심으로 세워질 교회의 본질과 사명을 암시하고 있다. 따라서 예수 그리스도의 몸 된 교회는 그리스도가 다스리시는 나라가 어떤 모습인지를 세상에 보여주어야 할 책무가 있다. 세상을 향해 천국 소망을 선포함으로 아직 복음을 듣지 못했거나 깨닫지 못한 사람들을 예수 그리스도 앞으로 인도해야 한다. 예수 그리스도가 이 땅에 다시 오시는 그날까지 교회는 온 세계로 복음을 들고 나아가 메시아 나라를 선포하고 세워가야 한다.

이사야 9장에 기록된 예언 중 한 가지 짚고 넘어가야 할 것은 메시아가 다윗의 줄기가 아닌 이새의 줄기에서 나온다는 부분이다. 물론 다윗도 이새의 후손임으로 족보상으로나 혈통상으로 전혀 문제가 되지 않는다. 그렇다손 치더라도, 이사야는 왜 굳이 다윗이 아닌 이새의 후손으로 메시아가 오신다고 예언하였는가? 이사야 53:2-3을 보면, 앞으로 오실 메시아의 모습을 다음과 같이 묘사하고 있다. "그는 주 앞에서 자라나기를 연한 순 같고 마른 땅에서 나온 뿌리 같아서 고운 모양도 없고 풍채도 없은즉 우리가 보기에 흠모할 만한 아름다운 것이 없도다. 그는 멸시를 받아 사람들에게 버림 받았으며 간고를 많이 겪었으며 질고를 아는 자라 마치 사람들이 그에게서 얼굴을 가리는 것 같이 멸시를 당하였고 우리도 그를 귀히 여기지 아니하였도다"사 53:2-3. 이런 모습으로 오시는 메시아는 세상적으로 성공한 다윗 왕의 이미지인가? 아니면 작은 시골 마을 베들레헴에서 양을 치던 이름 없는 목자 이새의 이미지인가? 한 마디로, '이새의 줄기'는 메시아의 비천한 태생과 삶을 비유적으로 보여주는 표현이다. 따라서 이스라엘 왕조를 일으켜 세운 위대한 왕 다윗이 아닌 이름없고 볼품없는 목자의 줄기에서 메시아가 나온다는 것은 사람들이 그를 보고도 메시아로 인정하지 않을 뿐 아니라 무시하고 멸시할 것임을 암시하는 것이다. 하나님의 아들 메시아는 그 당시 유대인들이 보편적으로 기대하던 승리의 왕, 정복의 왕의 모습으로 오시지 않고, 그와 반대로 초라하고 멸시받고 고난 받는 '종'(suffering servant)의 모습으로 오실 것을 이사야는 예언했던 것이다. 이 예언대로 예수 그리스도는 이 땅에 낮고 천한 모습으로 오셨다. 그리고 이렇게 말씀하셨다. "너희 중에 누구든지 크고자 하는 자는 너희를 섬기는 자가 되고 너희 중에 누구든지 으뜸이 되고자 하는 자는 모든 사람의 종이 되어야 하리라"막 10:43-44.

이름없는 목자 이새의 줄기에서 오신다고 예언된 예수님은 과연 어디서 태어나 어디서 성장하였는가? 이 질문에 답하는 곳도 성경이다. 예수님이 유대 땅 베들레헴에서 태어나 갈릴리 나사렛에서 성장하였다는 사실마 2:1-23이 이미 구약성경에 예언되어 있다미 5:2, 사 9:1. 그럼 왜 구약에 기록된 메시아 예언의 성취가 큰 기쁨의 복음이 되는 것일까? 이에 대해 다음과 같은 질문을 던짐으로 생각해 보려 한다. 지금까지 인류 역사 속에 태어나기도 전에 어디서 출생할 것이며, 무엇을 하다가 어떻게 죽을 것인가에 대해 미리 예언된 사람(예수님 외에)

이 있었는가? 좀더 구체적으로 말하면, 인류 역사 속에 지대한 영향을 미친 종교가, 철학자, 사상가 등, 예를 들면 아리스토텔레스, 부처, 공자, 마호메트 등 그들의 생애에 대해 그들이 태어나기 수백 년 전에 미리 써 놓는 것이 가능한가? 아니 단지 그들이 태어날 것이라는 사실 그 자체만이라도 미리 아는 것이 가능한가? 이 질문에 이성적이고 상식적인 사람이라면 그 누구도 예외 없이 '불가능'이라고 답할 것이다. 그런데 성경에는 이 '불가능'이 가능한 것으로, 아니 이미 실현되었음을 증거하고 있다. 성경을 보면, 약 20명의 사람들이 1000년이라는 시간에 걸쳐 미래에 태어날 한 사람에 대해, 그들이 한 번도 본 적이 없는 그 사람에 대해 믿기 어려울 정도로 구체적으로 예언하고 있고, 그 예언들은 2000년전 베들레헴에서 태어난 예수님을 통해 온전히 성취되었음을 증거하고 있다.

이렇게 말하면 어떤 사람들은 성경 속에 계시된 메시아 예언과 2000년전에 이스라엘에 살았던 예수님의 생애가 겹쳐지는 것은 우연의 일치라고 주장한다. 이에 대해 리 스트로벨 목사님은 자신의 저서 '예수는 역사다'에서 예언의 성취를 확률 개념으로 설명하며 반론하고 있다[p242]. 인류 역사 속에 그 어느 누군가에게 단지 여덟(8) 개의 예언이 성취될 확률은 1만 조분의 1이다. 이 확률을 다시 설명하면, 미국의 텍사스 주(한반도의 약 세 배 넓이) 전체를 은화 동전으로 덮는데, 그냥 덮는 것이 아니라 동전을 60cm 높이로 쌓아 덮고, 그 중에서 미리 표시한 단 한 개의 동전을 단 한번에 집어내는 확률, 바로 그 확률이 단지 여덟(8) 개의 예언이 역사 속의 어떤 한 사람에게 성취될 확률인 것이다. 더 나아가 수학자 피터 스토너에 의하면, 어떤 한 사람에게 총 48개의 예언이 성취될 확률은 1조의 13승분의 1(1/1조13)이라는 측정 불가능한 수치를 제시하였다. 그럼 성경에는 예수님에게 성취된 예언이 과연 얼마나 되는가? 구약성경에는 최소 200개 이상의 메시아 예언이 기록되어 있고, 그 예언들은 단 한가지만 제외하고 모두 다 2000년 전에 베들레헴에서 탄생하신 예수님께 성취되었다. 아직 성취되지 않은 남아있는 예언은 바로 예수님의 재림이다. 예수님의 재림은 반드시 이루어질 것이다. 왜냐하면 성경 속에 기록된 다른 모든 메시아 예언들이 이미 다 이루어졌기 때문이다.

예수 그리스도는 성경에서 예언한대로 이 땅에 오셔서 십자가에 달려 죽으셨고, 삼일 만에 부활하시고 승천하셨으며,

언젠가 이 세상에 반드시 다시 오신다. 예수 그리스도가 재림하는 그날, 그날에는 온 우주만물이 예수를 '주'(LORD)라 고백하며 그 이름 앞에 무릎 꿇게 될 것이고, 그를 통해 하나님은 영광 받게 될 것이다빌 2:9-11. 온 우주만물이 이 세상 마지막 날 한 목소리로 고백하게 될 '예수 그리스도는 주'라는 진리, 이 진리는 이미 2000년전 천사들이 전한 유앙겔리온에서 선포되었고눅 2:11, 예수 그리스도의 사도들과 제자들을 통해 선포되었으며행 2:36, 롬 10:9, 그리고 오늘날 성령의 역사를 통해 끊임없이 선포되고 있다. "그러므로 내가 너희에게 알리노니 하나님의 영으로 말하는 자는 누구든지 예수를 저주할 자라 하지 아니하고 또 성령으로 아니하고는 누구든지 예수를 주시라 할 수 없느니라"고전 12:3.

예언대로 이 땅에 육체로 오신 그리스도

태초부터 지금까지 인류역사 중에 일어난 최대의 사건은 두말할 나위없이 2000년전 하나님의 아들이신 그리스도의 성육신 탄생이다. 성육신(incarnation)이란 한 마디로 하나님이 사람으로 나타나신 것, 곧 무한한 존재이신 하나님이 유한한 존재인 사람이 된 사건을 가리킨다. 이를 사도 요한은 보다 구체적으로 '말씀이 육신이 되었다'고 설명하며, 그 성육신으로 오신 분이 예수 그리스도이심을 증거하고 있다요 1:14. 그러나 세상은 이 성경적 선언에 대해 동의하지 않는다. '신이 인간이 되었다'라는 사실은 인간의 이성으로는 도저히 이해할 수 없는 신비의 영역이기 때문이다. 심지어 교회에 출석하는 사람들 중에서도 그리스도의 성육신 사건을 믿지 못하는 사람들이 적지 않은 것이 사실이다. 교회에 신자로 등록하고 매 주일마다 예배를 드리는 신앙 속에 그리스도의 성육신에 대한 고백이 없다면 그 신앙은 참된 신앙이라 할 수 없다. 참된 신앙은 하나님의 아들 그리스도가 이 땅에 육체로 오신 사실을 시인함으로부터 출발해야 한다.

그리스도의 성육신을 부인하는 신앙은 거짓의 영으로부터 온 가짜 신앙임을 성경은 분명히 밝히고 있다. "사랑하는 자들아 영을 다 믿지 말고 오직 영들이 하나님께 속하였나 분별하라 많은 거짓 선지자가 세상에 나왔음이라. 이로써 너희가 하나님의 영을 알지니 곧 예수 그리스도께서 육체로 오신 것을 시인하는 영마다 하나님께 속한 것이요. 예수를 시인하지 아니하는 영마다 하나님께 속한 것이 아니니 이것이 곧 적그리스도의 영이니라 오리라 한 말을 너희가 들었거니와 지금 벌써 세상에 있느니라"요일 4:1-3. 사도 요한은 오늘도 교회를 향해 어떤 영이 하나님의 영인지를 분별해야 함을 권면한다. 눈에 보이지 않는 영의 세계는 일반 사람들이 알 수도 볼 수도 없는 신비한 세계이다. 그래서 사람들은 일반적으로 영적 존재를 두려워하면서 동시에 경외하는 경향이 있다. 그렇다고 해서 모든 영을 다 믿어서는 안되며, 어떠한 영들이 하나님께 속하였는지를 먼저 시험해 보라고 사도 요한은 권면한다. 왜냐하면 세상에는 많은 거짓의 영들과 가짜 예언자들이 있기 때문이다.

"오직 영들이 하나님께 속하였나 분별하라." '영들'로 번역된 단어는 성경적으로 볼 때 크게 세 가지 범주로 나눌 수 있다. 첫째, 하나님의 영인 '성령', 둘째, 인간의 '영', 그리고 마지막으로 성도를 미혹하는 악한 '영'이 있다. 하나님의 영은 '진리'이고 악한 영은 '거짓'이다. 그럼 인간의 영은 진리인가? 아니면 거짓인가? 이 질문에 대한 답은 인간이 무엇을 믿느냐에 따라 결정되어진다. 사도 요한이 편지에서 가리키고 있는 거짓의 영은 당시 교회를 크게 어지럽혔던 초기 영지주의적 이단과 적그리스도의 영을 의미한다. 그래서 사도 요한은 영이라고 다 믿지 말고 그 영이 하나님께 속했는가를 먼저 시험하라고 신신 당부하였던 것이다.

하나님의 영과 거짓 영을 분별하는 기준은 바로 "예수 그리스도께서 육체로 오신 것을 시인하는가"요일 4:2에 달려있음을 사도 요한은 강조한다. 하나님께 속한 영은 하나님의 아들이 인간으로 오신 성육신 사건을 인정하고 믿음으로 고백하는 영이며, 반면에 하나님께 속하지 않은 영은 예수 그리스도의 성육신을 부인하는 거짓의 영이다. 초대 교회를 위협했던 영지주의 이단은 영과 육을 분리하며, 영은 선하고 거룩한 반면 육은 악하고 더럽다고 생각하는 이원론적 종교관을 갖고 있었다. 그래서 하나님의 아들이신 그리스도가 악하고 더러운 육신으로 오실 수 없다고 단정지었다. 그리스도의 영은 단지 나사렛 예수라는 인간이 세례 요한에게 세례를 받을 때 그 위에 3년 동안 임하였다가 그가 십자가에서 죽기 직전 떠났다고 주장하였다. 그렇다면 십자가에서 죽은 사람은 하나님의 아들 그리스도인가 아니면 단지 평범한 인간 예수인가? 만약 십자가에서 죽은 사람이 그리스도가 아니라 인간 예수였다면 오늘 우리의 모든 죄가 용서받았다고 말할 수 있는가? 하나님 아들 그리스도의 성육신을 부정하는 주장은 단순히 그리스도의 인성(人性)만을 부정하는 이단이 아니라 하나님의 구속 역사 자체를 부정하는 심각한 이단이다.

하나님의 아들 그리스도가 인간의 몸으로 이 땅에 내려와 십자가에서 피 흘리신 대속의 은혜가 바로 성육신의 핵심 진리이다. 하늘에서 내려오신 그리스도만이 참 생명이시며요 3:2, 6:32-33-35, 그 참 생명을 이 땅에 선포한 사건이 바로 그리스도의 성육신 탄생이다. 그래서 사도 요한은 예수님의 성육신을 부인하는 것은 예수님을 시인하지 않는 것과 같다고 선포한다요일 4:2-3. 그리고 예수님을 시인하지 않는 영은 하나님에게서 나지 않은 영이며, 그 영은 이미 지금 세상에 와있는 적그리스도의 영이라고 설명한다. 사도 요한 시대뿐만 아니라 지금 우리가 살고 있는 세상에도 진리와 거짓이 공존하고 있다. 그리고 진리와 거짓을 구별하는 기준도 변함없이 예수 그리스도의 성육신이다. 예수 그리스도를 시인하면 진리이고 부인하면 거짓이다.

그럼 하나님의 아들 그리스도는 어떻게 이 땅에 육체로 오셨는가? 그리스도가 성육신으로 이 땅에 오시기 위해 첫 번째로 내리신 결정은 하나님의 본체로서의 영광을 스스로 포기하시고, 하나님으로서의 당연한 권리를 스스로 내려 놓으신 자기 비움의 낮아짐이다. 우리의 죄를 속죄하기 위해 십자가에 죽기까지 고난에 순종하신 예수 그리스도가 제일 먼저 하나님으로서의 특권과 영광을 내려 놓으셨음을 증거하는 것이 바로 성육신이다. "그는 근본 하나님의 본체시나 하나님과 동등됨을 취할 것으로 여기지 아니하시고 오히려 자기를 비워 종의 형체를 가지사 사람들과 같이 되셨고 사람의 모양으로 나타나사 자기를 낮추시고 죽기까지 복종하셨으니 곧 십자가에 죽으심이라"빌 2:6-8.

'그리스도는 근본 하나님의 본체이시다.' '하나님의 본체'라는 말은 그리스도가 하나님의 본질적인 속성과 성품을 지니신 분이라는 의미로 '그리스도는 하나님이시다'라는 진리를 내포하고 있다. 따라서 성육신은 '예수 그리스도는 하나님이시다'라는 삼위일체 진리로부터 출발한다. '기묘자, 모사 영존하시는 아버지, 평강의 왕'으로 오시는 그리스도가 바로 '전능하신 하나님'이시라는 이사야의 예언^{사 9:6}이 그리스도의 성육신을 통해 온전히 성취된 것이다. 그리고 또한 성육신은 하나님의 본체이신 예수 그리스도가 그 누구의 명령이나 압력에 의해 인간이 되신 것이 아니라 스스로 하나님으로서의 특권과 영광을 내려 놓은 '낮아짐'으로부터 시작되었음을 보여준다. 바로 이 그리스도의 낮아짐을 통해 겸손이 무엇인지를 알게 된다. 겸손은 도덕적 겸양이나 예의적 행위가 아닌 스스로를 낮추는 것이다. 누구를 위해? 나 자신을 위함이 아닌 바로 하나님과 이웃을 위해 나를 낮추는 것, 바로 그것이 겸손의 본질이며 성육신의 본질이다.

그럼 그리스도가 하나님의 자리에서 스스로 내려오심으로 어떠한 일이 일어났는가? 이에 대해 사도 바울은 하나님의 본체이신 그리스도가 자기를 비워 종의 형체를 가져 사람들과 같이 되었다고 설명한다. 특히 그리스도의 '자기 비움'을 과거 시제로 설명함으로 그 비움은 이미 일어난 사건임을 암시한다. 그리고 그리스도가 '자기를 비웠다'가 무엇을 의미하는지에 대해 뒤따르는 세 개의 분사구를 통해 보충 설명하고 있다 ("오히려 자기를 비워 ① 종의 형체를 가지사 ② 사람들과 같이 되셨고

③ 사람의 모양으로 나타나사"). 보다 구체적으로 살펴보면, 그리스도가 자기를 비움으로 첫째, 종의 형체를 취하였고, 둘째, 사람들과 같이 되었으며, 그리고 사람의 모양, 즉 인간의 형체로 나타났음을 순차적으로 서술하고 있다.

그렇다면 그리스도가 '종의 형체'와 '인간의 형체'로 오셨다는 의미는 무엇인가? 우선 종의 형체('모르페')와 인간의 형체('스케마')를 설명하는 헬라어 원어가 각각 다르게 사용되고 있음을 주목해야 한다. 종의 형체는 단순히 종의 외모가 아닌 종의 섬김과 겸손의 본질적인 속성을 나타내는 단어이며, 이에 반해 인간의 형체는 인간의 본성, 본질보다는 외적인 모습을 강조하는 단어이다. 그러므로 그리스도가 자기를 비움으로 종의 형체를 가졌다는 것은 그 당시 종(노예)이라는 사회적 신분으로 태어나셨음을 의미하는 것이 아니라, 선지자 이사야가 예언한 대로, 고난 받는 '여호와의 종'의 사명^{사 52:13-53:12}을 감당하실 것을 암시하는 것이다. 그리고 그리스도가 인간의 모양으로 나타나셨다는 것은 죄성을 가진 인간으로 태어남을 말하는 것이 아니다. 그리스도가 인간의 형체를 취하여 이 땅에 내려와 고난 받는 종의 사명을 성취하기 위해 십자가에 매

달려 죽으실 것을 의미하는 것이다. 그럼 하나님의 본체이신 그리스도가 십자가에 죽기까지 복종하셨던 이유는 무엇인가? 이에 대해 마가복음 10:45은 다음과 같이 대답한다. "인자가 온 것은 섬김을 받으려 함이 아니라 도리어 섬기려 하고 자기 목숨을 많은 사람의 대속물로 주려 함이니라" 이것이 바로 낮아짐의 극치를 보여준다. 낮아짐의 극치는 하나님과 이웃을 '죽기까지 섬기는 것'이다.

그렇다면 '하나님의 본체이신 그리스도가 굳이 육신의 몸을 입고 이 땅에 오셔야만 했던 이유는 무엇인가? 이에 대해 히브리서 2:14-15은 "자녀들은 혈과 육에 속하였으매 그도 또한 같은 모양으로 혈과 육을 함께 지니심은 죽음을 통하여 죽음의 세력을 잡은 자 곧 마귀를 멸하시며 또 죽기를 무서워하므로 한평생 매여 종 노릇 하는 모든 자들을 놓아 주려 하심이니"라고 대답하고 있다. 예수 그리스도는 죄로 인해 사망 권세 잡은 마귀에게 평생동안 종 노릇하며 무서워 떠는 우리 죄인들을 위해 인간의 몸으로 이 땅에 오셨다. 그리고 스스로 십자가에 달려 대속제물로 죽으심으로 우리를 자유케 하셨다. 따라서 우리의 자유케 됨은 예수 그리스도의 십자가 죽음으로 주어진 것이다. 다시 말해, 예수 그리스도는 십자가의 죽음을 통하여 우리를 짓누르고 있던 죄와 사망의 권세를 물리치셨던 것이다. 영이신 하나님은 우리를 위해 죽으실 수 없다. 죽음으로 죽음의 세력을 이기기 위해서는 영이신 하나님이 인간의 모양으로 이 땅에 오셔야만 했던 것이다.

예수 그리스도의 성육신을 이해하고 설명함에 있어 도움이 되는 예화가 있다. 미국에 유학 온 인도 청년에게 한 미국 학생이 전도를 하기 위해 산책을 하면서 복음을 전하기 시작했다. 그러나 복음의 메시지를 들은 인도 청년은 성육신의 의미를 도무지 이해하지 못하였다. 그들이 산책하는 동안 트랙터가 땅을 갈고 있었는데, 마침 그곳에 큰 개미집이 그들의 눈에 띄었다. 이때 인도 청년은 저 개미들을 어떻게 하냐고 안타까워했다. 힌두교에서는 미물인 개미의 생명도 귀하게 여기고 있기 때문이다. 그때 미국인 학생이 다음과 같이 대답하였다. "네가 아무리 외치고 안타까워해도 개미는 알아듣지 못하잖니! 만약 네가 개미가 될 수만 있다면 그들을 구원해낼 수 있을 텐데."

예수 그리스도가 이 땅에 사는 죄인들을 구원하기 위해

여호와의 종('모르페')으로 그리고 인간의 모양('스케마')으로 이 땅에 오시기 위해 이루어진 '자기 비움'에 대해서는 크게 두 가지 해석이 가능하다. 먼저, 그리스도의 자기 비움은 보편적으로 알고 있는 성육신 과정을 의미한다. 특히 '말씀이 육신이 되었다'요 1:14는 사도 요한의 고백을 확증해주는 신학적 근거가 된다. 여기서 한 가지 주의할 것은 그리스도가 인간이 되심으로 하나님으로서의 신성을 버리거나 포기한 것이 아니라는 사실이다. 그리스도가 하나님의 신성이나 본질을 비운 것이 아니라 하나님으로서의 합당한 영광과 특권을 스스로 내려놓은, 즉 '신적 기득권'을 내려놓고 인간이 되셨음을 강조하는 표현이다.

인간의 모습으로 오신 그리스도의 신성에 대해 사도 요한은 다음과 같이 증거하고 있다. "본래 하나님을 본 사람이 없으되 아버지 품 속에 있는 독생하신 하나님이 나타내셨느니라" 요 1:18. 인류 역사 속에 하나님을 본 사람은 하나도 없다. 죄로 인해 타락하고 부정한 인간이 거룩하신 하나님을 직접 육안으로 본다는 것은 곧 죽음을 의미한다출 33:20. 비록 성경 속에 많은 사람들이 하나님을 만나거나 또는 대면한 것으로 기록되어 있지만, 이는 그들이 하나님의 완전한 실체를 보았다는 말이 아니다. 그들은 단지 하나님이 보여주시는 환상이나 계시, 또는 영광의 상징, 그리고 인간의 모습으로 나타난 여호와의 사자만을 보았을 뿐이다. 모세가 하나님과 대면하였다출 33:11, 신 34:10는 표현도 실제로는 하나님과 얼굴을 맞대고 대화하였음을 의미하는 것이 아니라 그만큼 하나님과의 친밀한 관계를 맺고 있었음을 보여주는 비유적 표현이다. 하나님과 대면했던 모세도 단지 하나님의 뒷 모습(등)만 보았다고 성경은 기록하고 있다출 33:23.

그러나 그리스도가 이 땅에 오심으로 사정이 달라졌다. 그리스도의 성육신을 통해 드디어 하나님을 보고 알 수 있는 길이 열린 것이다. 왜냐하면, 사도 요한이 고백했듯이, 독생하신 하나님이 이 땅에 나타나셨기 때문이다. 여기서 '나타나다'라는 동사는 단순히 외형적인 나타남을 의미하는 것이 아니라 그 나타남을 통해 '설명하다,' '이야기하다,' 또는 '알게 하다'라는 의미를 갖고 있다. 그러므로 그리스도의 성육신은 단순히 어떤 형체나 모습으로의 출현만을 의미하는 것이 아닌 하나님의 독생자가 하나님의 본질을 설명하기 위해 이 땅에 오심을 의미하는 것이다. 세상과 사람들로 하여금 하나님을 알게 하기 위해 그리스도가 하나님의 독생자로 이 땅에 오신 것이다. 비록 그리스도가 인간의 형체로 이 땅에 오셨지만, 절대로 변하지 않는 사실은 그리스도는 '독생하신 하나님이시다'는 진리이다. 이 세상 그 어떤 존재도 '독생하신 하나님'으로 나타날 수 없다. 오직 그리스도만이 하나님의 유일하신 독생자이며 '보이지 아니하시는 하나님의 형상'인 것이다^{골 1:15}.

둘째로 그리스도의 자기 비움은 그리스도가 스스로 자기를 버려 사망에 이르렀음'을 의미한다. 빌립보서에 언급된 그리스도가 '자기를 비우다'의 헬라어('케노')에 상응하는 히브리어('아라')가 구약에서 '고난 받는 종' 메시아의 죽음을 지칭할 때 사용되고 있다. 특히 이사야서를 보면, 앞으로 오실 메시아가 '자기 영혼을 버려('아라') 사망에 이르므로 많은 사람을 의롭게 만들 것'을 예언적으로 계시한다^{사 53:12}. 사도 바울은 에베소 교회를 향해 보낸 편지에서도 그리스도의 십자가 은혜의 핵심은 그리스도가 자신을 버린 자기 비움에 있다고 강조한다 "그리스도께서 너희를 사랑하신 것 같이 너희도 사랑 가운데서 행하라 그는 우리를 위하여 자신을 버리사 향기로운 제물과 희생제물로 하나님께 드리셨느니라"엡 5:2. 그리스도가 자기를 비운 마지막 결론은 십자가에 달려 자신을 완전한 희생제물로 드린 대속적 죽음이다. 많은 사람의 죄를 담당하시려고 그리스도는 십자가에서 단번에 대속제물로 드린 바 되었다히 9:28. 다른 사람이 아닌 '우리가 아직 죄인 되었을 때에 우리를 향한 하나님의 사랑을 확증해 준 것'롬 5:8이 바로 그리스도가 스스로 자기를 비워 향기로운 제물과 희생제물이 된 십자가 사건이었다. 그리스도의 십자가 죽음은 그 어떤 타의에 의한 것이 아니라 그분의 자의에 의한 것이었음이 '자신을 버려'라는 구절 속에 분명히 선포되고 있다요 10:18.

그러므로 그리스도의 성육신을 설명함에 있어 단순히 '하나님이 인간이 되셨다'는 선언만으로는 충분치 않다. 성육신은 그리스도가 자기를 비움으로 시작하며 자기를 스스로 버린 십자가 죽음으로 끝을 맺고 있다. 그러므로 성육신은 예수 그리스도의 전생애를 암시하는 것이며, 더 나아가 성경이 예언해온 대로, 그리스도가 이 땅에 내려와 하나님의 구속 역사를 완성한다는 보다 크고 넓은 신학적 의미를 내포하고 있다. 하나님의 독생자 예수 그리스도는 인간의 몸으로 이 땅에 내려와 십자가에서 피 흘려 죽으셨다. 이 십자가 대속의 은혜의 본질이 바로 성경이 예언해온 성육신의 핵심이며 복음의 본질인 것이다.

성경에 계시된 주 예수 그리스도

인류 역사 속에 던져진 질문 중에 인간의 정체성에 대한 질문(예: '너 자신을 알라')이 아닌 신(GOD)의 정체성을 향한 질문은 그리 많지 않다. 특히 신이 인간에게 스스로의 정체성을 질문하고 대답을 들으려 한 경우는 세상 종교에서 찾아보기 힘들다. 복음서를 보면 예수님은 자신과 함께 먹고 마시며, 생활해 온 제자들에게 자신이 누구인지를 질문하셨다. 우선 먼저 제자들에게 '사람들이 나를 누구라고 생각하느냐?'고 물어보신 후에 '그러면 너희는 나를 누구라 하느냐?'고 질문하셨다. 예수님의 우선적 관심은 세상 사람들이 자신을 어떻게 생각하는가에 있는 것이 아니라, 자신과 함께 생활을 하며, 가르침을 받고, 사역에 동참했던 제자들이 자신을 제대로 알고 따라오고 있는지를 확인하고자 하였던 것이다. 예수님의 질문에 제자 베드로는 '주는 그리스도시요 살아계신 하나님의 아들이

십니다'라고 대답하였다^{마 16:16}. 이 대답은 향후 부활하신 예수님을 본 도마의 고백 '내 주이시며 내 하나님이십니다'로 이어진다^{요 20:28}. 그리고 오늘 우리 모두의 입술을 통하여 고백되고 있다. 예수님은 나의 주 하나님이시다! 인간의 몸으로 오신 예수 그리스도가 교회의 주 하나님이시다. 이는 세상이 이해할 수 없는 참으로 놀라운 고백이 아닐 수 없다.

그러나 오늘날 교회를 보면 예수 그리스도가 누구인지에 대한 올바른 성경적 이해와 그에 따른 신앙의 고백이 점점 희미해져 가는 듯하다. 예수 그리스도를 성경에 계시된 대로 믿고 받아들이는 것이 아니라 인간의 종교적, 철학적, 사상적 잣대와 기준으로 이해하려는 시도가 현대 교회 안에서도 일어나고 있다. 그러한 인간적 논리와 해석적 프레임이 결국 짝퉁 예수님 또는 종교적 예수님을 만들어내어 성도들을 잘못된 신앙으로 몰고 가게 된다. 그런 대표적인 모습이 바로 2000년전 유대교라는 종교이다. 유대교적 하나님의 개념을 미리 정해놓고 그 설정된 프레임 안에서 예수님을 판단하고 부인하며 결국 하나님의 아들 그리스도이신 예수님을 십자가의 죽음으로 몰고 갔던 것이다. 21세기 세상도 별반 다르지 않다. 지금 우리 믿는 성도들도 제한적인 성경 지식과 개인의 경험적 신앙 프레임 속에서 예수님을 이해하고 있는지도 모른다. 요한복음 17:3을 보면 "영생은 하나님과 예수 그리스도를 아는 것"이라고 선포하고 있다. 구원의 영생은 예수 그리스도를 알아야 얻게 된다. 먼저 예수님이 어떤 분인지에 대해 올바른 성경적 지식을 소유해야 한다. 그리고 그 깨달은 지식이 머리에 머물러 있는 것이 아니라 마음으로 내려와 영혼 깊은 곳을 터치하는 뜨거움의 은혜를 받아야 한다. 바로 이것이 우리로 하여금 예수님과의 친밀한 인격적 관계로 들어가 영생을 누리게 하는 시작점이 된다.

2000년전 예수님 당시 사람들은 예수님이 누구인지에 대해 제대로 알고 있지 못했다. 특히 예수님이 자라난 곳 나사렛 사람들은 예수님의 하나님 아들 되심을 보지 못하고 단지 요셉의 아들로 밖에 생각하지 못하였다[눅 4:22]. 사실, 예수님이 공생애를 시작하신 이후에 예수님의 신성(하나님의 아들)을 제일 먼저 알고 인정한 존재가 아이러니하게도 귀신들이었다[막 3:11]. 귀신들이 '귀신같이' 예수님이 하나님의 아들이심을 바로 보았던 것이다. 귀신들도 알았던 이 사실을 그 당시 유대인들은 왜 몰랐던 것일까? 더 안타까운 것은 오늘날 그 누구보다도 성경을 잘 알고 있는 신학자들 중에, 그리고 성경 말씀을 전하며 선포하는 목사님들 중에 귀신만도 못한 믿음을 갖고 있는 사람이 있다는 사실이다.

오래전 미국의 어느 현지 교회를 담임하는 목사님이 부활절 예배 때 다음과 같은 충격적인 선언을 한 적이 있다. '사랑하는 성도 여러분! 솔직히 저는 예수님이 부활하신 것을 못 믿습니다. 그런데 그동안 부활을 믿는 척 설교해 왔습니다. 더 이상은 못하겠습니다. 예수님을 믿지만 부활은 받아들일 수가 없습니다.' 이러한 목사의 고백보다 더 충격적이었던 것은 그 고백을 들은 성도들이 '우리 목사님 솔직하다'고 박수를 치며 계속해서 담임 목사직을 맡아줄 것을 부탁하였다는 사실이다. 왜 못 믿을까? 귀신도 아는데, 귀신만도 못한 믿음을 갖고 있기 때문인가? 성경적 지식만으로는 절대로 진리에 도달할 수 없다. 말씀의 터치가 마음 안에서 일어나지 않으면 오늘 우리 교회에서도 똑같은 상황이 벌어지게 될 것이다. 감사하게도 예수님 당시 제자들은 성령의 터치를 받아 '주는 그리스도시요 살아계신 하나님의 아들이시다'고 고백하였다. 베드로도마

16:16, 요한도요 20:31, 도마도요 20:28, 그리고 심지어 죽은 나사로의 누이 마르다도요 11:27 예수님이 누구인지를 정확히 알고 믿음으로 고백하였다. 그리고 그 고백은 오늘 우리의 고백으로 이어져 교회를 든든히 세워가는 반석이 되고 있다. 2000년 전 태어난 예수라는 청년은 하나님의 아들 주 그리스도이시다. 이 사실은 영원히 변하지 않는 절대 진리이다.

그럼 성령에 의해 제자들이 증거한 '예수 그리스도는 주'라는 고백은 무엇을 의미하는 것인가? 우선 먼저, '예수'라는 이름은 그 당시 유대인 중에 널리 사용되었던 이름 중의 하나이다. 하나님의 구원을 바라는 소망이 담겨있는 이름으로 모세의 후계자였던 여호수아, 그리고 스가랴서에 나오는 대제사장 여호수아, 그리고 선지자 호세아라는 이름과 동일한 어원을 갖고 있다. 유대 사회에서 흔하게 사용되었던 '예수'라는 이름은 바로 그리스도의 인성을 보여주는 단어이다. 간혹가다 '예수님은 혹시 인간이 만들어낸 신화적 또는 종교적 인물이 아니냐'는 질문을 듣는다. 다소 어이없고 황당한 질문이지만 확인하고 넘어갈 가치는 있다. 고대 로마 역사가 타키투스 (AD56-117)가 기원 후 14년에서 68년 사이의 로마제국의 역

사를 기록한 연대기를 보면 다음과 같은 기록이 나온다. "네로
는 소문(로마 화재가 황제 소행이라는 소문)을 진정시키기 위해
범인들을 날조, 당시 이상한 신을 믿어 미움 받던 그리스도인
이라 불리던 이들에게 교묘한 고통을 가했다. 그리스도인이란
티베리우스 황제 치하에서 본디오 빌라도 총독이 처형한 그리
스도에서 온 명칭이다." 유대인 예수는 로마제국의 연대기가
증명하는 실존했던 인물이다. 예수님은 실제로 존재하셨던 인
간이다. 따라서 예수님의 인성은 부인할래야 부인할 수 없는
사실인 것이다.

두번째로, '그리스도'라는 호칭은 사실 '메시아'와 같은 의
미를 가진 단어이다. 메시아(Messiah)는 히브리어 호칭이고
그리스도(Christ)는 헬라어 호칭이다. 메시아 또는 그리스도란
뜻은 '기름 부어 세우다'라는 문자적 의미를 갖고 있다. 그리고
구약을 보면 왕, 제사장, 선지자의 세 직위가 기름부음을 받아
세워졌음이 기록되어 있다출 29:7, 레 4:3, 삼상 9:16, 열상 19:16. 특
히 주목하는 것은 '기름부음'에 사용된 기름이 성경적으로 볼
때 '하나님의 영'인 성령을 상징한다는 사실이다사 61:1, 슥 4:1-6.
다시 말해 '기름 부어 세웠다'는 것은 하나님이 성령을 부어 거

룩한(구별된) 사명을 주셨다는 것을 의미한다. 이사야서를 보면 장차 오실 메시아에게 '여호와의 영이 내리셨으니 기름을 부으사'라고 예언되어 있다사 61:1. 예수님은 이 예언을 나사렛 회당에서 설교하실 때에 인용하시면서 바로 그 메시아가 예수님 자신임을 선포하셨다눅 4:18-19. 사실 예수님이 메시아라는 사실은 예수님이 세례 요한에게 세례를 받으실 때 성령이 임하심으로 이미 온 천하에 증거되었다. "예수께서 세례를 받으시고 곧 물에서 올라오실새 하늘이 열리고 하나님의 성령이 비둘기 같이 내려 자기 위에 임하심을 보시더니"마 3:16. 마태는 예수님 위에 성령의 임하심이 눈에 보이는 비둘기 형체로 분명히 목격되었음을 기록하고 있다. 이를 본 세례 요한은 "내가 보매 성령이 비둘기 같이 하늘로부터 내려와서 그의 위에 머물렀더라"요 1:32고 선언하였다. 그리고나서 그는 예수님이 하나님의 아들이심을 선포하는 증거자가 되었다요 1:34. 오늘도 예수님은 하나님의 아들 메시아(그리스도)이심에 변함이 없다. 이 불변의 진리는 성령이 예수님 위에 임하셔서 기름 부으셨음을 직접 목격했다는 증언으로 확증된다.

그럼 구약에서 기름부음으로 세워진 세 직위(왕, 선지자,

제사장)와 이 땅에 메시아로 오신 예수님과는 어떤 관련이 있는가? 마태복음 12장을 보면 예수님은 '성전보다 더 큰 분'5-6절, 요나보다 더 큰 분41절, 그리고 '솔로몬보다 더 큰 분'42절이심을 기록하고 있다. 마태가 언급한 성전은 제사장을 대표하며, 요나는 선지자를 대표하고, 그리고 솔로몬은 왕을 대표한다. 그렇다면, 마태가 의미하고자 했던, 아니 성경이 말하고자 한 핵심은 무엇인가? 구약에서 기름부음 받아 세워진 제사장, 선지자, 왕보다 예수님이 더 크시다는 것은 그 세 직위의 메시아적 사명이 예수님을 통해 온전히 이루어졌음을 의미한다. 따라서 오직 예수님만이 유일하신 하나님의 아들 메시아(The Messiah)라는 사실이 성경적으로 증명된 것이다. 예수님이 유일하신 메시아이심은 이스라엘의 역사를 통해서도 입증된다. 예수님이 부활, 승천하신 이후 이스라엘 역사를 보면 제사장, 선지자, 왕이 기름부음 받아 세워진 적이 없다. 예루살렘 성전은 로마 군대에 의해 초토화되어 무너졌고, 오늘날 그 성전의 자리에 이슬람 모스크가 세워져 있다. 성전이 없는데 무슨 제사장이 필요하며, 이스라엘 왕국이 무너졌는데 무슨 왕이 세워지겠는가?

인간의 모습으로 이 땅에 오신 예수님은 하나님의 아들 그리스도(메시아)이시며 또한 '주'가 되심을 성경은 분명히 증거하고 있다. 사도행전 2:36과 빌립보서 2:9-11을 보면, 하나님은 예수 그리스도에게 모든 이름 위에 뛰어난 이름인 '주'라는 호칭을 부여하였으며, 바로 이 신적 호칭인 '주'의 이름을 부르는 사람은 누구든지 구원을 얻게 됨을 사도 바울롬 10:13과 요엘 선지자욜 2:32는 한 목소리로 증거하였다. 구약의 선지자 요엘은 여호와 하나님이 '주'(영어성경을 보면 여호와를 LORD로 번역)라 고백하고 있으며, 사도 바울은 그 '주'가 예수 그리스도이심을 증거하고 있다. 오래전 다윗이 고백했던 "여호와께서 내 주에게 말씀하시기를 내가 네 원수들로 네 발판이 되게 하기까지 너는 내 오른쪽에 앉아 있으라 하셨도다"시 110:1의 '내 주'가 바로 예수 그리스도이시다. 이 성경적 사실을 통해 도달하는 결론은 예수 그리스도가 여호와 하나님이시라는 삼위일체의 진리이다.

온 우주 만물을 창조하시고 그 만물을 주관하시는 하나님이 이 세상에 독생자 예수 그리스도를 주로 보내신 그 은혜가 바로 천사들이 전한 큰 기쁜 소식의 핵심이었다. 그리고 당시 로마 황제가 '주'(lord)라 여겼던 세상에 예수 그리스도가 주'(Lord)라는 유앙겔리온의 선포는 드디어 새로운 나라의 통치질서(하나님 나라)가 도래했음을 알리는 좋은 소식이었다. 예수님은 '주 그리스도'로서 이 땅에 오셨다. 로마라는 세상과 유대교라는 종교가 십자가에 못박은 예수가 바로 하나님의 아들 주 그리스도이셨던 것이다. "그런즉 이스라엘 온 집은 확실히 알지니 너희가 십자가에 못 박은 이 예수를 하나님이 주와 그리스도가 되게 하셨느니라 하니라"행 2:36. 예수 그리스도는 기독교라는 종교가 아니다. 예수 그리스도는 세상(로마제국)과 종교(유대교) 위에 통치하시며 온 우주만물을 다스리시는 하나님의 아들이시다. 이 진리가 입술뿐만 아니라 삶 속에서도 고백 되고 증거될 때 예수 그리스도가 이 땅에 인간의 몸으로 오신 목적을 제대로 이해하게 될 것이다.

성경에 계시된 삼위일체 하나님

하나님의 아들 그리스도는 성경의 예언대로 이 땅에 인간의 몸으로 오셨다. 그리고 육신의 모습으로 오신 예수 그리스도는 완전한 하나님이시다. 이 기묘한 사실이 믿음으로 고백

되지 못하면 그리스도의 복음을 제대로 이해하기가 어렵다. 사실, 지난 2000년 기독교 역사 속에 가장 뜨거운 신학적 논쟁과 다양한 해석, 그리고 심지어는 이단적 교파들(예: 2세기 Ebionism, 4세기 Arianism, 여호와 증인, 몰몬교 등)을 불러온 주요한 이슈는 바로 예수 그리스도의 신성(deity)에 관한 질문이었다. 완전한 인간이시며 완전한 하나님이신 예수 그리스도를 바로 알지 못하면 도저히 이해할 수 없는 것이 삼위일체 진리이다. 삼위일체 진리를 믿음으로 깨닫지 못하면 이단적 사상과 세속적 종교로 빠지게 되어있다.

그럼 삼위일체란 무엇인가? 이 질문에 우선 기억해야 할 것은 성경 66권에 '삼위일체'라는 단어가 단 한번도 나오지 않는다는 사실이다. 기독교 역사 속에 삼위일체라는 신학 용어를 가장 먼저 사용한 사람은 초대교회 교부 터툴리안(AD155-230)이며, 삼위일체 개념을 정립한 사람은 알렉산드리아의 총대주교(감독)였던 아타나시우스(AD296-373)로 알려져 있다. 그리고 '삼위일체론'(On the Trinity)을 저술한 어거스틴(AD 354-430)에 의해 삼위일체 하나님에 대한 신학적 해석과 교리적 토대가 마련되었다. 그후부터 교회는 지금까지 계속해서

'삼위일체'라는 개념을 논리적으로 정의하거나 또는 교리적으로 요약하려고 부단히도 노력해 왔다. 지난 기독교 역사 동안 수 많은 교리적 설명(예: 양태론; 문자적 삼위일체론 등)과 사전적 정의(예: 성서 대백과, 기독교 대백과 등)가 있어왔지만, 사실 그 어느 것도 성경에 계시된 삼위일체 하나님을 완벽하게 설명하지는 못했다. 이는 하나님의 신적 정체성에 관한 신비를 인간의 이성이나 지성으로는 개념화할 수 없음을 보여주는 것이다.

예를 들어, 삼위일체를 설명함 속에 가장 많이 사용되어 온 비유는 '물-액체, 얼음-고체, 수증기-기체'의 양태론이다. 이 이론은, H_2O가 물, 얼음, 수증기의 세가지 형태를 취할 수 있으나, 그 어떤 형태에서도 H_2O라는 과학적 속성은 변하지 않는다는 사실에 근거하여, 하나님은 한 분으로 영생 속에 성부 하나님으로 계시다가, 이 땅에 독생자의 양태로 오셨고, 그리고 부활 승천하신 후에는 성령으로 강림하시어 역사하신다고 설명한다. 한 마디로, 하나님은 시대마다 양태를 달리하여 역사하신다는 이론이다. 그러나 이 이론은 '예수님이 세례를 받으실 때에 하나님과 성령님이 함께 계셨다'[마 3:13-17]는 사실

(세 양태가 한 순간에 모두 존재)과 예수님의 십자가 죽음(3일 동안 양태 간의 단절)에 대해 제대로 설명하지 못한다.

그렇다면 삼위일체 하나님을 어떻게 설명하는 것이 가장 타당한 방법인가? 이 질문에 답하기 앞서 먼저 하나님의 존재를 어떻게 이해하고 있는가에 대한 확인과 검증이 필요하다. 인류 역사 속에 사람들은 하나님의 존재를 어떻게 알아왔을까? 사람들은 그 어느 누구도 태어나면서부터, 예를 들면 '사과'를 보고 '사과'라고 인식하는 사람은 아무도 없다. 태어난 후 자라가면서 학습이나 교육을 통해 '사과'가 '사과'인지를 배워가게 되는 것이다. 하나님의 존재에 대한 인지와 인식도 마찬가지이다. 약 3400년전부터 1500년 동안 쓰여진 성경을 읽고, 듣고, 배움을 통해 하나님을 알아가고 체험하게 되는 것이다. 바로 이 성경, 하나님이 계시되어 있는 66권의 성경이 삼위일체 하나님이 누구이시며 무엇을 행하시는가에 대해 이해하고 설명함에 절대적인 근거와 토대가 되어야 한다.

그럼 구약성경을 경전으로 받아들인 유대인과 무슬림이 믿음으로 고백하는 하나님은 과연 교회가 경배 드리는 하나님과 동일한 하나님인가? 오늘날 이슬람교는 성경 속에 계시된

'여호와'와 자신들이 믿는 '알라'는 같은 하나님이라고 주장하며 기독교인들을 현혹하고 있다. 바로 이 점에 대해 어떻게 대답하느냐가 삼위일체의 신비를 풀어가는 중요한 실마리를 제공한다. 우선 먼저 반드시 기억해야 할 것은 유대인이나 무슬림이 믿고 있는 '하나님'의 개념 속에는 예수님과 성령님의 존재를 부인하고 있다는 사실이다. 비록 동일한 단어 '하나님'이라는 신적 호칭을 사용한다 할지라도, 성경에 분명히 계시되어 있는 삼위일체 하나님을 부정하는 짝퉁 하나님의 개념을 유대교와 이슬람교는 믿고 있는 것이다.

삼위일체를 부정하는 유대교와 이슬람교도 경전으로 읽고 있는 구약성경을 보면, 처음 시작부터 하나님을 계시할 때 '우리'라는 복수 대명사를 사용하고 있다. "하나님이 이르시되 우리의 형상을 따라 우리의 모양대로 우리가 사람을 만들고 그들로 바다의 물고기와 하늘의 새와 가축과 온 땅과 땅에 기는 모든 것을 다스리게 하자 하시고"창 1:26, 참조: 창 3:22, 11:7, 사 6:8. 그럼 하나님이 스스로 자신을 복수형으로 계시하신 '우리'는 구체적으로 누구를 의미하는 것인가? 먼저 창세기 시작부분을 보면 하나님의 영(the Spirit of God)이 구별된 위격으로 존재하시며 여호와 하나님의 창조 사역에 동참하셨음을 알 수 있다. "태초에 하나님이 천지를 창조하시니라. 땅이 혼돈하고 공허하며 흑암이 깊음 위에 있고 하나님의 영은 수면 위에 운행하시니라"창 1:1-2. 바로 이 하나님의 영이 신약에 들어와 계시되는 성령님(the Holy Spirit)이심을 구약은 이미 여러 번에 걸쳐 증거하고 있다. "그들이 반역하여 주의 성령을 근심하게 하였으므로 그가 돌이켜 그들의 대적이 되사 친히 그들을 치셨더니"사 63:10, 참조: 시 51:11, 사 63:11.

다음으로 주목하는 것은 구약성경 여러 곳에서 '여호와의 사자'(the messenger of the LORD 또는 the angel of the LORD)라는 또 다른 신적 존재가 언급되어 있다는 사실이다창 16:7, 22:11, 출 3:2, 민 22:24, 삿 6:22, 13:21, 학 1:13 등. 예를 들어 사사기 6:22-23을 보면 기드온이 여호와의 사자를 만났음이 기록되어 있다. "기드온이 그가 여호와의 사자인 줄을 알고 이르되 슬프도소이다 주 여호와여 내가 여호와의 사자를 대면하여 보았나이다 하니 여호와께서 그에게 이르시되 너는 안심하라 두려워하지 말라 죽지 아니하리라 하시니라." 기드온은 '여호와의 사자'를 보았다고 말하면서 자신이 곧 죽게 되는 것은 아닌지 두려워하였다. 그는 아마도 조상들로부터 '하나님을 본 자는 죽게 될 것'이라는 사실출 33:20을 이미 듣고 알고 있었을 것이다. 그러나 사실, 기드온이 대면한 존재는 하나님이 아닌 여호와의 사자였다. 하나님이 아닌 여호와의 사자를 대면한 것뿐인데 그렇게도 슬퍼하며 두려워한 이유가 무엇인가? 이는 여호와의 사자가 하나님과 같은 동등한 권위를 가진 존재로 인식되고 있었음을 보여준다. 문맥을 보아도, 하나님은 '여호와의 사자'의 존재를 인정하고 계시며, 더 나아가 그를 하나님 자신과 동등하게 여기고 계심을 알 수 있다. 그래서 하나님은 죽음의 두려움 속에 떨고 있는 기드온에게 그의 사자를 다시 보내지 않으시고 직접 그에게 말씀하셨다. "너는 안심하라 두려워하지 말라 죽지 아니하리라."

그렇다면 하나님과의 동등한 위격으로 존재하시는 '여호와의 사자'와 삼위일체 하나님과는 어떤 관련이 있는가? 사사기 13장을 보면 여호와의 사자가 삼손의 부모에게 나타나 삼손의 출생과 사명에 대해 계시한 사건이 기록되어 있다. 이 기록 중 특히 주목하는 것은 삼손의 아버지 마노아가 자신 앞에 나타난 여호와의 사자의 이름을 물었고, 그에 대해 여호와의 사자가 '내 이름은 기묘자'^{삿 13:18}라고 대답한 부분이다. 여호와의 사자가 대답한 '기묘자'라는 이름은, 이사야 9:6을 보면, 장차 전능하신 하나님, 영존하시는 아버지, 평강의 왕으로 오실 예수 그리스도를 지칭하는 호칭으로 사용되고 있다. 사사기를 보면 여호와의 사자는 기묘자이다. 그리고 이사야서에 의하면 기묘자는 앞으로 오실 메시아 예수 그리스도이시다. 따라서 여호와의 사자는 예수 그리스도라고 결론을 내려도 논리상 전혀 문제가 되지 않는다. 다시 말해, 여호와의 사자는 삼위일체의 제 2위격이신 성자 하나님이 현현하신 존재로 볼 수 있는 것이다. 이와 같은 관점으로 볼 때, 종교 개혁가 존 캘빈이 '여호와의 사자'를 신약의 예수 그리스도로 해석한 것은 지극히 성경적이고 타당한 해석이라 할 수 있다.

이렇게 구약성경 곳곳에서 증거하고 있는 하나님의 '우리'라는 복수 정체성은 신약시대에 들어와 예수 그리스도의 성육신과 성령님의 강림하심을 통해 밝히 드러나게 되었다. 특히 예수님이 공생애를 시작하시면서 세례 요한에게 세례를 받으실 때에 성령이 비둘기 같이 임하셨고, 그리고 예수님이 하나님의 아들되심을 하나님이 직접 선포하심으로 삼위의 하나님

모두가 계시되었다[마 3:16-17, 눅 3:21-22]. 또한 예수님의 지상 대명령('아버지와 아들과 성령의 이름으로 세례를 주고,'[마 28:19])과 사도 바울의 축복기도("주 예수 그리스도의 은혜와 하나님의 사랑과 성령의 교통하심이 너희 무리와 함께 있을지어다". [고후 13:13, 참조: 고전 12:3-6])를 통해서도 삼위일체 하나님에 대한 증거는 분명하게 선포되고 있다.

이런 확고한 성경적 사실을 근거로 성부, 성자, 성령 삼위일체 하나님에 대한 신학적 해석과 교리를 확립해감 속에 가장 많은 논쟁의 소지가 되었던 것은 바로 '인간의 몸으로 오신 메시아 예수님의 신성을 어떻게 증명하느냐'의 문제였다. 인간의 지식이나 논리로는 도저히 설명할 수 없는 예수님의 신성에 대해 신약성경은 예수님의 성육신 탄생, 공생애 동안 베푼 기적, 십자가의 죽음과 부활, 그리고 제자들을 포함한 많은 사람들(심지어 귀신들까지)의 고백과 증언들을 통해 예수님이 인간 그 이상의 신적 존재임을 분명히 보여주고 있다. 이와 관련하여 한 가지 놀라운 사실은, 신약뿐만 아니라, 이미 오래전 구약에서도 하나님의 아들 메시아의 신성과 하나님과의 동등됨이 선포되었다는 사실이다. 이미 살펴보았듯이, 선지자 이사야는 앞으로 오실 메시아의 존재가 "기묘자라, 모사라, 전능하신 하나님이라, 영존하시는 아버지라, 평강의 왕이라"^{사 9:6}고 선포하였다. 하나님의 아들 메시아가 바로 '하나님 아버지'이심을 예언적으로 계시하고 있는 이사야의 기록은 단지 기독교를 향한 선포가 아닌, 구약성경을 믿고 있는 유대교와 이슬람교를 포함한 온 세상을 향한 선포임을 기억해야 할 것이다.

예수님의 신성 다음으로 신학적 논쟁의 요지가 되었던 것은 바로 '성령님은 인격체인가'에 대한 질문이었다. 하나님의 영^{고전 6:11}, 그리스도의 영^{롬 8:9}, 하나님 아들의 영^{갈 4:6} 또는 진리의 영^{요 14:17}으로 계시된 성령님의 신성에 대해서는 그 어떤 의심이나 반박의 여지가 없지만, 성령님이 과연 인격체로 역사하고 계신가에 대해서는 그동안 다양한 해석과 의견이 있어왔다. 그러나 성경을 보면 성령님은 분명히 지성^{사 11:2, 요 14:26}, 정서^{사 63:10, 엡 4:30}, 의지^{행 16:7, 고전 12:11} 등을 소유하고 계신다. 그리고 더 나아가 '말씀하시고,' '찾으시고,' '증거하시고,' '명령하시고,' '계시하시고' 등의 관계적 사역을 수행해 가심 속에^{창 6:3, 눅 12:12, 롬 8:11}, 단순히 영으로만 존재하시는 신적 위격이 아닌, 성도들과 인격적 관계를 맺고 교제하시는 '보혜사' 성령님이심이 분명하게 증거되고 있다.

그러므로, 성경에 계시되어 있는 하나님은 성부, 성자, 성령 세 분으로 존재하시는 삼위일체 하나님이심에 분명하다. 하나님은 오직 한 분으로 유일하시며[신 4:39, 6:4], 동시에 복수로 존재하신다[창 1:26]. 하나님의 아들이신[요 3:16] 예수님은 완전한 인간이시자 동시에 하나님의 본체이시다[빌 2:6]. 그리고 성령님은 예수님의 영이시며[롬 8:9, 갈 4:6] 동시에 하나님의 영이시다[고전 6:11]. 이 성경적 사실을 바탕으로 어거스틴은 삼위일체 되신 한 분 하나님이 계시다는 것과 삼위가 구별되지만 동시에 동일 본질을 공유하고 계심을 믿고 삼위일체 교리를 확립하였다. 그러나 그는 삼위일체 하나님을 성경에 기록된 대로 설명하려 하였지, 그것을 증명하려고는 하지 않았다. 그럼 왜 사도 바울 이후 최고의 신학자로 알려진 4세기 교부 어거스틴은 자신이 확립한 삼위일체 교리를 증명하려고 하지 않았을까?

이에 대해 20세기 신학자 린셀과 우드브리지는 이렇게 답하고 있다. "삼위일체를 완전히 이해하려고 드는 사람은 자기의 마음(지성)을 잃어버릴 것이고, 삼위일체를 부인하는 사람은 자기의 영혼을 잃게 될 것이다." 이는 삼위일체 교리에 대한 증명은 그 어떤 논리적 사고나 과학적 지식, 종교적 이론이나 철학적 사상으로는 가능하지 않음을 보여준다. 인간의 이성적 논리나 제한된 지식으로는 삼위일체 하나님의 신비를 이해할 수 없다. 창세기의 '우리'부터 시작하여, 성경 66권 속에 계시되어 있는 삼위 하나님에 대한 말씀을 하나하나 찾아가며 읽어감 속에 성령의 조명하심으로 그 말씀들이 깨달아 질 때 비로소 하나님은 한 분이시며 동시에 동등한 세 분이라는 사실이 불변의 진리로 고백 될 것이다. 삼위일체 진리는 단순한 성경 지식적 앎이나 난해한 신학적 교리가 아니다. 성경 말씀을 통해 삶 속에서 삼위의 하나님을 만나고 경험하며 증거하는 믿음의 고백인 것이다. 예수님은 오늘도 우리에게 질문하신다.

너희는 나를 누구라 하느냐? 예수님은 과연 누구이신가?

3

영광과 평화의 복음

"그 중에 이 세상의 신이 믿지 아니하는 자들의 마음을 혼미하게 하여 그리스도의 영광의 복음의 광채가 비치지 못하게 함이니 그리스도는 하나님의 형상이니라" **고후 4:4**

"만유의 주 되신 예수 그리스도로 말미암아 화평의 복음을 전하사 이스라엘 자손들에게 보내신 말씀 곧 요한이 그 세례를 반포한 후에 갈릴리에서 시작하여 온 유대에 두루 전파된 그것을 너희도 알거니와 하나님이 나사렛 예수에게 성령과 능력을 기름 붓듯 하셨으매 그가 두루 다니시며 선한 일을 행하시고 마귀에게 눌린 모든 사람을 고치셨으니 이는 하나님이 함께 하셨음이라" **행 10:36-38**

2000년전에 하늘의 천군 천사들에 의해 선포된 '크고 좋은 소식'은 오늘도 계속해서 울려 퍼지고 있다. '구주이신 그리스도가 다윗의 동네에서 태어났다'는 복음은 오늘도 변함없는 진리로 계속해서 선포되고 있다.

그럼 하나님의 아들 그리스도는 무엇 때문에 이 땅에 오셨는가? 이 질문에 대부분의 성도들은 '나를 또는 우리들을 구원하시려고 이 땅에 오셨다'라고 고백할 것이다. 그런데 누가복음에 기록된 천사들이 전한 큰 기쁨의 좋은 소식(복음)을 살펴보면, 이런 구원론적 신앙 고백이 분명하게 드러나 있지 않다. 단지 '구주' 또는 '그리스도'라는 단어 속에 아기 예수가 장차 이 세상을 구원할 것이라는 암시만 있을 뿐이다. 하늘의 모든 천군 천사들이 전한 좋은 소식은 "지극히 높은 곳에서는 하나님께 영광이요 땅에서는 하나님이 기뻐하신 사람들 중에 평화로다"눅 2:14라고 찬양하며 끝을 맺고 있다. 바로 이 찬양, 2000년전 하나님의 천군 천사들이 한 목소리로 고백한 찬양 속에 예수 그리스도가 이 땅에 오신 목적, 즉 복음 선포를 통해 궁극적으로 이루어질 결과의 모습이 계시되어 있다.

'지극히 높은 곳에서는 하나님께 영광'

그 계시된 첫 번째 목적은 '지극히 높은 곳에 계신 하나님께 영광'을 올려드리는 것이다. 지극히 높은 곳(in the highest)은 문자적으로 하나님이 계시는 하늘 보좌를 가리키며, 그 곳에서 하나님은 모든 것을 보고 알고 계심을 강조하는 표현이다. 즉, 하나님이 온 우주 만물의 창조주이시며 주권자라는 사실을 보여준다. 바로 그 하나님께 영광을 올려드리는 것, 그것이 예수 그리스도가 이 땅에 오신 본질적 사명이었던 것이다요 17:1-5. 그러므로 '하나님께 영광드림'은 본래 하나님께 없던 영광을 올려드리는 것을 의미하는 것이 아니라 원래 하나님의 것을 당연히 그분께 올려드린다는 의미를 내포한다. 예나 지금이나 변함없이 지극히 높은 하늘 보좌에 계시며 온 우주 만물을 다스리시는 창조주 하나님을 경배한다는 것은 한 마디로 당연지사이다.

그러나 세상은 이 당연한 이치를 깨닫지 못하고 우상숭배와 세속화의 죄악으로 인해 하나님의 존재 자체도 망각하며 살아왔고, 설사 하나님의 존재를 인정한다 하여도 그 하나님을 세상적 바벨탑의 영화를 실현하기 위한 하나의 수단으로 전락시켜 버렸다. 이에 대해 사도 바울은 다음과 같이 경고하고 있다. "썩어지지 아니하는 하나님의 영광을 썩어질 사람과 새와 짐승과 기어다니는 동물 모양의 우상으로 바꾸었느니라" 롬 1:23. 당시 애굽을 포함한 근동지역에서는 뱀을 비롯한 동물들의 모습을 가진 우상들을 섬겼으며, 특히 헬라 문화권에서는 인간의 모습을 한 우상들을 많이 만들어 숭배하였다. 이 두 가지 형태의 우상, 즉 인간과 동물의 우상 모두가 성행하였던 곳이 바로 로마였다. 세상의 세계관과 가치관을 따라 하나님의 영광을 거부하고 썩어질 모양의 우상을 섬겼던 죄악은 사실 바울 당시만의 문제가 아니었다. 이미 오래 전 예레미야 선지자도 이스라엘 백성을 향하여 우상 숭배에 대해 책망하였다. "어느 나라가 그들의 신들을 신 아닌 것과 바꾼 일이 있느냐 그러나 나의 백성은 그의 영광을 무익한 것과 바꾸었도다" 렘 2:11.

그렇다면 왜 사람들은 어제나 오늘이나 하나님을 거부하고 우상을 숭배하는 것인가? 우상 숭배는 바울이 로마서 1:21에 언급하였듯이 하나님을 알고 믿는다 하면서도 하나님을 영화롭게 아니하고 감사치도 않음으로써 초래된 타락의 산물이다. 세상을 향해 눈을 돌림으로 생각이 허망하고 미련해진 사람들, 특히 영적 감각이 무디어진 사람들은 결국 우상 숭배에 몰입할 수밖에 없다. 그러나 우상은 실제로 존재하는 어떤 신을 의미하는 것이 아니다. 우상은 인간이 만들어낸 허상이며 허구이다. 우상 숭배의 시작은 하나님의 말씀을 거부하고 인간의 생각, 논리, 이성, 그리고 가치관 등을 삶의 기준과 척도로 삼는 인본주의로부터 비롯된다. 그러므로 우상은 인간을 타락시키는 것이 아니라 반대로 '타락한 인간의 산물'인 것이다. 그래서 선지자 이사야는 다음과 같이 경고하였다. "너희는 인생을 의지하지 말라 그의 호흡은 코에 있나니 셈할 가치가 어디 있느냐"사 2:22. 바로 이런 우상 숭배가 세상에 만연하였을 때, 다시 말해 하나님의 자리에 인간 스스로가 올라가 세상의 중심이 되고자 하는 그 타락과 완악함이 관영하였을 때 예수 그리스도가 이 세상에 오셨던 것이다. 썩어질 사람과 동물 모양의 우상으로 바뀌버린 하나님의 영광을 원래대로 바로 잡아 이 세상에 다시 선포하기 위해 오셨던 것이다. 하나님을 거부하고 세상적 우상을 쫓아 죽음의 어두운 골짜기로 내딛고 있던 사람들을 향해 하나님의 영광의 빛을 비추기 위해 하나님의 아들이신 그리스도가 성육신하셔서 스스로 십자가에 달려 죽으셨던 것이다.

그러나 예수 그리스도는 죽음의 권세를 물리치시고 삼일 만에 부활하셨다. 그리고 부활하신 예수 그리스도는 다시 오실 것이다. 장차 다시 오실 그리스도의 재림을 소망하는 성도라면 반드시 품어야 할 비전이 있다. 그 비전은 다름아닌 하박국 선지자가 보았던 하나님의 영광의 충만함이다. "물이 바다를 덮음 같이 여호와의 영광을 인정하는 것이 세상에 가득함이니라"합 2:14 참조: 사 11:9, 민 14:21. 온 우주 만물 가운데 충만한 하나님의 영광, 모든 피조물들이 한 목소리로 송축하는 하나님의 영광, 바로 이 모습이 원래 정상적인 모습이었다. 우리가 창조된 목적도 바로 하나님께 영광 올려 드림에 있다. "내 이름으로 불려지는 모든 자 곧 내가 내 영광을 위하여 창조한 자를 오게 하라 그를 내가 지었고 그를 내가 만들었느니라"사 43:7. 인간을 포함한 온 우주 만물은 하나님의 영광을 위하여 창조되었고, 하나님의 이름을 위하여 존재하여야 한다. 그것이 창조의 질서이다. 세상 만사가 다 하나님의 거룩하신 이름을 위하여 진행되어야 한다.

오래전 이스라엘 백성이 출애굽 할 때 내려진 10가지 재앙의 본질적인 목적도 사실 이스라엘의 구원이라는 좁은 의미보다는 하나님의 이름을 높이는 데에 있었다. 하나님은 애굽 왕 바로에게 "내가 너를 세웠음은 나의 능력을 네게 보이고 내 이름이 온 천하에 전파되게 하려 하였음이니라"고 말씀하셨다 출 9:16. 그리고 하나님의 존귀하신 이름은 여호수아가 여리고 성을 정복할 때 기생 라합의 입술을 통해서도 높임 받으셨다 ("너희의 하나님 여호와는 위로는 하늘에서도 아래로는 땅에서도 하나님이시니라" 수 2:11). 예수님도 주기도문에서 우리에게 제일 먼저 '하나님의 이름'을 위해 기도해야 함을 강조하셨다 ('이름이 거룩히 여김을 받으시오며'). 그러므로 우리가 '먹든지 마시든지 무엇을 하든지' 다 하나님의 영광을 위하여 살아가야 한다고전 10:31. 하나님께 우리가 드릴 수 있는 모든 영광이 돌려져야 하는 것은 하나님에게 영광이 부족하거나 모자라서가 아니다. 하나님은 언제나 충만한 영광 가운데 거하신다. 문제는 우리가 하나님의 존귀하신 이름을 높여드리고 하나님의 영광을 온 세상에 밝히 드러내고 있느냐는 것이다. 성도라면 24시간 365일 삶의 모든 부분이 전부 다 하나님의 영광을 위하여 살아가야 한다. 매 호흡마다, 매 순간 마다 하나님을 찬양하고 경배해야 한다. 출생부터 죽음까지 인생 전부가 다 하나님의 영광을 위하여 살아가야 한다. 우리가 어떻게 살아가느냐 또는 무엇을 위해 사느냐도 중요하지만 어떻게 죽느냐 또는 무엇을 위해 죽느냐도 중요하다. 하나님의 영광을 위하여 살고 하나님의 영광을 위하여 죽는 인생이 바로 축복 된 인생이고 정답의 인생인 것이다.

그럼 하나님의 영광은 구체적으로 무엇을 의미하는 것인가? 성경을 보면 하나님의 '영광'이라는 단어는 주로 하나님의 속성 그 자체 또는 하나님의 임재('쉐키나'의 영광, 출 40:34-35)를 나타낼 때 주로 사용되고 있다. 하나님의 하나님 되심을 선포하는 영광, 바로 이 신적 영광 앞에 모든 만물이 무릎 꿇고 경배 드리는 그 날을 이루기 위해 예수 그리스도는 이 땅에 오신 것이다. 문자적으로 볼 때 '영광'이라는 단어는 '무겁다'라는 의미를 갖고 있다. '무겁다'라는 표현은 그 어떤 존재가 흔들림 없이 중심을 잡고 있는 모습을 보여준다. 그러므로 하나님의 영광은 우리가 존재하는 목적이며 인생의 중심이라는 메시지를 던진다. 그 어떤 상황 속에서도 우리를 흔들리지 않게 붙잡아주는 것이 하나님의 영광이며, 우리 인생의 닻을 단단히 매어 두어야 하는 곳이 바로 하나님의 영광이라는 사실이다. 그러나 오늘날 우리가 살고 있는 시대는 인생의 중심을 세상 속에서 찾고 있다. 돈, 명예, 권력, 학벌, 성공 등으로 치장한 인본주의, 물질주의, 포스트모던주의는 세상의 화려함과 찬란함으로 하나님의 영광을 대체해버렸다. 이런 어두움 시대 속에 하나님의 절대적 영광을 선포할 책임이 우리 성도들에게 있다. 우리 삶의 모습 가운데서 하나님의 영광을 증거하고 선포해야 한다. 단순히 입술로만이 아닌 삶으로 온 우주 만물의 주인 되신 하나님의 영광의 빛을 온누리에 보여주어야 한다.

예수 그리스도가 이 땅에 오심으로 인해 '모든 육체는 온 세상에 가득한 여호와의 영광을 보게 되었다'사 40:5. 우리가 본 예수 그리스도의 영광은 바로 하나님 아버지의 독생자의 영광이다요 1:14. 그리고 그 영광은 예수 그리스도의 죽음요 17:4-5과 부활벧전 1:21을 통해 이 세상에 분명히 계시되고 선포되었으며, 선포된 영광은 장차 그리스도의 재림눅 21:27을 통해 온 세상을 충만하게 덮을 것이다눅 24:26. 하늘이나 땅에 있는 것이나 모든 피조물이 예수 그리스도가 다시 오시는 그날에 모두 한 목소리로 하나님의 영광의 충만함을 찬양하게 될 것이다사 60:19-21, 빌 2:10-11. 그러나 한 가지 기억해야 할 것은 그 하나님의 영광이 완성되어감 속에 오늘 우리가 감당해야할 부분이 있다는 사실이다. 고린도후서 3:18을 보면, 우리 성도는 종말에 하나님의 온전한 영광 속에 거하게 되지만('영화') 지금 이미 변화되어가는 과정 속에 있으며, 그 과정을 통해 '영광에서 영광으로' 이르고 있음을 보여준다. "우리가 다 수건을 벗은 얼굴로 거울을 보는 것 같이 주의 영광을 보매 그와 같은 형상으로 변화하여 영광에서 영광에 이르니 곧 주의 영으로 말미암음이니라."

이는 예수 그리스도가 재림하심으로 이룰 종말론적 영광의 충만함을 지금 우리의 삶 속에서 실현시켜 나가야 함을 강조하는 것이다. 성도가 변화하여 '영광에서 영광으로 이르는 과정'은 어쩌면 이 세상에서 영원한 다음 세상으로 건너가는 극도의 문화충격을 줄이는 영적 과정일런지도 모른다. 모세가 시내 광야에서 회막을 하나님께 봉헌할 때 임재하신 여호와의 영광의 충만함으로 인해 그 어느 누구도 감히 회막 안으로 들어갈 수 없었듯이출 40:34-35, 그리고 솔로몬이 성전을 봉헌할 때 성전을 가득 채운 여호와의 영광으로 인해 그 어느 누구도 성전안으로 들어가지 못했듯이^{대하 7:1-3}, 어느 날 준비없이 갑자기 하나님의 영광의 충만함 앞에 서게 된다면, 그 어느 누구도 선뜻 그 충만한 영광 안으로 들어갈 수가 없을 것이다. 오늘 지금 이 시간 우리는 종말에 임할 주의 영광의 절정을 보는 영적 시력이 필요하다. 매일 매일 '영광에서 영광으로' 이르는 일련의 변화들을 통해 예수 그리스도의 형상을 닮아가야 한다. 왜냐하면 성도가 변화된다는 것은 바로 그리스도를 닮아간다는 뜻이기 때문이다. 그리고 성도가 그리스도를 닮아 영화롭게 되면 그리스도가 찬송 받으시고 영광 받으시게 되며, 궁극적으로는 하나님께 영광이 돌아가기 때문이다^{요 15:8, 벧전 2:12}. 그래서 성경은 오늘도 우리에게 다음과 같이 권면한다. "우리 하나님과 주 예수 그리스도의 은혜대로 우리 주 예수의 이름이 너희 가운데서 영광을 받으시고 너희도 그 안에서 영광을 받게 하려 함이라"^{살후 1:12}.

그럼 구체적으로 어떻게 살아가야 하나님께 영광 올려드리게 되는가? 이에 대해 요한복음 15:8은 "너희가 열매를 많이 맺으면 내 아버지께서 영광을 받으실 것이요 너희는 내 제

자가 되리라"라고 대답한다. 우리가 열매를 많이 맺으면 맺을
수록 하나님이 영광 받으신다. 맞는 말이다. 지극히 당연한 성
경적 진리이다! 그런데 아직도 우리가 삶 속에서 무엇을 어떻
게 해야 할지 분명치 않다. 사도 요한이 말하고 있는 열매가
무엇이며 그 열매는 어떻게 맺어야 하는지에 대한 구체적이고
실제적인 가르침이 없다. 따라서 사도 요한이 말하고자 하는
핵심이 무엇인지를 이해하기 위해 위 구절의 앞뒤의 문맥을
좀더 넓게 살펴보려 한다.

　먼저 요한복음 15:5을 보면 우리가 어떻게 해야 열매를
맺을 수 있는지에 대한 근본적인 방법이 제시되어 있다. "나는
포도나무요 너희는 가지라 그가 내 안에, 내가 그 안에 거하면
사람이 열매를 많이 맺나니 나를 떠나서는 너희가 아무 것도
할 수 없음이라." 열매를 많이 맺기 위해서는 우리가 그리스도
안에 거하고 그리스도가 우리 안에 거하는 영적 연합이 먼저
이루어져야 한다. 다시 말해, 열매를 맺기 위한 선결조건은 가
지인 우리가 포도나무인 예수 그리스도에게 단단히 붙어있어
야 한다는 것이다. 가지가 줄기에서 떨어지면 열매 맺기는커
녕 시들어 말라 죽게 된다. 그럼 예수 그리스도와 하나되는 영

적 연합을 이루기 위해서는 어떻게 해야 하는가? 이에 대해 사도 요한은 하나님의 계명을 지키는 것이 우선적으로 필요함을 강조한다. "그의 계명을 지키는 자는 주 안에 거하고 주는 그의 안에 거하시나니 우리에게 주신 성령으로 말미암아 그가 우리 안에 거하시는 줄을 우리가 아느니라"요일 3:24. 그리고, 요한은 우리가 주 안에 주가 우리 안에 거하는 영적 연합으로 인도하는 계명은 다름아닌 '하나님의 아들 예수 그리스도의 이름을 믿고 우리에게 주신 계명대로 서로 사랑하는 것'이라고 가르쳐준다요일 3:23. 한 마디로, '믿음'과 '사랑'이 예수 그리스도와의 온전한 연합을 이루게 하며, 우리의 삶 속에 많은 열매를 맺게 하는 출발점이 되는 것이다. 사도 바울 또한 동일한 영적 교훈을 갈라디아 교회를 향해 보낸 편지에서 보여주고 있다. "내가 그리스도와 함께 십자가에 못 박혔나니 그런즉 이제는 내가 사는 것이 아니요 오직 내 안에 그리스도께서 사시는 것이라 이제 내가 육체 가운데 사는 것은 나를 사랑하사 나를 위하여 자기 자신을 버리신 하나님의 아들을 믿는 믿음 안에서 사는 것이라"갈 2:20. 사도 요한뿐만 아니라 사도 바울도 예수 그리스도와의 연합된 삶을 이루기 위해서는 예수 그리스도를 향한 믿음이 우선적으로 필요함을 역설하였다. 단지 차이점은, 요한은 '우리가 서로 사랑해야 함'을 강조하고 있는 반면에 바울은 '우리를 향한 하나님의 사랑'을 강조하고 있다.

그럼 어느 쪽이 맞는 말인가? 양쪽 다 성경적으로 맞는 말이다. 하나님은 '우리가 아직 죄인 되었을 때에 예수 그리스도를 십자가에 못 박으심으로 우리를 향한 사랑을 확증'하셨다롬 5:8. 하나님이 우리를 먼저 사랑하심으로요일 4:10, 19 우리가 사랑이 무엇인지를 알게 되었다요일 3:16. 그리고 그 사랑으로 서로서로를 품어주라는 것이 사도 요한이 말하고 있는 핵심이다. 그래서 예수 그리스도는 오늘도 우리를 향해 다음과 같이 권면하고 계신다. "아버지께서 나를 사랑하신 것 같이 나도 너희를 사랑하였으니 나의 사랑 안에 거하라"요 15:9. 하나님은 그의 독생자 예수 그리스도를 영원히 사랑하신다. 바로 이 사랑('아가페')으로 예수 그리스도는 우리를 변함없이 신실하게 사랑하고 계신다. 참으로 놀랍고 감사할 뿐이다! 본질 상 진노의 자식인 우리를 향한 그리스도의 사랑이 하나님의 아가페 사랑이라는 사실 앞에 그저 감사함으로 무릎을 꿇을 수밖에 없다. 오늘도 예수 그리스도는 우리를 향해 말씀하신다. "나의 사랑 안에 거하라." 그리스도의 조건 없는 사랑, 영원한 사랑 안에 거하는 성도만이 참된 사랑이 무엇인지를 깨닫게 되고, 많은 열매를 맺게 될 것이다. 그러므로 예수 그리스도와 연합한 성도가 열매를 많이 맺을 수 있는 본질적 근원은 사랑이다. 포도나무의 뿌리-줄기-가지로 흐르고 있는 생명의 수액이 사랑이듯이, 포도나무 가지인 우리 성도들이 맺어야 할 열매도 또한 사랑인 것이다.

성경을 보면, 소위 '성령의 9가지 열매'라고 알려진 구절이 있다갈 5:22-23. 그래서 일반적으로 성령의 역사하심으로 맺혀지는 열매를 9가지로 분류한다. 그러나 사실 그 구절의 원어를 살펴보면 성령의 열매는 복수가 아닌 단수로 설명되어 있다. 주어인 성령의 열매와 동사 모두 단수형으로 사용되고 있으며, 그리고 그 열매를 설명하면서 사랑이 제일 먼저 언급되고 있다(the fruit of the Holy Spirit is love…). 이를 통해 도달하는 결론은 사랑이 성령의 열매의 본질이라는 사실이다. 그리고 그 사랑이 무엇인지를 설명하는 것이 뒤따라오는 8개의 성품들(희락, 화평, 오래 참음, 자비, 양선, 충성, 온유, 그리고 절제)인 것이다. 사랑이라는 열매 가운데 나타나는 영적 속성을 보다 구체적으로 설명하는 곳이 고린도전서 13장이다. 사도 바울은 고린도전서 12장에서 성령의 다양한 은사들을 다루면서 더 큰 은사를 사모하라고 권면하였다. 그리고 13장에 들어와 그 '더 큰 은사'가 바로 사랑임을 밝히면서 사랑이 무엇인지를 15가지로 설명하고 있다^{고전 13:4-7}.

따라서 사랑은 우리의 삶 속에서 성령으로 맺혀져야 할 열매의 본질임에 틀림없다. 예수 그리스도의 아가페 사랑을 받은 성도는 하나님을 사랑하고 신뢰하며 감사하고 순종하는 삶, 그리고 이웃을 사랑하고 도와주며 품어주고 격려하는 삶을 살아가야 한다. '하나님 사랑'과 '이웃 사랑'은 율법의 완성이며^{롬 13:10, 갈 5:14} 서로 떼려야 뗄 수 없는 불가분의 관계이다. 그래서 사도 요한은 "누구든지 하나님을 사랑하노라 하고 그 형제를 미워하면 이는 거짓말하는 자니 보는 바 그 형제를 사랑하지 아니하는 자는 보지 못하는 바 하나님을 사랑할 수 없느니라"^{요일 4:20}고 강조하였다. 성도에게 '하나님 사랑과 이웃 사랑'은 당연한 도리이며 마땅한 의무이다. 이 당연한 의무와 도리를 다할 때에 하나님은 영광 받으시게 된다. 사랑의 본질 그 자체이신 하나님^{요일 4:8, 16}은 우리의 사랑을 통해 그 이름이 높임 받으시고 찬양 받으시게 된다.

'하나님이 기뻐하신 사람들 중에 평화'

하나님의 천군 천사들은 예수 그리스도가 이 땅에 오심으로 하나님께 합당한 영광이 올려 드려지고, 그리고 '땅에서는 하나님이 기뻐하신 사람들 중에 평화'가 이루어진다고 선포하였다. 여기서 특별히 주의해서 보아야 할 대목은 바로 이 세상에 있는 모든 사람들 중에 평화가 임하는 것이 아닌, 오직 '하나님이 기뻐하신 사람들 중'에 평화가 이루어진다는 사실이다. 그럼 '하나님의 기뻐하심을 입은 사람들'은 구체적으로 누구를 가리키는 것일까? 이 표현은 '하나님의 선택 받음'을 나타내는 히브리적 관용구로 이미 구원받은 성도들을 지칭하는 것이다. 그래서 다른 번역본들을 보면, '하나님의 은혜 또는 은총을 입은 사람들'이라고도 번역하고 있다. 한 마디로, 하나님의 아들이신 예수 그리스도의 복음을 믿고 기쁨으로 화답하는 성도들 안에 '평화'가 이루어질 것을 확증하는 것이 복음이다.

성경을 보면 하나님이 그의 백성들에게 평화를 주시겠다고 약속하신 것이 이번이 처음이 아니다. 구약을 보면 하나님은 그의 백성들과 최소 다섯 번에 걸쳐 '평화의 언약'을 체결하셨다. 하나님은 모세에게 성경을 기록하게 하신 그때부터 평화의 언약을 선포하셨고^{민 25:12}, 그후부터 계속해서 하나님의 백성들에게 주어지는 평화의 축복을 선지자들을 통해 약속해 오셨다^{사 54:10, 겔 34:25, 37:26-27, 말 2:5}. 특히 에스겔 37:26-27 을 보면, 하나님이 베풀어 주시는 평화의 축복이 하나님의 임재와 밀접하게 연결되어 있음을 보여준다("내가 그들과 화평의 언약을 세워서 영원한 언약이 되게 하고 또 그들을 견고하고 번성하게 하며 내 성소를 그 가운데에 세워서 영원히 이르게 하리니 내 처소가 그들 가운데에 있을 것이며 나는 그들의 하나님이 되고 그들은 내 백성이 되리라"). 하나님이 선포하신 평화의 축복은 구약 당시에만 해당된 유한한 언약이 아니라, 오늘 지금도 계속해서 하나님의 백성들에게 주어지는 영원한 언약이다. 그 언약의 영원성은 하나님의 영원하신 임재로 인해 보증, 배서되고 있다('내 성소를 그 가운데에 세워서 영원히 이르게 하리니'). 하나님의 임재하심은 하나님의 영이신 성령의 강림하심을 의미한다. 따라서 성령의 내주 임재하심이 바로 하나님이 주신 평화의 축복을 누릴 수 있는 '필요 충분' 조건이 되는 것이다.

그렇다면 오늘 우리 안에 성령이 내주하고 계심을 어떻게 알 수 있으며 또한 어떻게 증거할 수 있을까? 이 질문에 다양한 신앙적 또는 체험적 대답들을 들을 수 있다. 어떤 성도는 자신과 24시간 함께 생활해 보면 알 수 있을 것이라고 대답한다. 이 얼마나 감사하고 멋진 신앙 고백이 아닌가! 그런데, 이런 개인적이고 경험적인 고백도 중요하지만, 성경은 과연 어떻게 설명하고 있는가를 살펴보는 것이 올바른 신학과 신앙을 세워가는 데에 반드시 필요하다. 왜냐하면 성경적 질문에 대해 가장 정확한 답은 바로 성경 말씀 안에 있기 때문이다. 사실, 인생의 모든 질문에 대한 답은 성경 안에 있다. 성경을 얼마나 올바로 알고 있느냐가 인생을 얼마나 지혜롭고 가치 있게 살아가느냐를 결정하게 된다. 그런데 문제는 우리가 성경을 잘 모른다는 사실이다. 성경을 읽지 않는다는 것이다. 사도 바울이 고린도 교회에 보낸 편지를 보면 '성령으로 아니하고는 누구든지 예수를 주시라 할 수 없다'고전 12:3라고 선언하고 있다. 이 선언은 예수 그리스도가 주이시며 살아계신 하나님의 아들이심을 믿고 고백하는 성도는 그 누구도 예외없이 하나님의 영, 성령이 내주하고 계심을 증명하는 것이며, 더 나아가 하나님이 허락하신 '평화의 축복'을 마음껏 누릴 수 있는 자격을 선포하는 것이다.

그럼 성도들이 경험하며 고백하는 하나님의 평화는 구체적으로 무엇을 의미하는가? 하나님이 그의 백성들에게 약속하신 평화는(참조: 다윗과 그의 자손에게 영원한 평화의 나라를 약속 삼하 7:16, 사 9:6-7, 렘 23:5-6) 단순히 인간 내면의 평온한 감정적 상태나 또는 정치-사회적으로 안정적인 상태를 의미하는 것이 아니다. 그보다 본질적으로 예수 그리스도가 이 땅에 오셔서 십자가를 지심으로, 죄로 인해 단절되었던 하나님과 인간 사이의 관계가 회복되어짐의 화목을 의미한다롬 5:1-2, 고후 5:18-20.

특히 사도 바울은 예수 그리스도가 이룬 평화를 골로새 성도들에게 보낸 편지에서 이렇게 증거한다. "그의 십자가의 피로 화평을 이루사 만물 곧 땅에 있는 것들이나 하늘에 있는 것들이 그로 말미암아 자기와 화목하게 되기를 기뻐하심이라" 골 1:20. 첫째 아담의 불순종으로 인해 죄가 세상에 들어오고 죄로 말미암아 모든 사람이 하나님과 원수가 되었으나, 둘째 아담이신 예수 그리스도로 말미암아 우리 성도들은 하나님과 화평케 되는 은혜를 받았다. 이 일을 이루기 위해 예수 그리스도는 그에 상응한 대가를 치러야 했다. 그것이 바로 십자가 죽음이다. '피 흘림이 없이는 죄사함이 없기'레 17:11, 히 9:22 때문에 하나님의 본체이신 그리스도가 이 땅에 인간의 육신의 모습으로 오셔서 우리를 위해 속죄의 피를 흘리셨던 것이다. 따라서 예수 그리스도의 십자가 죽음은 하나님의 관점에서 보면 죄의 문제를 해결하는 화목제물이 되고, 동시에 죄인인 우리의 관점에서 보면 죄를 속죄하는 대속제물이 된다. 이를 근거로 바울은 그리스도가 십자가에서 흘린 속죄의 피로 하나님은 평화를 이루셨고, 그 십자가 대속의 은혜로 말미암아 만물이 하나님과 화목하게 되었음을 선포한 것이다. 그러므로 성경이 말하는 '평화'는 오직 예수 그리스도를 믿는 성도들에게만 주어지는 하나님과의 화목(reconciliation)이며, 이는 다시 말해 아담의 범죄함으로 인해 단절되었던 하나님과의 관계가 회복되는 축복인 것이다.

인간과 인간사이에 있어서도 관계가 회복될 때 참된 평화의 안도감을 느낄 수 있다. 서로 얼굴을 붉히며 껄끄러운 사이에는 화목함이 없다. 특히 용서받지 못할 나쁜 짓을 하거나 범죄함으로 인해 금이 간 관계는 거의 회복이 불가능한 경우가 많다. 개인적으로 어린 시절 중에 한 가지 경험이 성경이 말하는 평화가 무엇인지를 깊이 묵상하게 만든다. 초등학교 들어가기 전, 어머니가 외출하신 어느 날, 나는 남동생과 함께 집 안에서, 여느 남자 아이들이 그렇듯이, 레슬링도 하고 씨름도 하면서 놀고 있었다. 그러다가 그런 놀이들도 점점 재미없어지자 드디어 나는 동생과 함께 집안에서 축구를 하기 시작하였다. 축구를 시작한지 얼마되지 않아 거실에 있던 고려청자를 깨뜨리는 사고를 일으켰다. 당시 어린 마음에 너무 놀라고 어머니에게 혼날까 봐 두려워서 우선 깨진 조각들을 치우고 아무 일도 없었다는 듯 조용히 거실 소파에 앉아 있었다. 그때부터 어머니가 돌아오시는 시간까지는 정말로 지옥 같은 시간이었다. 1분이 하루 같은 너무나도 길고 두려운 시간이었다. 그러나 '완전범죄'를 꾀하려 한 나의 시도는 어머니가 집으로 돌아오시자 마자 곧바로 발각되고 말았다. 거실로 들어오신 어머님은 평소와 다르게 두려움에 경직되어 앉아 있는 나와 내 동생을 보시고 무슨 사고가 있었음을 직감하셨다. 그리고 거실 바닥에 남겨져 있는 파편 조각들을 보시며 나를 향해 "재명아 어디 다친데 없니?"라고 물어보셨다. 그리고 나서 나와 내 동생을 말없이 다정하게 안아 주셨다. 그때 그 순간을 절대로 잊을 수가 없다. 죄를 지었다는 두려움과 야단 맞을 것에 대한 무서움으로 짓눌려 있던 나에게 어머니의 안아주심은 참된 자유함이 무엇인지를 알게 해 주었다. 어머니의 따뜻한 품 안에 안겨서 엄마를 부르며 엉엉 울었던 기억이 하나님이 주시는 평화가 무엇인지를 새삼 기억나게 만든다.

죄로 인해 단절되었던 하나님과의 관계가 회복되는 것이 성경이 말하는 평화의 핵심이다. 로마서 8:15을 보면, 하나님과의 회복된 관계를 보다 실질적이며 구체적으로 명시하고 있다. "너희는 다시 무서워하는 종의 영을 받지 아니하고 양자의 영을 받았으므로 우리가 아빠 아버지라고 부르짖느니라." 사도 바울은 죄로 인해 단절되었던 하나님과의 관계 회복을 '입양'이라는 개념으로 설명하면서, 그 입양의 은혜를 통해 주어지는 화목 관계가 바로 하나님을 '아빠 아버지'라 부를 수 있는 관계임을 보여주고 있다^{갈 4:6}.

예나 지금이나 입양이 이루어지는 과정을 살펴볼 때 한 가지 분명한 사실은 입양의 결정권이 양부모가 될 사람에게 있다는 점이다. 입양되어질 아이들의 그 어떤 노력이나 수고로 입양이 이루어지는 것이 아니라 전적으로 양부모가 선택한 아이만이 양자로 입양되는 것이다. 아무 자격 없고 공로 없는 우리들을 하나님은 양자 삼아 주시고 하나님을 '아빠 아버지'라 부를 수 있는 관계의 축복을 값없이 준 것이 바로 입양의 은혜이다. 하나님은 우리를 입양하시어 화목된 가정을 만들어 가길 원하신다. 입양을 통해 우리를 자녀삼아 주심에 기뻐하고 계시는 하나님, 그 하나님의 한없는 사랑을 경험하는 것이 바로 평화의 본질인 것이다. 따라서 하나님을 믿지 않는 '악인들에게는 절대로 하나님의 평화가 주어질 수 없다'사 48:22, 57:21.

　　참고로 한국어 성경을 보면 '평화'라는 원어를 크게 네 단어로 번역하고 있다: '평강,' '평안,' '화평,' 그리고 '평화'. 왜 이렇게 각각 다른 단어로 번역했는지는 모르지만, 예수님이 부활하신 후, 제자들에게 건넨 '너희가 평안하냐'요 20:26라는 말씀도 사실은 상투적인 인사말이 아니라, 예수님이 십자가에서 이룬 그 평화를 지금 제자들이 누리고 있느냐를 물으셨던 것이다. 예수님의 제자들은 그 당시에 예수님의 말씀 '너희가 평안하냐'가 무슨 의미인지를 정확하게 알아듣지 못하였다. 그러나 나중에 성령을 받고 나서야 비로소 그 예수님의 말씀이 무엇인지를 깨달았던 것이다. 요한복음 20장 21-22절을 보면 예수님은 제자들에게 평강이 임하게 될 것을 말씀하면서, 그 평강이 이루어지기 위해서는 반드시 성령을 받아야 함을 분명하게 선포하셨다. "예수께서 또 이르시되 너희에게 평강이 있을지어다 아버지께서 나를 보내신 것 같이 나도 너희를 보내노라 이 말씀을 하시고 그들을 향하사 숨을 내쉬며 이르시되 성령을 받으라". 하나님이 성경 처음부터 약속하신 평화는 예수 그리스도가 이 땅에 오심으로 이루어졌고, 그 평화는 성령의 임재하심으로 받게 되는 축복이다. 따라서 모든 성도들의 삶 속에 성령의 열매로 맺어지는 것이 평화이며빌 1:11, 사 32:17, 그들의 모든 기도와 간구의 궁극적인 응답이 되는 것도 예수 그리스도가 오심으로 이루어진 평화이다빌 4:6-7.

그러므로 예수 그리스도가 이 땅에 오심은 단순히 '나'를 구원하는 미시적 차원이 아닌, 보다 크고 거시적 차원의 '하나님께 영광을 올려드림'과 동시에 '구원받은 성도들 안에 하나님의 평화'를 이루기 위한 것임을 명기해야 한다. 만약 예수 그리스도의 오심을 '나'를 구원하기 위한 개인적인 관점으로만 보게 된다면, 그 신앙의 모습은 점차 예수 그리스도가 '나'를 위해 존재한다고 믿는 자기중심적이고 기복주의적인 신앙으로 변질되어 갈 위험이 크다. 이런 신앙은 나중에 인생의 위기와 어려움을 만나게 되면 그 밑바닥이 반드시 드러나게 되어 있다.

2000년전 하나님의 천사들이 전한 복음은 '예수 그리스도가 '나'의 구원만을 위해 이 땅에 오셨다'라고 말하지 않는다. 역으로 성경은 예수 그리스도가 이 땅에 오신 날, 그 날에 선포된 복음을 '그리스도의 영광의 복음'고후 4:4이자, 동시에 '평화의 복음'행 10:36이라 증거하고 있다. 이에 대해 모든 성도들은 그 복음을 허락하신 하나님께 영광과 찬양을 올려드려야 할 책임과 의무가 있으며사 43:7, 21, 빌 2:11, 고전 6:20, 엡 1:6, 14, 더 나아가 복음을 통해 이루어진 하나님의 평화를 온전히 누리며 살아가야 한다골 1:20, 롬 8:15. 2000년전 하늘의 천군 천사들이 선포한 하나님의 영광이 우리 인생의 중심(닻)이 되고, 하나님의 평화가 우리 인생의 동력(돛)이 되는 그날, 바로 그 날이 예수 그리스도의 복음이 우리의 삶 속에서 온전히 이루어지는 날이 될 것이다.

영원한 큰 기쁨의 좋은 소식

2000년전 세상을 향해 선포된 '큰 기쁨의 좋은 소식'은 하나님의 아들이신 예수 그리스도가 이 땅에 오신 복음의 소식이다. 그리고 그 기쁨의 좋은 소식은 지금도 계속해서 세상 속에 선포되고 있다. 하나님은 그의 독생자 예수 그리스도가 스스로 낮아져서 이 땅에 오실 때 반대하거나 만류하지 않으셨다. 오히려 예수 그리스도가 이 땅에 육신의 몸으로 오셔서 하나님의 뜻을 이루어 가실 때 크게 기뻐하셨다. 그리스도이신 예수님을 향한 하나님의 기쁨은 예수님의 세례^{마 3:17}와 변화산 사건^{마 17:5}에서 잘 보여주고 있다. 특히 예수님이 세례 요한에게 세례를 받으실 때에 하나님은 '이는 내 사랑하는 아들이요 내 기뻐하는 자라'^{마 3:17}고 공개적으로 선언하셨다. 아무 죄 없으신 예수님이 죄인들이나 행하는 '회개의 세례'를 받으실 때 하나님은 그를 막지 않으시고 세례를 받게 두셨으며 더 나아가 기뻐하셨던 것이다.

그럼 예수님은 왜 세례를 받으셨는가? 죄 없으신 예수님이 '죄에 대해 죽고 죽음에서 다시 살아날 것을 고백'하는 세례를 받으신 것은 앞으로 3년 뒤 친히 감당하시게 될 십자가를 암시하는 것이다. 다시 말해, 죄 없으신 그리스도가 죄인들을 대신해서 죄에 대해 죽고 그리고 죽음에서 다시 살아날 것을 예시한 사건이 바로 예수님의 세례사건이다. 예수 그리스도는 하나님의 구속 역사를 이루시기 위해 비록 죄가 없으시지만 세례를 받으셨고, 또한 십자가를 지셨다. 이로 인해 우리들이 구원받았다는 사실 앞에 진정한 감사와 기쁨의 고백이 있어야 한다. 성경을 보면 하나님도 예수 그리스도가 몸소 이루신 구원의 복음에 대해 기뻐하셨음을 알 수 있다요 12:28. 특히 사도 바울은 예수 그리스도의 성육신과 십자가 보혈의 공로를 통하여 모든 만물들이 하나님과 화목할 수 있게 되었고 하나님은 그것을 기뻐하셨다골 1:20고 증거한다. 사실 그리스도를 향한 하나님의 기쁨은 신약에 들어와 선포된 것이 아니고, 이미 오래전 선지자 이사야를 통해 예언되어온 기쁨이었다. "내가 붙드는 나의 종, 내 마음에 기뻐하는 자 곧 내가 택한 사람을 보라"사 42:1.

예수 그리스도를 향한 하나님의 변함없는 기쁨은 그리스도가 이 땅에 오심으로 인해 우리 성도를 향한 기쁨으로 확장되었다. "내가 아버지의 계명을 지켜 그의 사랑 안에 거하는 것 같이 너희도 내 계명을 지키면 내 사랑 안에 거하리라 내가 이것을 너희에게 이름은 내 기쁨이 너희 안에 있어 너희 기쁨을 충만하게 하려 함이라"요 15:10-11. 사도 요한은 성도가 예수 그리스도의 사랑 안에 거할 수 있는 조건은 그분의 계명을 지키는 것이고, 그 계명을 지키는 모든 성도들 안에 그리스도의 기쁨이 충만히 임하게 될 것을 확증해 주었다. 따라서 성도는 기쁨이 넘쳐 흐르는 사람이 되어야 한다. 그리스도안에 믿음으로 거하는 성도의 삶 속에 기쁨이라는 열매가 맺혀져야 한다갈 5:22. 왜냐하면 그리스도와 연합한 성도의 삶 속에 나타나는 특징 중의 하나가 바로 그리스도가 주시는 기쁨의 충만함이기 때문이다. 이러한 기쁨 충만의 본을 보인 인물이 사도 바울이다. 예수 그리스도와 연합한 바울은 매맞고 고문당하고 옥중에 갇혔어도 기뻐했고행 16:25, 어떤 상황 속에서도 항상 주 안에서 기뻐하라고 성도들을 권면하였다빌 4:4, 살전 5:16.

그러므로 이 세상의 참된 기쁨은 예수 그리스도와 독생자 그리스도를 이 땅에 보내신 여호와 하나님으로 인해 주어지는 것이다. "내가 여호와로 말미암아 크게 기뻐하며 내 영혼이 나의 하나님으로 말미암아 즐거워하리니"사 61:10. 특히 여호와 하나님의 인자하심은 우리가 누리는 참된 기쁨의 근원이 되며 ('아침에 주의 인자하심이 우리를 만족하게 하사 우리를 일생 동안 즐겁고 기쁘게 하소서' 시 90:14), 그 기쁨은 이 세상 어떤 것으로도 비교할 수 없는 큰 기쁨인 것이다('주께서 내 마음에 두신 기쁨은 그들의 곡식과 새 포도주가 풍성할 때보다 더하니이다'시 4:7). 기쁨의 근원되시는 하나님은 자신과 동행하는 자녀로 인해 기뻐하시며히 1:5 지혜로운 자녀로 인해 기뻐하신다잠 10:1, 15:20. 그리고 어떤 상황 속에서도 우리 안에 거하시며 우리로 인해 기쁨을 이기지 못하신다습 3:17. 따라서 모든 성도는 어디에 있든지 항상 여호와 하나님과 동행하며 그 분이 주시는 기쁨과 즐거움을 증거하는 삶을 살아가야 한다. 이런 삶을 살기 위해 필요한 것이 바로 흔들리지 않는 믿음이다. 우리의 믿음은 하나님을 기쁘시게 하는 출발점이며히 11:6, 그 믿음은 결국 우리를 즐거움과 기쁨으로 인도한다는 사실벧전 1:8을 잊지 말아야 한다.

2000년전 하나님은 예수 그리스도를 이 땅에 보내시며 '큰 기쁨의 좋은 소식'을 선포하셨다. 그러나 안타깝게도 당시에 그 기쁨의 감격을 놓친 사람들이 있다. 바로 동방박사로부터 '메시아가 나셨음'을 들은 헤롯 왕과 예루살렘 백성들, 그리고 베들레헴 여관의 주인이다. 베들레헴 들판의 목동들과 이 역만리 동방에서 찾아온 박사들만이 큰 기쁨으로 오신 하나님 의 아들, 예수 그리스도를 직접 보는 (가문의) 영광을 누렸다. 오늘도 예수 그리스도의 복음이 선포하는 큰 기쁨을 놓치고 살아가는 사람들이 있다. 심지어 예수 그리스도가 이 땅에 오심으로 계시된 큰 기쁨의 좋은 소식을 Happy Holidays 또는 Season's Greetings로 변질시키는 사람들도 있다.

세상이 아무리 거부해도 예수 그리스도의 복음은 인간의 역사 속에서 계속 진행형이다. 올해도 내년에도 계속해서 12월 25일은 (세상 사람이 뭐라해도) 예수 그리스도의 오심을 축복하는 큰 기쁨의 날이 될 것이다. 어그러지고 거스르는 세대 가운데 그리스도의 복음은 큰 기쁨의 좋은 소식으로 계속해서 선포될 것이다. 그래서 사도 바울은 오늘도 우리를 향해 "주 안에서 항상 기뻐하라 내가 다시 말하노니 기뻐하라"빌 4:4고 권면한다. 그리스도를 통해 주시는 하나님의 '큰 기쁨의 좋은 소식'에 대해 이 세상 모든 교회는 '항상 기뻐함'의 본을 보여야한다. 왜냐하면 항상 기뻐함은 '그리스도 예수 안에서 우리를 향하신 하나님의 뜻'이기 때문이다살전 5:16, 18.

4

복음과 하나님

"내가 복음을 부끄러워하지 아니하노니 이 복음은 모든 믿는 자에게 구원을 주시는 하나님의 능력이 됨이라 먼저는 유대인에게요 그리고 헬라인에게로다 복음에는 하나님의 의가 나타나서 믿음으로 믿음에 이르게 하나니 기록된 바 오직 의인은 믿음으로 말미암아 살리라 함과 같으니라"롬 1:16-17

성경은 하늘에서 내려온 예수 그리스도만이 참 생명임을 선포한다요 3:2, 6:32-33, 35. 그리고 '하늘로부터 주어지는 새로운 생명'을 받는 것이 성도의 '거듭남'을 의미하며요 3:3, 더 나아가 영원한 생명의 축복을 받는 유일한 길임을 증거한다. 바로 이 축복의 길이 2000년전에 하늘의 천사들에 의해 선포된 '좋은 소식'(복음)의 핵심이며 본질이다. "천사가 이르되 무서워하지 말라 보라 내가 온 백성에게 미칠 큰 기쁨의 좋은 소식을 너희에게 전하노라 오늘 다윗의 동네에 너희를 위하여 구주가 나셨으니 곧 그리스도 주시니라"눅 2:10-11. '구주이신 주 그리스도가 다윗의 동네에서 태어났다'는 복음은 오늘도 변함없는 사실로 계속해서 선포되고 있다.

구약과 신약이 증거하는 복음의 핵심

고대 근동 사회에서 전쟁의 승전보 또는 국가적인 좋은 소식을 나타날 때 사용된 '유앙겔리온'은 성경시대에 들어와서는, 특히 신약을 보면 이 세상의 그 어떤 사회적인 또는 국가적인 차원의 좋은 소식을 뛰어넘어 온 세상에 선포된 하나님의 좋은 소식을 전할 때에 사용되었다. 복음서 중에, 특히 마태복음을 보면 그 선포된 유앙겔리온을 이렇게 설명하고 있다. "보라 처녀가 잉태하여 아들을 낳을 것이요 그의 이름은 임마누엘이라 하리라 하셨으니 이를 번역한즉 하나님이 우리와 함께 계시다 함이라"마 1:23. 이 복음의 선포는 마태의 개인적인 신앙고백이 아니라 이미 오래전, 선지자 이사야에 의해 예언되었던 하나님의 약속의 말씀이었다. "그러므로 주께서 친히 징조를 너희에게 주실 것이라 보라 처녀가 잉태하여 아들을 낳을 것이요 그 이름을 임마누엘이라 하리라"사 7:14.

구약에서 예언하였고 신약에서 확증한 복음의 첫 번째 핵심은 바로 '처녀가 잉태하여 아들을 낳았다'라는 사실이다. 그럼 어떻게 처녀가 아이를 낳을 수 있을까? 바로 이 질문이 세상 사람들로 하여금 기독교에 대해 거부감이나 불편함을 갖게 하는 결정적인 걸림돌 중에 하나이다. 남자와 여자가 한 몸을 이루는 육체적 결합 없이 아이를 낳는다는 것은 신화나 전설 속에 나오는 이야기쯤으로 치부하는 것이 세상적 상식이요 통념이다. 그러나 오늘날 세상을 둘러보면, 그런 상식과 통념을 뛰어넘는 의학적 기적이 일어나고 있다. 처녀도 원하기만 하면 인공수정을 통해 얼마든지 아이를 잉태할 수 있는 의학적 길이 열린 것이다. 인간의 의학적 지식과 기술의 발달로 가능케 된 인공수정, 그 인공수정이 이미 2000년전에 하나님에 의해서 처녀인 마리아의 몸 속에 일어났던 것이다. 만약 인간도 할 수 있는 인공수정을 하나님이 할 수 없다면, 그 하나님을 과연 온 우주 만물을 창조하신 신(GOD)이라 할 수 있을까? 인간도 할 수 있는 것을 못하는 신이라면 그 존재는 절대로 신이 아니다. 그런 신은 절대로 믿어서는 안된다. 인간이 인공수정으로 의학적 기적을 이루었다면 하나님은 '성령'으로 메시아의 동정녀 탄생을 이루셨던 것이다('성령수정'). "그에게 잉태된 자는 성령으로 된 것이라"마 1:20. 만약 예수 그리스도의 동정녀 탄생이 믿어지지 않는다면 무슬림의 경전인 코란을 보라. 무슬림도 예수님의 동정녀 탄생을 기록하고 있다코란 수라 19:19-22.

만약 예수 그리스도가 처녀의 몸을 통해 이 땅에 오심이 만들어 낸 이야기라면 그 누가 우리 인간의 모든 죄악을 온전히 감당할 수 있을까? 이 세상에 죄 없는 사람은 아무도 없다. 죄를 짓지 않고 살아가는 사람은 아무도 없다. 따라서 어떤 죄인이 다른 죄인의 모든 죄악을 대신 감당한다는 것은 비현실적이며 비논리적인 어불성설이다. 자신의 죄악도 온전히 해결하지 못하면서 어떻게 다른 사람의 모든 죄악을 해결해 줄 수 있는가? 성경에 분명하게 기록하고 있듯이, 오직 죄가 하나도 없으신 그리스도만이 우리 인간의 모든 죄악을 온전히 단번에 해결하실 수 있는 유일한 분이시다. "하나님이 죄를 알지도 못하신 이를 우리를 대신하여 죄로 삼으신 것은 우리로 하여금 그 안에서 하나님의 의가 되게 하려 하심이라"고후 5:21. 히브리서 4:15 또한 "모든 일에 우리와 한결같이 시험을 받은 자로되 죄는 없으시니라"고 언급하며 예수 그리스도가 전혀 죄가 없으심을 선포하고 있다. 이외에도 성경의 많은 부분에서 그리스도의 무죄성에 대해 명확하게 언급하며 반복적으로 강조하고 있다. 왜냐하면 예수 그리스도가 죄가 없다는 사실이 바로 하나님의 구속 사역, 특히 속죄 사역을 수행할 수 있는 완전한 자격을 갖추고 있음을 보여주기 때문이다. 죄가 하나도 없으신 예수 그리스도의 대속적 죽음만이 우리로 하여금 모든 죄를 용서받고 하나님의 의로운 자녀가 되게 하는 유일한 통로인 것이다. 그래서 예수 그리스도는 성령으로 잉태되어 처녀의 몸을 통해 이 땅에 오신 것이다.

사실 성경을 보면 인간의 의술 그 자체도 하나님으로부터 시작되었음을 보여주고 있다. 하나님이 최초의 인간인 아담을 창조하시고 그의 돕는 배필인 하와를 만드신 기록을 살펴보면 오늘날 의사들이 수술할 때와 동일한 과정을 거치고 있음에 놀라지 않을 수 없다. "여호와 하나님이 아담을 깊이 잠들게 하시니 잠들매 그가 그 갈빗대 하나를 취하고 살로 대신 채우시고 여호와 하나님이 아담에게서 취하신 그 갈빗대로 여자를 만드시고 그를 아담에게로 이끌어 오시니"창 2:21-22. 하나님은 하와를 만드시기 위해 제일 먼저 아담을 깊이 잠들게 하셨다. 무엇을 의미하는가? 하나님은 아담을 전신 마취시키셨던 것이다. 아담이 깊이 마취된 후에서야 비로소 하나님은 아담의 흉부를 열어 갈비뼈 하나를 취하시고 그 자리에 대신 살로 채우셨다(외과수술). 그리고 취한 아담의 갈비뼈로 하와를 만드셨던 것이다. 의학적으로 볼 때, 뼈는 자연적으로 재생하는 능력이 있다고 한다. 특히 성인의 뼈 회복 과정은 배아 발생기에서 골격의 정상적인 발달과정과 유사함이 여러 실험과 연구를 통해 확인되었다. 오늘날 재생의학과 생명공학이 인체의 뼈 속에 있는 줄기세포를 통해 그렇게도 이루고자 한 궁극적인 모습이 이미 3400년전 모세의 기록을 통해 보여주고 있는 것이다. 물론 인간배아복제는 오직 하나님께 속한 신적 영역이다. 인간이 하나님의 영역을 침범하려 하면 그에 상응한 대가를 지불하게 될 것이다.

모세는 하나님으로부터 계시를 받아 창세기를 기록할 때 오늘날 우리들이 알고 있는 의학적 또는 생명공학적 지식을 알고 있었을까? 물론 모세는 몰랐을 것이다. 오늘날 우리들이 알고 있는 것을 모세 시대에는 그 누구도 몰랐을 것이다. 성경은 이 세상의 모든 진리를 담고 있다. 문제는 인간이 아직 그 진리를 전부 다 보지 못하고 알지 못한다는 사실이다. 인간의 의학이나 과학이 발전해 나감 속에 성경속에 계시된 진리는 하나씩 하나씩 그 모습이 드러나게 될 것이다. 과거에는 인간의 이성으로 이해하기가 힘들었던 예수 그리스도의 동정녀 탄생이 인간의 의학이 만들어낸 인공수정으로 인해 받아들이기가 한층 수월해졌다. 예수 그리스도의 동정녀 탄생은 사실이고 진리이다. 그리고 그 진리는 그리스도의 무죄성을 보증하며, 그 무죄성은 그리스도의 십자가 죽음이 완전한 대속 제물임을 보여주는 증거이다. 따라서 동정녀 탄생이 빠진 복음은 하나님의 구원 역사를 이루어 갈 수 없으며, 세상의 어두움과 죄악에 대해 그 어떤 능력도 발휘할 수가 없다.

구약의 선지자 이사야와 예수님의 제자 마태가 시간과 공간을 초월하여 동일하게 강조하고 있는 복음의 두 번째 핵심은 처녀의 몸에서 태어난 아이를 통해 '임마누엘'의 축복이 선포된다는 사실이다. '하나님이 우리와 함께 계시다'라는 임마누엘의 선포는 사실 성경 전체에 걸쳐 강조하고 있는 중요한 주제 중에 하나이다. 아브라함을 통해 계시되기 시작한 임마누엘의 축복창 12:1-3, 15:1-21, 22:16-18은 야곱에게 동일하게 선포되었으며창 28:15, 그리고 야곱의 이름이 하나님에 의해 이스라엘로 개명되면서 그 임마누엘의 역사함이 개인적 차원을 뛰어 넘어 국가(교회)공동체로 확대되었음을 알 수 있다창 32:28. 임마누엘의 축복이 개인적 차원을 넘어 공동체를 향해 선포된 절정의 사건은 바로 다윗을 향한 하나님의 언약의 말씀이다. "나는 그 아비가 되고 그는 내 아들이 되리니… 네 집과 네 나라가 내 앞에서 영원히 보전되고 네 위가 영원히 견고하리라" 삼하 7:14-16.

이 임마누엘의 언약은 비록 이스라엘이 범죄하여 나라를 잃고 바벨론으로 끌려가 유배 생활을 하고 있을 때에도 선지자 에스겔을 통해 동일한 은혜로 선포되었다. "내가 그들과 화평의 언약을 세워서 영원한 언약이 되게 하고 또 그들을 견고하고 번성하게 하며 내 성소를 그 가운데에 세워서 영원히 이르게 하리니 내 처소가 그들 가운데에 있을 것이며 나는 그들의 하나님이 되고 그들은 내 백성이 되리라"겔 37:26-27. 하나님은 이스라엘 백성과 평화의 언약을 맺으시고 성소를 그들 가운데 세우셔서 그들과 영원히 함께 거하실 것을 약속하셨다. 하나님의 영원하신 임재가 그의 백성들 가운데 성소를 세우심으로 이루어질 것을 선지자 에스겔은 확신에 차 선포하였다. 그럼 '그들 가운데 성소를 세운다'는 것은 무엇을 의미하는 것인가? 바벨론의 침략으로 인해 무너진 예루살렘의 성전이 다시 지어질 것을 말하는 것인가? 아니면 유배지인 바벨론에서 하나님께 제사드림이 허용될 것을 예언하는 것인가? 에스겔이 언급하고 있는 '성소'는 제사를 드리는 성전 건물을 지칭하기 보다는 하나님과의 관계가 완전히 회복된 영적 상태를 의미하는 것으로 보는 것이 더 타당하다. 따라서 '성소를 영원히 세우겠다'라는 표현은 하나님이 그의 백성들과의 관계를 온전히 회복시키시고 그들과 영원토록 함께 거하실 것을 암시하는 약속이다. 이 약속은 '하나님이 그들의 하나님이 되고 그들은 하나님의 백성이 될 것'을 선언함으로 확증되어지고 있다. 하나님과의 온전한 관계가 회복되어질 때에 비로소 하나님이 약속하신 평화를 온전히 누릴 수 있게 된다. "산들이 떠나며 언덕들은 옮겨질지라도" 하나님이 약속하신 임마누엘의 평화는 영원히 흔들리지 않을 것이다사 54:10.

하나님은 패망하고 유배당해 고통 속에 있는 이스라엘 백성을 향해 영원한 평화가 임할 것을 약속하시면서 그들 안에 영원한 성소를 세우고 그들의 하나님이 되실 것을 선포하셨다. 바로 이 영원한 임마누엘의 축복이 2000년전 '크고 좋은 기쁜 소식'으로 오신 예수 그리스도를 통해 실현되었음을 마태는 이사야 7:14을 인용하면서 증거하였던 것이다. 동정녀 마리아에게서 난 한 아이, 기묘자, 모사, 하나님, 아버지, 왕사 9:6으로 오신 그 아이가 바로 하나님의 본체이자 형상이신 예수 그리스도이시고빌 2:6, 골 1:15, 그 예수의 십자가를 통해 이 땅에 하나님과의 관계가 온전히 회복되는 '화목'의 평화가 선포되었다골 1:20. 그리고 십자가에서 죽으시고 삼일 만에 부활하신 예수님은 제자들을 향해 "세상 끝날까지 너희와 항상 함께 있으리라"마 28:20라고 약속하시면서, 이 땅을 떠나 다시 하늘 보좌로 승천하셨다. 항상 함께 하시겠다는 임마누엘의 약속을 남기시고 예수님은 제자들을 떠나 하늘로 올라 가셨던 것이다.

예수님이 승천하시는 모습을 지켜보며 임마누엘의 약속을 들었던 제자들은 과연 어떤 마음이었을까? 어떤 반응을 보였을까? '어! 예수님 우리와 항상 영원히 함께 하신다고 해놓고 어디 가세요?'라고 놀라면서 다급히 말한 제자도 있었을 것이다. 그리고 어쩌면 '이건 우리와 항상 함께 하시는 것이 아니지 않나요?'라고 이해할 수 없다는 듯 투덜거렸을 수도 있었을 것이다. 그런데 그때에 제자들 중 과연 몇 명이나 40일전, 예수님이 십자가에 못박히시기 전날 그들에게 성령의 오심에 대해 말씀하신 것을 기억하고 있었을까? 예수님은 십자가에 달리시기 전날 예루살렘의 어느 다락방에 모여 제자들을 모아 놓고 그들의 발을 씻기시고 성만찬을 드신 후에 마지막 설교와 가르침 그리고 하나님께 '제사장'의 기도를 드리셨다요 13-17장. 바로 그 날밤에 예수님은 제자들에게 앞으로 오실 보혜사 성령에 대해 가르치시며 제자들을 떠나 하나님께로 돌아가는 것이 그들에게 유익이 된다고 말씀하셨다. "그러나 내가 너희에게 실상을 말하노니 내가 떠나가는 것이 너희에게 유익이라 내가 떠나가지 아니하면 보혜사가 너희에게로 오시지 아니할 것이요 가면 내가 그를 너희에게로 보내리니"요 16:7. 예수님이 제자들을 떠나가는 것이 그들에게 유익이 되는 이유는 예수님이 떠나가셔야 보혜사 성령이 그들에게 오시기 때문이다. 그럼 보혜사 성령이 오시는 것이 제자들에게 어떤 유익을 가져다 주는가? 이에 대해 예수님은 요한복음의 두 장에 걸쳐 (14장과 16장), 성령이 오심으로 인해 예수님 자신이 이 땅에 오신 목적을 제자들이 비로소 깨닫게 될 것과 하나님의 구속 사역이 성령을 통해 계속해서 이루어져 나갈 것을 설명하셨다. 그 설명 가운데 예수님이 특히 강조하신 것은 "내가 아버지께 구하겠으니 그가 또 다른 보혜사를 너희에게 주사 영원토록 너희와 함께 있게 하리니"요 14:16라는 약속이다. 예수님은 이 땅에 육체로 존재하시는 분임으로 이제 십자가에 달려 죽으시면 제자들은 홀로 남겨지게 된다. 그러나 보혜사 성령이 오시면 제자들과 함께 거하시며 언제 어디서나 그들과 동행하실 수 있기 때문에 성령이 오시는 것이 궁극적으로 제자들에게 유익한 것이다. 바로 그 성령을 보내주실 것을 예수님은 약속하셨다. 그리고 그 약속은 오순절날 성령의 강림으로 인해 온전히 성취되었다.

하나님의 영고전 2:11이자 동시에 예수 그리스도의 영롬 8:9 인 성령의 강림함이 바로 성경이 변함없이 예언해온 임마누엘의 온전한 성취를 의미한다. 그러므로 우리 안에 성령이 임하시면 성경이 약속한 임마누엘의 축복을 누리고 있는 것이다. 만약 지금 예수 그리스도가 '나의 주'로 고백 된다면 내 안에 성령이 계신 것이고고전 12:3, 그 성령의 임재가 바로 임마누엘의 축복인 것이다. 선지자 에스겔을 통해 선포된 평화의 언약은 바벨론 유배 당시에만 효력이 있는 언약이 아니다. 오늘 지금도 계속해서 하나님의 백성인 우리 성도에게도 주어지는 영원한 언약이다. 그리고 그 언약의 영원성은 하나님의 영이신 성령이 우리와 영원히 함께하심으로 인해 보증되고 있다. 죄 없으신 예수 그리스도는 성령으로 잉태되어 동정녀 마리아를 통해 이 땅에 오셨다. 그리고 십자가에 달려 죽으심으로 우리의 죄악을 해결하시고 하나님과의 온전한 관계회복의 평화를 성취하셨다. 그 십자가에서 이룬 평화가 바로 선지자 에스겔이 바라보았던 임마누엘의 평화였던 것이다.

복음과 하나님의 복음

임마누엘의 평화를 선포한 예수 그리스도의 '복음'을 가리키는 '유앙겔리온'은 신약에서만 최소 76번 사용되고 있는데 그 중에서도 약 60번은 사도 바울이 쓴 편지들에 기록되어 있다. 복음의 용례와 관련하여 고대 근동의 문헌들을 살펴볼 때 한 가지 특이한 사실은 국가적인 좋은 소식(복음)을 전할 때 주로 복수형으로 사용하고 있다는 점이다. 그러나 바울 서신서를 보면, 그 당시 일반적인 관례와는 다르게, 복음을 설명할 때에 오직 단수형으로만 표현하고 있다. 사도 바울은 여러 모양의 세상적 좋은 소식들과는 달리 오직 예수 그리스도가 이 땅에 오신 좋은 소식만이 유일한 진리의 복음이며, 그 진리의 복음은 온 우주 만물의 창조주이자 주권자인 하나님으로부터 주어진 것임을 단수형으로 강조하였던 것이다. 그래서 바울은 복음을 설명할 때 우선적으로 '하나님의 복음'롬 1:1임을 강조하며 그 복음의 정당성을 '하나님이 선지자들을 통하여 그의 아들에 관하여 성경에 미리 약속하심'롬 1:2에 있음을 분명히 밝히고 있다.

그럼 사도 바울은 무엇을 근거로 '하나님의 복음'이라는 개념을 사용할 수 있었는가? 이에 대해 우선 먼저 히브리어 구약성경을 헬라어로 번역한 칠십인역(The LXX 또는 The Septuagint)을 살펴볼 필요가 있다. 사도 바울 당시 유대인들은 이스라엘뿐만 아니라 헬라 문화권의 영향아래 있는 이방지역(지금의 터키, 그리스, 이탈리아 등)에도 많이 흩어져 살고 있었다. 당시 유대인들 중에 히브리어를 모르는 디아스포라를 위하여 필요했던 것이 바로 헬라어로 번역된 구약성경이다. 지금의 터키 지역인 다소에서 태어난 바울은 당연히 헬라어에 능통하였으며, 바리새인으로서 히브리어 구약을 연구하였을 뿐만 아니라 헬라어 구약도 읽고 묵상하였을 것이다. 바울이 쓴 서신서들을 보면 구약의 사건이나 내용을 설명할 때, 헬라어로 번역된 구약을 자주 인용한 증거와 흔적들이 보인다. 그리고 이는 많은 신학자들에 증명되었다. 구약을 인용할 때, 바울은 주로 이사야, 시편, 신명기 등의 말씀들을 인용하였으며, 특히 그리스도의 오심과 사역에 대한 성경적인 근거를 제시하고 신학적인 정당성을 세울 때에 이사야서의 말씀에 많이 의존하였음을 알 수 있다.

헬라어 구약성경인 칠십인역을 보면, 복음으로 번역되는

유앙겔리온의 동사 '유앙겔리조' 또는 '유앙겔리조마이'가 사용되고 있음을 알 수 있다. 이는 '하나님으로부터 또는 하나님에 관한 좋은 소식을 선포한다'라는 의미를 갖고 있으며, 특히 이사야서를 보면, 최소 4번이나 사용되고 있다(사 40:9, 52:7, 60:6, 61:1, 참조: 시 40:9, 68:11, 96:2, 욜 2:32 등). 이중에서도 이사야 52:7과 61:1-2의 말씀은 사도 바울이 사용한 '하나님의 복음'을 설명하는데 결정적인 단서를 제공한다. 우선 복음서를 보면 예수님은 이사야 61:1-2의 말씀을 인용하면서 자신의 공생애 사역을 요약하였으며눅 4:16-21, 바울은 이사야 52:7을 인용하면서 복음전파의 중요성을 강조하였다("아름답도다 좋은 소식을 전하는 자들의 발이여…" 롬 10:15). 더 나아가 바울은 자신의 사명인 이방 선교의 정당성을 이사야 61:6을 인용하면서 증명하였다("하나님의 복음의 제사장 직분을 하게 하사 이방인을 제물로 드리는 것…" 롬 15:16). 이런 이사야서의 인용을 통해 하나님이 이미 선포하신 구속 사역이 메시아이신 예수 그리스도를 통해 성취되었음을 입증하고 있는 것이다. 그래서 바울은 복음을 설명할 때 '성경대로' 또는 '기록된 바'라는 관용구를 사용함으로 그 복음이 어떤 새로운 구속 역사의 시작이 아닌 성경에 이미 약속되어 있었던 것임을 강조하였다롬 1:2, 고전 15:3-4. 이를 한 마디로 정리하면, 구약에서 예언되어 온 메시아, 그 메시아가 바로 예수 그리스도이심을 선포하는 기독교 메시지를 '복음'(유앙겔리온의 단수형)이라는 말로 설명하며 신학적인 근거와 토대를 세운 최초의 인물이 바로 사도 바울이라는 사실이다.

사도 바울이 교회들을 향해 보낸 편지들이 공통적으로 증거하고 있는 복음의 핵심은 '하나님이 구약에서 약속하신 하나님의 아들 예수 그리스도를 다윗의 혈통에서 나게 하시고롬 1:2-3, 죄인 된 사람들을 구원하기 위해 십자가에 못박혀 죽게 하시고롬 5:8, 다시 부활시키심으로롬 1:4 예수님을 믿는 모든 사람에게 구원을 주신다는 좋은 소식고전 15:1-4, 롬 1:16, 3:22- 23'이다. 그리고 이 좋은 소식의 절정은 바로 모든 성도들과 하나님과의 관계 회복('화목')에 있음을 사도 바울은 강조한다롬 5:10-11, 고후 5:18-20, 골 1:20. 바울 서신 뿐만 아니라 복음서에서도 구원이란 무엇인지를 설명하면서 하나님과 성도와의 관계를 강조하고 있다. 요한복음 17:3을 보면 "영생은 곧 유일하신 참 하나님과 그가 보내신 자 예수 그리스도를 아는 것이다"라고 정의하면서, 구원으로 주어지는 축복은 단순히 영원히 사는 시간적 개념을 가리키는 것이 아니라 하나님과 예수 그리스도를 아는 관계적 영역임을 보여준다. 만약 죽은 후에 지옥에서 영원히 살게 된다면, 그 영생은 축복이 아니라 저주가 되는 것이다. 사실 인간은 영원한 삶을 살아갈 수 없는 존재이다. 그 누구도 예외없이 언젠간 죽게 되어있다. 그런 한계적인 인간이 영원히 살수 있는 길은 오직 하나 영원하신 하나님 안으로 들어가는 것이다. 하나님의 영원하신 품안으로 들어갈 때 비로소 우리는 영원한 생명의 축복이 무엇인지를 알게 된다. 그러므로 영생은 인간의 시간적 한계를 뛰어넘는 축복이 아닌 영원하신 하나님과 그의 독생자 예수 그리스도와의 관계적 연합인 것이다.

하나님은 그의 독생자 예수 그리스도를 이 세상에 보내심으로 스스로를 나타내셨으며요 1:14, 골 1:15, 그로 인해 예수 그리스도를 믿는 사람들은 하나님이 누구인지를 알게 된다. 따라서 성도라면 '하나님의 아들을 믿는 것과 아는 일에 하나가 되어야 한다'엡 4:13. 예수 그리스도와 성도의 관계는 단순히 '믿음의 대상'과 '믿는 자'라는 일방적인 관계가 아니다. 올바른 믿음 생활을 하기 위해서는 반드시 하나님과 예수 그리스도를 바로 아는 것이 중요하다. 그래서 예수님은 "내 양은 내 음성을 들으며 나는 그들을 알며 그들은 나를 따르느니라"요 10:27라고 말씀하셨던 것이다. 사도 요한은 목자이신 예수 그리스도와 그의 양인 성도와의 관계를 '듣는다' '알다' '따른다' 라는 세개의 동사로 설명함으로 그 관계가 어떻게 진행되는지를 보여주고 있다. 특히 세개의 동사가 모두 현재 시제로 표현됨으로 예수님과 성도와의 관계가 계속 진행중이며 지속적인 상태임을 나타낸다. 그 어떤 상황 속에서도 끊어질 수 없는 매우 밀접한 관계가 '듣고 아는 것'으로부터 시작됨을 강조하는 것이다. 올바로 듣고 알아야 제대로 따라갈 수 있는 것이다. 따라서 올바른 믿음은 올바른 앎에 기초하며, 그런 믿음을 가진 성도는 '온전한 사람을 이루어 그리스도의 장성한 분량이 충만한 데까지 이르게 되는 것'이다.

세상에 널리 회자되고 있는 격언 중에 '아는 것이 힘이다' 라는 말이 있다. 이 격언은 17세기 영국이 낳은 세계적인 철학자 프랜시스 베이컨이 남긴 명언으로 근대철학의 기초, 특히 경험과 관찰을 중시하는 귀납법의 토대를 마련해 주었다. '아는 것이 힘이다' 맞는 말이다. 사람은 아는 만큼 생각하고,

아는 만큼 행동하고, 아는 만큼 성장한다. 그런데 알기 위해서, 아는 힘을 갖기 위해서는 반드시 거쳐야 하는 선결과정이 있다. 바로 배우는 것이다. 가르침을 받는 것이다. 그럼 어디서 배워야 하는가? 하나님은 오늘도 성경을 통해 무엇이 진리인지를 말씀하고 계신다. 하나님을 알기 위해서는 하나님의 가르침, 즉 하나님이 계시되어 있는 성경 말씀을 읽어야 한다. 성경을 읽고 믿는 만큼 하나님을 알게 되고, 하나님을 아는 만큼 세상을 제대로 살아가는 힘과 지혜가 생기게 된다. 우리의 구주되신 예수 그리스도는 우리의 모든 것을 알고 계신다. 우리의 마음 깊은 곳까지도 속속들이 알고 계신다. 그럼 우리도 예수 그리스도를 그렇게 깊고 내밀하게 알고 있는가? 날마다 예수 그리스도와 인격적으로 교제하며 그리스도가 베풀어 주시는 은혜와 평강의 따스함을 맛보고 있는가? 힘들고 지칠 때 위로하시며, 잘못된 길로 벗어날 때 간섭하시고 꾸짖으시는 참된 사랑의 깊이를 경험하고 있는가? 목자가 자기 양을 알고 있듯이 양도 자기 목자를 알고 그를 따라가는 것이 믿음이다.

성경이 말하는 '하나님과 예수 그리스도를 믿고 아는 것' 은 단순히 성경적 지식이나 정보에 대해 고개를 끄덕이는 지적 동의나 신뢰만을 의미하는 것이 아니다. 이는 인간 관계에서도 동일하게 적용된다. 혹시 지금 여러분의 이웃, 직장 동료, 또는 순 식구가 누구인지 알고 있는가? 그렇다면 그 사람을 얼마나 알고 있는가? 어떤 사람을 진정으로 안다는 것은 단순히 그 사람에 대한 정보뿐만 아니라, 그의 내면적 감정, 의지, 정서와도 교감이 이루어지는 것을 의미한다. 상대방이 무엇을 좋아하며 싫어하는지, 어떨 때 기뻐하고 슬퍼하는지를 알아감 속에 함께 울고 함께 웃는 내면적 친밀감과 동질감을 이루어가는 것롬 12:15, 그것이 바로 서로를 알아가는 과정이다. 바로 이런 알아가는 관계가 하나님과 성도들 간에 수직적으로, 그리고 성도와 성도사이에 수평적으로 이루어질 때 하나님의 나라가 이 땅에 온전히 임하게 된다. 이 수직적, 수평적 관계의 완성이 바로 예수 그리스도의 십자가를 통해 이루어졌고, 그 십자가를 통해 밝히 드러난 것이 바로 하나님의 복음이다. 복음은 하나님으로부터 주어진 것이다. 하나님으로부터 주어진 유일한 구원의 축복이 복음이며, 성도가 이 세상에서 하나님의 백성 답게 살아갈 수 있는 능력이 바로 복음이다.

복음과 하나님 나라의 도래

예수 그리스도의 복음은 하나님으로부터 주어진 복음이다. 이 진리는 사도 바울 뿐만 아니라 복음서 저자들도 동일하게 증거하고 있다. 마태복음을 보면 예수 그리스도가 이 땅에 오셨을 때 천사들이 선포한 큰 기쁨의 좋은 소식을 하나님의 복음이라고 선포하고 있다[마 4:23]. 마가 또한 그리스도의 복음이 바로 하나님의 복음임을 분명하게 증거하고 있다. 마가복음은 서두부터 '예수 그리스도의 복음의 시작'[막 1:1]이라고 선언하며 그 복음의 본질과 증거가 예수 그리스도에게 있음을 암시한다. 그리고 더 나아가 예수님이 전파하신 것이 '하나님의 복음'임을 밝힘으로 복음의 기원이 바로 하나님께 있음을 보여주고 있다[막 1:14]. 특히 마가는 예수님이 하나님의 복음을 전파하기 시작하신 시점이 하나님의 예정하신 때('카이로스')와 일치하고 있음을 강조한다. "요한이 잡힌 후 예수께서 갈릴리에 오셔서 하나님의 복음을 전파하여 이르시되 때가 찼고 하나님의 나라가 가까이 왔으니 회개하고 복음을 믿으라 하시더라"[막 1:14-15].

예수님은 하나님이 예정하신 구속 역사의 때가 이르렀음

을 정확히 인지하고 계셨고, 바로 그 때가 찼을 때 '하나님의 나라'가 도래하였음을 선포하면서 사람들에게 '회개하고 복음을 믿으라'고 권면하셨다. 오래전 구약의 선지자들을 통해 예언되어 온 하나님의 나라가^{사 9:1-7, 단 2:44} 마침내 예수님이 이 땅에 오심으로 도래하였던 것이다^{마 4:17}. 그러므로 예수님의 3년 공생애는 하나님 나라의 도래를 선포함으로 시작되어 그 하나님의 나라가 어떻게 예수님에 의해 증거되고 성취되어 가는지를 보여주는 구속 역사이다. 하나님의 나라에 대한 선포는 예수님이 '가르치고 전파하고 치유하는' 사역^{마 4:23}의 주된 목적이었다. 그리고 예수님이 십자가에서 죽으시고 부활하신 후 제자들에게 강조하셨던 것도 하나님 나라의 일이었다^{행 1:3}. 사도행전을 기록한 누가에 의하면 부활하신 예수님이 승천하시기까지 사십(40)일간 이 땅에 머무르면서 보여 주신 확실한 많은 증거 역시 하나님의 나라를 선포한 것이었음을 강조한다.

성경을 보면, 하나님의 구속 역사가 쓰여질 때 '사십'이라는 숫자가 자주 등장하고 있음을 알 수 있다. 예를 들어, 모세가 하나님의 십계명을 받기 위하여 호렙산에 머문 기간이 사십일이었고^{출 24:18}, 출애굽한 이스라엘 백성들이 가나안에 들어가기 전 광야에서 훈련받은 기간도 사십년이었다[신 8:2]. 선지자 엘리야가 이세벨의 살해 위협을 피해 하나님의 산 호렙까지 걸어간 기간과[왕상 19:8], 그리고 예수님이 공생애를 시작하기 전 광야에서 금식하신 기간도 사십일이었다[눅 4:1]. 그럼 사십이라는 숫자가 암시하는 것은 무엇인가? 유대인들에게 있어서 사십이라는 숫자는 부족함이나 모자람이 없는 충만함의 완전수를 의미한다. 따라서 부활하신 예수님이 하나님 나라의 일을 말씀하신 날수가 사십일이라는 것은 그 일수가 결코 부족함이 없는 충만한 기간이었으며, 말씀하신 하나님의 나라가 이 땅에 완전히 도래하였음을 보여주는 것이다.

그렇다면 예수님이 선포하신 하나님의 나라는 과연 무엇을 의미하는가? 공관복음서(마태, 마가, 누가)를 보면 '하나님의 나라'(the Kingdom of God)라는 용어가 최소 104번 사용되고 있음을 알 수 있다. 각각의 용례들을 살펴보면, 하나님의 나라가 무엇을 의미하며, 그 나라가 언제 어떻게 임하는지에 대해 다양하게 설명되고 있다. 예수님도 다양한 비유와 계시를 통해 하나님의 나라를 가르치셨다. 따라서 하나님의 나라를 어떤 특정한 단어나 하나의 개념으로 정의하기란 쉽지 않다. 하나님의 나라에 대해 오랫동안 연구하고 다수의 저서를 남긴 신약학자 G.E. 래드에 의하면, '하나님 나라는 현재적 실체이 면서 미래적 축복이고, 거듭난 성도들만이 경험할 수 있는 영 적 축복이면서 또한 이 세상 나라의 통치와도 관련이 있다'고 주장하였다. 하나님 나라는 지금 성도들이 실제로 경험할 수 있는 현재적 영역막 10:15이면서 동시에 미래에 상속되는 축복 의 나라눅 12:32인 것이다. 다시 말해, '이미'라는 현재성과 '아 직'이라는 미래성을 동시에 갖고 있는 것이 바로 '하나님 나라' 이다.

　미래에 이루어질 하나님의 나라를 소망하며 지금 현재 이 미 도래한 하나님의 나라에서 어떻게 살아가야 하는지에 대해 잘 설명하고 있는 것이 사도 바울이 고백한 하나님의 나라이 다: "하나님의 나라는 먹는 것과 마시는 것이 아니요 오직 성 령 안에 있는 의와 평강과 희락이라"롬 14:17. 바울은 예수 그 리스도가 이 땅에 오심으로 이미 도래한 하나님의 나라를 현 재 경험할 수 있는 영적 속성이 '의와 평강과 희락'이라고 제시 한다. 특히, 이 세 가지의 영적 실체는 성령 안에 거하고 있는 사람들에게 나타나는 것임을 보여줌으로 오직 구원받은 성도만이 하나님 나라의 백성이 되며 축복을 받을 수 있음을 암시한다. 이를 좀더 풀어 설명하면, "우리가 믿음으로 의롭다 하심을 받았으니 우리 주 예수 그리스도로 말미암아 하나님과 화평을 누리자 또한 그로 말미암아 우리가 믿음으로 서 있는 이 은혜에 들어감을 얻었으며 하나님의 영광을 바라고 즐거워하느니라"롬 5:1-2.

현재 성도의 마음속에서 도래한 하나님 나라의 첫번째 영적 실체인 '의'는 예수 그리스도를 믿음으로 주어진다는 구원 등식을 통해 설명되고 있다. 그리스도의 복음을 믿고 받아들여야 하나님 나라의 '의'를 온전히 누릴 수 있다는 말이다. 그래서 사도 바울은 '그리스도의 복음에는 하나님의 의(righteousness)가 나타나 믿음으로 믿음에 이르게 하는 것이다'롬 1:17라고 선언하고 있다. 그럼 복음에 계시된 하나님의 의는 무엇인가? 로마서 1:17이후의 문맥을 살펴보면, 복음에 계시된 하나님의 의는 먼저 모든 죄악의 문제를 다룸으로 하나님의 공의(justice)를 선포한다롬 1:18-3:20. 그리고 나서 죄악을 분별하며 정죄하는 구약의 율법 외에 또 다른 하나님의 한 의가 나타났음을 선포한다. 그 의가 바로 예수 그리스도의 죽음을 통해 주어진 대속의 은혜(grace)이며, 그 은혜는 예수 그리스도를 믿는 모든 성도에게 차별없이 그리고 아무 대가없이 주어짐을 성경은 분명히 밝히고 있다. "이제는 율법 외에 하나님의 한 의가 나타났으니 율법과 선지자들에게 증거를 받은 것이라. 곧 예수 그리스도를 믿음으로 말미암아 모든 믿는 자에게 미치는 하나님의 의니 차별이 없느니라. 모든 사람이 죄를 범하였으매 하나님의 영광에 이르지 못하더니 그리스도 예수 안에 있는 속량으로 말미암아 하나님의 은혜로 값 없이 의롭다 하심을 얻은 자 되었느니라. 이 예수를 하나님이 그의 피로써 믿음으로 말미암는 화목제물로 세우셨으니 이는 하나님께서 길이 참으시는 중에 전에 지은 죄를 간과하심으로 자기의 의로우심을 나타내려 하심이니"롬 3:21-25.

그러므로 복음 안에 계시된 하나님의 의는 죄악에 대한 심판의 공의와 구원을 향한 대속의 은혜를 모두 포함하는 것이다. 심판과 구원, 공의와 은혜를 모두 보여주는 것이 바로 예수 그리스도의 십자가이며, 그리스도가 십자가에서 죽으심으로 마침내 하나님의 의가 온전히 성취되었다. 따라서 지금 우리 성도 안에 임한 하나님의 나라는 예수 그리스도의 십자가를 올바로 알고 체험하여, 하나님의 공의를 바로 세우고 동시에 긍휼의 은혜를 베푸는 삶을 통해 증거된다. 예수 그리스도의 십자가를 모르면 하나님 나라를 알 수 없다. 십자가 앞에 무릎 꿇지 않으면 하나님 나라안으로 들어 갈 수 없다. 그러나 안타깝게도, 오늘날 많은 성도들이 십자가를 잊어버리거나 또는 잃어버린 것처럼 살아간다. 십자가를 바라볼 때 감동과 감격과 감사의 눈물을 잃어버렸다. 삶 속에서 십자가의 능력을 나타내지 못하고 있다. 지금 여러분에게 십자가는 무엇인가? 여러분은 십자가가 무엇인지 알고 있는가?

두번째로 지금 성도 안에 누려지는 하나님 나라의 영적 실체는 평강이다. 여기서 평강은 평화(peace)를 의미한다. 이미 앞에서 살펴보았듯이, 사도 바울은 예수 그리스도가 십자가에서 평화를 이루었으며, 그 평화는 하나님 아버지와의 온전한 관계 회복(화목)임을 증거하였다골 1:20, 롬 8:15. 그리고 그 평화를 온전히 누리기 위해서는 반드시 성령을 받아야 함을 성경은 분명하게 선포하고 있다요 20:21-22. 성령으로 거듭나야 예수 그리스도가 십자가에서 이룬 평화를 온전히 누릴 수 있으며, 하나님을 '아빠 아버지'라 부를 수 있는 영적 특권이 주어지는 것이다. 따라서 2000년전 예수 그리스도가 이 땅에 오실 때 천사들이 선포한 '하나님이 기뻐하신 사람들'이 바로 성령으로 거듭난 성도들인 것이다. 성령으로 거듭난 성도들에게 하나님의 자녀가 되는 특권이 주어졌다. 우리로 하여금 더 이상 '무서워하는 종의 영을 받지 않고 양자의 영을 받게 하여' 자녀 삼아 주신 하나님의 은혜에 감사하는 것이 참된 평화를 누리는 출발점이다. 우리를 값없이 입양해 주신 하나님의 품 안에 안겨 '아빠 아버지'의 사랑을 온 몸으로 느끼며 살아가는 것이 바로 하나님 나라안에 거하는 성도의 평화로운 삶의 모습이다.

마지막으로 희락이 하나님 나라안에 거하는 성도에게 나타나는 영적 특징임을 말하고 있다. 2000년전 하늘의 천사들이 알려준 예수 그리스도의 탄생은 '온 백성에게 미칠 큰 기쁨의 좋은 소식'이었고 지금도 그 기쁨의 좋은 소식은 계속해서 세상 속에 선포되고 있다. 따라서 이 세상의 참된 기쁨은 오직 예수 그리스도와 그리고 예수 그리스도를 이 땅에 보내신 하나님 아버지로 인해 주어지는 것임을 잊지 말아야 한다. 참된 기쁨의 근원은 오직 예수 그리스도와 그를 보내신 하나님께 있다. 하나님은 독생자 예수 그리스도를 보내심으로 온 세상에 기쁨을 선포하셨고, 그 기쁨은 예수 그리스도의 십자가로 인해 모든 성도들에게 충만함으로 부어졌다. "지금 내가 아버지께로 가오니 내가 세상에서 이 말을 하옵는 것은 그들로 내 기쁨을 그들 안에 충만히 가지게 하려 함이니이다"요 17:13. 그러므로 예수 그리스도를 믿는 성도들은 그들을 구원해준 십자가 은혜로 인해 말로 형언할 수 없는 영광스러운 즐거움과 기쁨을 누리며 사는 존재들이다벧전 1:8.

성령 안에서의 '의, 평화, 기쁨'은 현재 도래한 하나님 나라 안에 거하는 성도들의 삶 속에서 보여지는 복음의 능력이자 영적 축복이다. 그리고 이는 예수 그리스도의 십자가 공의(justice)와 은혜(grace)로 인해 주어진 것이다. 따라서 십자가 없는 하나님의 나라는 가짜다. 예수 그리스도의 십자가를 향한 감사와 찬양이 없는 하나님의 나라는 인간이 만든 종교적 허상이며 복음의 능력이 나타나지 않는 현실 도피처에 불과할 뿐이다. 지난 세기 교회의 위기는 예수 그리스도의 십자가를 종교적 액세서리로 전락시킨 것이다. 그리고 지금 21세기는 십자가를 문화적 액세서리로 전락시키는 우를 범하고 있다.

이런 교회의 위기를 향해 세상은 '인간이 만든 가상의 존재 드라큐라(Dracula)도 더 이상 십자가를 무서워하지 않는다'는 풍자적 유머를 만들었다는 사실을 기억해야 한다. 예수 그리스도가 오심으로 하나님의 나라가 이 땅에 도래하였다. 그리고 그 하나님의 나라는 반드시 십자가위에 세워져야 한다. 십자가를 잃어버리면 예수 그리스도가 이 땅에 오신 크리스마스(Christmas)도 단지 세상적 공휴일(Happy Holidays)의 하나로 전락하게 됨을 잊지 말아야 한다.

복음과 하나님의 은혜

사람에게 있어서 가장 중요한 것은 무엇일까? 성공, 부, 명예, 학벌, 그렇다면 생명은 얼마나 가치 있는 귀중한 것인가? 목숨의 가치는 어느 정도인가? 이 세상 그 어떤 무엇과도 바꿀 수 없고 비교할 수 없는 것이 바로 사람의 목숨이다. 사람이 죽으면 돈, 권력, 부귀영화 등이 다 쓸모 없는 무의미한 것임을 모르는 사람은 없을 것이다. 그런데 이런 지극히 상식적인 생각을 뛰어넘는 고백이 약 3000년전 다윗의 입을 통해 기록되어 있다. "주의 인자하심이 생명보다 나으므로 내 입술이 주를 찬양할 것이라" 시 63:3. 다윗이 고백한 주의 '인자'에 해당하는 '헤세드'는 아무런 조건 없이 우리를 사랑하시고 품어 주시는 하나님의 은혜를 의미한다. 다윗은 자신이 직접 체험한 하나님의 은혜를 상기하면서, 그 은혜의 가치를 '생명'과 비교하며 설명하고 있다. 특히 '생명'이라는 단어를 복수형으로 사용함으로, 그 어떤 생명들이라 할지라도 하나님의 은혜보다 더 귀한 것은 없음을 강조하고 있다. 이 세상의 그 어떤 것들보다도 가장 고귀한 하나님의 은혜가 다윗의 인생을 충만하게 덮고 있었고, 그 하나님의 은혜를 온몸으로 경험한 다윗은 마음속에서 우러나오는 뜨거운 감격으로 하나님을 찬양하지 않을 수 없었던 것이다.

바로 이 은혜, 다윗으로 하여금 감사함으로 고백하며 찬양함으로 증거한 하나님의 은혜가 예수 그리스도를 통해 선포된 복음의 본질임을 사도 바울은 에베소 성도들에게 보낸 편지에서 증거하고 있다. "너희는 그 은혜에 의하여 믿음으로 말미암아 구원을 받았으니 이것은 너희에게서 난 것이 아니요 하나님의 선물이라 행위에서 난 것이 아니니 이는 누구든지 자랑하지 못하게 함이라" 엡 2:8-9. 바울은 성도의 구원을 설명함에 있어서 '하나님의 은혜'와 '성도의 믿음'을 동시에 언급하고 있다. 이를 통해 바울은 하나님의 은혜로 주어지는 구원을 받기 위해서는 성도의 믿음이 필요함을 말하고 있다. 그렇다면 구원은 하나님과 인간의 합작으로 이루어지는 것일까? 이 질문에 사도 바울은 이렇게 대답한다. '이것은 너희에게서 난 것이 아니요 하나님의 선물이라.' 여기서 '선물'은 값없이 주어지는 것을 의미한다. 그렇다고 그 선물이 가치가 없다는 뜻이 아니다. 그와 반대로 하나님이 주시는 선물은 세상 그 어디에서도 구할 수 없는 절대적 가치를 지닌 것이다. 아무리 귀한 것이라도 이 세상에 없는 것을 선물할 수는 없다. 하지만 하나님은 세상이 만들 수 없는 선물을 우리에게 주셨다. 그럼 그 선물을 지칭하는 지시대명사 '이것'은 무엇을 가리키는 것인가? 문맥상 '이것은' 바로 앞 문장인 '하나님의 은혜로 주어진 믿음을 통해 구원받는 것'을 가리킨다. 즉, 은혜로 주어지는 구원과 그것을 받는 믿음 모두를 포함하고 있는 것이 '이것'이다. 우리의 믿음(중생 또는 칭의)도 인간의 능력이나 노력에 의해 주어지는 것이 아니라 하나님의 은혜요 선물로 주어지는 것이다. 하나님은 아무 자격 없고 공로 없는 우리에게 구원 뿐만 아니라 믿음까지도 값없이 선물로 주셨다^{참조: 빌 1:29}. 인간의 자력으로는 절대로 취득 불가능한 것이 바로 하나님의 선물이다. 따라서 그 어느 누구도 그 선물 받음을 자랑할 수 없는 것이다.

여러분은 지금까지 살아오면서 많은 선물을 주고받아 보았을 것이다. 테이블 밑으로 은밀하게 주고받는 뇌물이 아닌 사랑과 감사의 표시로 주고받는 선물에는 그 어떤 요구나 대가를 바라는 사심이 없다. 선물을 주고받을 때 특히, 누군가로부터 선물을 받게 될 때 그 선물의 값이 얼마인지 확인한 후 값을 치르고 그 선물을 받는 사람은 없을 것이다. 그러나 반대의 경우에는 다르다. 누군가에게 선물을 줄 때에는 먼저 그 선물의 값을 치르고 구매하여야 한다. 마찬가지로, 하나님이 주시는 은혜의 선물은 그저 값없이 감사하게 받으면 되지만, 하나님은 그 선물을 준비하시기 위해 먼저 그 값을 이미 치루셨다는 사실을 기억해야 한다. 이 사실에 대해 선지자 이사야는 다음과 같이 설명하고 있다. "오호라 너희 모든 목마른 자들아 물로 나아오라 돈 없는 자도 오라 너희는 와서 사 먹되 돈 없이, 값없이 와서 포도주와 젖을 사라"^{사 55:1, 참고: 계 21:6}. 이 구절은 인간의 상식과 이성으로는 이해하기가 힘든 말씀이다. 상식적으로 볼 때에, 돈이 없는데 어떻게 포도주와 젖(구원 또는 구원받은 삶을 상징)을 사 먹을 수가 있는가? 돈 없으면 머리를 숙이고 구걸하는 것이 세상 이치인데, 어떻게 돈 한 푼 없이 와서 사 먹을 수가 있을까? 그렇다고 전혀 불가능한 것은 아니다. 돈 없이 사 먹을 수 있는 방법은 오직 하나, 그 누군가가 이미 그 포도주와 젖의 비용을 지불하였다면 가능한 것이다. 그 값을 이미 지불한 그 누군가가 바로 여호와 하나님이시다. 하나님은 그 값을 지불하시려고 독생자 예수 그리스도를 이 땅에 보내어 십자가에 못 박으셨던 것이다. 그 십자가에서 죽음으로 흘린 예수 그리스도의 보혈의 피로 값 주고 산 선물이 바로 죽음에서 생명으로 옮겨진 구원의 영생이다골 1:13. 사람들은 일반적으로 무상으로 주어지는 선물은 별로 가치가 없는 것으로 간주하며, 그것에 대해 감사한 마음 없이 담담하게 받는다. 그러나 하나님이 우리에게 주신 선물은 독생자 예수 그리스도의 죽음으로 산 선물이다. 그리고 우리에게 영원한 생명을 돈없이, 값없이 주신 은혜이다. 비록 값없이 은혜로 받았지만 하나님 주신 선물은 너무나도 귀한 것이며 그 무엇과도 비교할 수 없는 가치를 지닌 것이다. 우리에게 영생이라는 은혜의 선물을 값없이 주신 예수 그리스도는 오늘도 선포하신다. "나는 알파와 오메가요 처음과 마지막이라 내가 생명수 샘물을 목마른 자에게 값없이 주리니"계 21:6. 이 은혜에 대해 어떻게 살아가는 것이 당연한 도리인가? 값없이 주신 복음의 은혜를 어떻게 다 갚을 수 있을까? 이 질문에 답을 하는 것이 우리가 치러야 할 몫이고 의무이다.

복음과 하나님과의 연합

예수 그리스도의 복음을 듣고 하나님 나라안에 거하는 성도들에게 공통적으로 나타나는 현상 중에 하나는 하나님을 '아버지'라 고백하며 신앙 생활한다는 사실이다. 예수님도 하나님을 아버지라 부르셨으며, 제자들에게 기도를 어떻게 해야 하는지를 가르쳐 주시면서 그들도 하나님을 아버지라 부르라고 말씀하셨다("하늘에 계신 우리 아버지여!"). 그러나 하나님이 성도의 아버지가 되시고 성도가 하나님의 자녀가 된다는 사실은 예수님 당시 유대인들에게는 도저히 받아들일 수 없는 신성모독죄에 해당하는 것이었다. 사실 예수님이 십자가에서 고난 받고 죽으신 것도 '하나님이 아버지가 되신다'는 진리를 선포했기 때문이다. 그러나 하나님을 아버지라 부를 수 있는 은혜는 이 세상 모든 사람들에게 주어지는 일반 은총이 아니다. 하나님이 아버지가 되신다는 진리는 아무나 이해할 수 있는 단순한 공식이 아니다. 오직 복음의 진리를 깨달은 성도만이 누릴 수 있는 삶의 능력이자 특권인 것이다.

어느 주일, 교회에 처음 나오신 새가족과 교제하는 시간에 연세가 지긋이 드신 한 분이 '내 며느리가 하도 부탁해서 교회에 나왔는데 아무리 생각해도 하나님이 자신과 며느리에게 똑같이 아버지가 되신다는 것이 이해가 되지 않는다'고, 그리고 '어느 날 새벽이 일어나 보니 며느리가 아버지를 부르며 중얼거리는 소리가 들리길래, 새벽부터 친정 아버지하고 전화 통화하는 줄 알았다'고 말씀하셨다. 사실, 신앙 생활을 이제 막 시작하였거나 교회에 처음 나온 사람들에게 하나님이 그들의 아버지가 되심을 설명하고 이해시키기란 참으로 쉽지 않다. 대부분의 초신자들은 처음에는 하나님을 만나지 못하고 단순히 종교 생활을 이어간다. 그러다가 어느 날 성령의 만지심으로 인해 마음이 뜨거워지고 예수 그리스도가 주되심을 고백하는 날이 오면 드디어 하나님을 아버지라 부르게 된다. 기쁨과 감사의 눈물을 흘리며 하나님을 아버지라 고백하는 첫 사랑을 경험하게 된다. 이런 신앙적 경험을 통해 하나님을 만나게 된 성도들이 날마다 성경 말씀의 묵상을 통해 하나님과 예수 그리스도를 인격적으로 알아가는 친밀함이 바로 복음을 통해 주어지는 영생의 축복이다. 예수님은 이 축복이 모든 교회 위에 임하기를 기도하셨다. "아버지여, 아버지께서 내 안에, 내가 아버지 안에 있는 것 같이 그들도 다 하나가 되어 우리 안에 있게 하사"요 17:21. 하나님의 독생자 예수 그리스도안에 거하는 삶, '내 안에 사는 이 예수 그리스도'라 고백하는 삶, 바로 그런 삶이 죄로 인해 단절되었던 하나님과의 관계가 다시 회복된 화목의 축복이요, 복음이 선포한 평화를 누리는 신앙의 모습이다.

예수 그리스도가 이 땅에 친히 오심으로 선포하신 복음은 하나님 안에 거하는 평화를 값없이 선물하였다엡 2:8. 이 선물을 받은 성도들에게 주어지는 또 다른 축복이 있음을 사도 요한은 다음과 같이 증거한다. "너희가 내 안에 거하고 내 말이 너희 안에 거하면 무엇이든지 원하는 대로 구하라 그리하면 이루리라"요 15:7. '무엇이든지 원하는 대로 구하라 그리하면 이루리라' 이 얼마나 바라고 듣고 싶어했던 선포인가! 무엇이든지 원하는 대로 간구하여 그 기도대로 이루어지는 인생, 그런 인생을 살아갈 수만 있다면 얼마나 좋을까! 그런데 모든 기도에 응답 받는 '기도 대박'의 삶을 누리기 위해서는 먼저, 사도 요한이 강조하였듯이, '너희가 내 안에 거하고 내 말이 너희 안에 거해야 한다'는 선결 조건을 충족해야 한다. 기도의 궁극적인 응답은 기도하는 사람의 열심이나 노력이 아닌 하나님과의 온전한 연합과 일치에 있음을 기억해야 한다. 복음을 통해 주어지는 하나님 아버지와의 온전한 화목을 이루는 것이 바로 기도의 응답 받는 영적 비결인 것이다.

그렇다면 어떻게 해야 하나님이 내 안에 내가 하나님안에 거하는 온전한 연합을 이룰 수 있을까? 요한복음에서 기도가 응답 받는 성경적 원리를 설명한 사도 요한은 요한일서에서 하나님의 계명을 지킴으로 하나님과의 온전한 연합을 이룰 수 있음을 말해주고 있다요일 3:24. 그렇다면 어떤 계명을 지켜야 되는 것일까? 모세를 통해 선포된 십계명? 아니면 613개의 유대 율법? 사도 요한은, 이미 앞에서 살펴보았듯이, 다음과 같이 기록하고 있다. "그의 계명은 이것이니 곧 그 아들 예수 그리스도의 이름을 믿고 그가 우리에게 주신 계명대로 서로 사랑할 것이니라."요일 3:23. 사도 요한은 하나님과의 온전한 연합을 이루는 계명을 두 가지로 요약하고 있다. 첫째, 하나님의 아들 예수 그리스도의 이름을 믿는 신앙이며, 둘째, 서로를 사랑하라는 명령을 지키는 것이다. 먼저, 예수 그리스도의 이름을 믿는다는 것은 십자가에 달려 죽은 유대 청년 예수가 온 우주만물을 다스리시는 창조주요 주권자이신 하나님의 아들이심을 고백하며, 그 예수를 나의 주 그리스도로 영접한다는 의미를 갖고 있다. 그렇다면 지금 나는 예수 그리스도를 영접하였는가? 예수 그리스도가 만왕의 왕 만주의 주되심을 믿고 있는가? 오늘도 살아역사하시는 예수 그리스도를 믿고 있는가? 예수 그리스도가 우리의 삶의 모든 것을 알고 계시며 우리를 선한 길로 인도하심을 믿는다면 무엇이 두려운가? 무엇이 불안한가? 무엇을 걱정하고 있는가? 믿음은 신학적 개념이 아닌 삶의 행동이다. 명사가 아닌 동사이다. 그러므로 삶으로 믿음을 보여주는 성도만이 하나님과 예수 그리스도안에 온전히 거하는 축복을 받게 될 것이다.

사도 요한은 예수 그리스도를 향한 믿음만으로는 하나님과의 온전한 하나됨의 영적 연합을 이룰 수 없다고 말한다. '주가 내 안에 내가 주 안에'의 축복을 누리기 위해서는 '서로 사랑하라'는 계명도 지켜야 됨을 강조한다. 그럼 왜 믿음 외에 사랑이라는 조건이 충족되어야 하는 것일까? 그 답은 간단명료하다. 진짜 믿음은 사랑을 동반하는 믿음이기 때문이다. 믿음은 사랑으로 역사하기 때문이다갈 5:6. 그리고 무엇보다도 하나님은 사랑이시기 때문에요일 4:8, 16, 하나님과 하나되기 위해서는 하나님의 본질적 속성을 닮아가야 한다. 그분의 모습 그대로 살아가야 한다. 믿음이 없으면 사랑은 불가능하다. 그리고 사랑이 없으면 그 믿음은 가짜이다. 예수 그리스도가 십자가를 지시기 전 제자들을 향해 선포한 새 계명도 바로 '서로 사랑하라'는 명령이었음을요 13:34 기억해야 한다.

'서로 사랑하라' 이 명령은 오늘 우리에게도 동일하게 선포되고 있다. 그럼 '사랑'은 무엇인가? 성경이 말하는 사랑이 무엇인지 알고 있는가? 이에 대해 사도 요한은 다음과 같이 대답한다. "그가 우리를 위하여 목숨을 버리셨으니 우리가 이로써 사랑을 알고 우리도 형제들을 위하여 목숨을 버리는 것이 마땅하니라"요일 3:16. 예수 그리스도가 십자가에서 죽으심으로 우리가 사랑을 알게 되었다. 이를 역으로 말하면, 그리스도가 못 박혀 죽으신 십자가를 모르면 진정한 사랑이 무엇인지를 깨닫지 못한다는 것이다. 십자가가 경험되지 못하면 사랑의 본질을 이해하지 못한다. 아니 예수 그리스도가 누구인지조차도 이해하지 못할 것이다. 예수 그리스도가 우리의 죄를 대신해 십자가에서 피 흘려 죽으심으로 우리가 영원한 생명의 은혜를 받았음이 가슴 깊은 곳으로부터 고백 될 때 비로소 사랑이 무엇인지를 깨달을 수 있게 된다. 죄가 티끌만큼도 없으신 하나님의 아들 그리스도가 인간의 몸으로 성육신하셔서 우리의 죄악을 대속하기 위해 십자가에서 죽으셨다는 사실 앞에 감사와 감동과 감격의 뜨거움이 북받쳐 오를 때 비로소 참된 사랑이 무엇인지를 알게 된다. 우리를 향한 하나님의 사랑이 무엇인지를 알게 된다. 사랑이라는 단어는 이 세상이 창조된 시점부터 통용되어온 마음의 언어이다. 사랑은 시간과 공간을 초월하는 보편적 언어이자, 희망보다 더 뜨겁고 절망보다 더 깊은 감정이다. 그런 사랑의 깊이와 넓이가 예수 그리스도의 십자가를 통해 온전히 드러나 우리로 하여금 그 사랑

안에 거할 수 있게 함으로 사랑이 무엇인지를 체험적으로 깨달을 수 있게 된 것이다. 이 얼마나 감사한 은혜인가!

　만약 여러분이 간암 말기로 신장의 기능이 망가지고 시력을 잃어가며 죽음을 앞두고 있을 때 어떤 사람이 자신의 간을 이식해 줌으로 기적같이 치유되었다면 그 은혜 베푼 사람에게 어떻게 보답해야 하는가? 만약 그 사람이 간 이식뿐만 아니라 자신의 신장과 한쪽 눈까지도 여러분을 위해 내어준다면 그 생명의 은인을 위해 여러분은 무엇을 할 수 있는가? 일평생 살아가면서 그 은혜를 절대로 잊지 않을 것이다. 아니 잊어서는 안된다. 그 생명의 은인이 베풀어준 은혜를 생각할 때마다 감사의 눈물이 저절로 흘러나올 것이다. 그 은인을 만날 때 마다 몸 둘 바를 몰라 하며 온 마음과 정성을 담아 감사를 표현할 것이다. 어쩌면 여러분의 가족들에게 그 생명의 은인을 절대로 잊어서는 안되며 반드시 그 은혜를 갚아야한다고 신신당부하지 않을까! 이래야 인간이지, 만약 그 은혜를 망각한다면 짐승만도 못한 인간 말종이라 할 수 있다. 그렇다면 인간이 아닌 신(GOD)이 간 또는 신장 등 인체 장기가 아닌 생명 그 자체를 우리에게 값없이 내어 주셨다면 어떻게 보답해야 하는가?

인간이 베푼 은혜에도 항상 감사하며 평생 빚 진자의 마음으로 살아가는 것이 당연한 도리인데, 하나님의 아들 그리스도가 우리를 살리기 위해 십자가에서 죽으셨다는 은혜 앞에 얼마나 감사하고 있는가? 참된 사랑을 경험해야 사랑이 무엇인지를 알게 되고, 사랑을 알아야 비로소 진정한 사랑을 할 수 있게 되는 것이 아닐까! 바로 이런 사랑의 순환 과정은 하나님의 사랑으로부터 시작되었음을 잊지 말아야 한다.

예수 그리스도가 우리를 위하여 목숨을 버리셨음으로 우리가 사랑이 무엇인지를 알게 되었다. 그리고 우리가 사랑할 수 있는 것은 하나님이 우리를 먼저 사랑하셨기 때문이다요일 4:19. 사도 바울도 '우리가 아직 죄인 되었을 때에 하나님의 아들 예수 그리스도께서 우리를 위하여 죽으심으로 확증된 것이 바로 우리를 향한 하나님의 사랑이었음'롬 5:8을 강조한다. 이 하나님의 사랑을 경험한 사람만이 사랑의 진정한 가치를 깨닫게 되어, 이웃을 향해 눈을 돌리게 되고, 온 맘으로 사랑하게 되며, 더 나아가 손해보고 희생하는 사랑을 당연한 것으로 여기게 된다. "하나님의 사랑이 우리에게 이렇게 나타난 바 되었으니 하나님이 자기의 독생자를 세상에 보내심은 그로 말미암아 우리를 살리려 하심이라 사랑은 여기 있으니 우리가 하나님을 사랑한 것이 아니요 하나님이 우리를 사랑하사 우리 죄를 속하기 위하여 화목 제물로 그 아들을 보내셨음이라 사랑하는 자들아 하나님이 이같이 우리를 사랑하셨은즉 우리도 서로 사랑하는 것이 마땅하도다"요일 4:9-11.

이웃을 위해 목숨까지도 내놓을 수 있는 희생까지 요구하는 것이 성경이 말하는 사랑이다. 하나님의 아들이신 예수 그리스도가 십자가에서 죽으신 살신성인(殺神成仁)의 은혜로 인해 영생의 축복을 받았음이 고백 되면 이웃을 내 목숨같이 사랑하는 살신성인(殺身成仁)은 당연한 이치이다. 그래서 예수 그리스도는 우리를 향해 '서로 사랑하라 내가 너희를 사랑한 것 같이 너희도 서로 사랑하라'라고 명령하셨다요 13:34. 예수 그리스도가 우리를 위해 십자가에서 피 흘려 죽으심으로 사랑한 것 같이 우리도 서로 사랑해야만 하는 당위성의 명령이다. 이 명령은 아직 예수님을 믿지 않는 세상사람들이나 이제 막 신앙 생활을 시작한 초신자에게 주어진 것이 아니다. 그동안 예수님과 함께 동고동락하며 복음의 진리를 듣고 경험했던 제자들에게 주어진 명령이다. 다시 말해, 하나님을 아버지라 부르는 믿는 성도들에게 반드시 필요한 것이 바로 사랑이라는 말씀이다. 서로 사랑하라는 말씀이 명령 그 자체로만 머물러 있어서는 안된다. 반드시 우리 삶 속에 실제로 적용되어야 한다. 우리가 서로 서로를 위해 목숨 바쳐 올인(all-in)하는 사랑을 하게 될 때 세상은 우리가 예수 그리스도의 참된 제자인 줄 알게 되는 것이다요 13:35. 하나님은 모든 믿는 자에게 아버지이시다 그리고 사랑이시다. 하나님을 아버지라 부를 수 있는 관계적 축복만이 아니라 하나님의 본질적 성품인 사랑을 경험하고 그 사랑을 이 세상에 삶으로 실천하는 것이 예수 그리스도가 선포한 복음의 본질인 것이다.

그럼 우리가 사랑해야 할 '서로'는 누구인가? '이웃'은 누구인가? 누가복음 10장을 보면 우리가 잘 알고 있는 '선한 사마리아 사람' 비유가 기록되어 있다. 유대인의 한 율법교사가 어느 날 예수님께 나아와 영생을 얻으려면 무엇을 해야 하냐고 질문하자, 예수님께서는 율법(성경)에 어떻게 기록되어 있느냐고 반문하셨다. 그리고 율법교사가 '하나님 사랑'과 '이웃 사랑'이라고 대답하자 예수님은 "네 대답이 옳도다 이를 행하라 그러면 살리라"라고 답하셨다. 영생의 능력은 율법을 암기

하는 것이 아닌 바로 그 율법대로 행함에 있음을 예수님은 강조하셨던 것이다. 율법에 기록된 대로 '하나님을 사랑하고 이웃을 사랑하라'는 명령을 삶 속에서 실천하는 것이 바로 영생을 소유한 믿음의 증거이다. 이 성경적 진리를 율법교사도 이미 알고 있었을 것이다. 그런데 율법교사는 자신을 옳게 보이려고 예수님께 다음과 같은 질문을 던졌다: "그러면 내 이웃이 누구니이까?" 이 질문은 율법대로 사랑을 행함에 있어 그 적용하는 대상이 누구여야 하는가에 대한 문제 제기였던 것이다.

이에 대해 예수님은 선한 사마리아인의 비유를 들어 강도 만난 사람의 이웃이 누구인지를 말씀하셨다. 그러나 율법교사는 당시 유대인들이 경멸하며 무시했던 '사마리아 사람'이 강도 만난 사람의 이웃이라고 말하지 않고 에둘러 "사랑을 베푼 사람"이라고 답하였다. 서로 사랑하라는 계명에 대해 당시 유대인들이 걸려 넘어진 부분이 바로 '서로'라는 단어였다. 유대인들은 '서로'의 범위를 같은 민족 또는 유대교로 개종한 사람들로 국한하였다. 유대인들이 사랑해야 하는 이웃 개념에는 이방인이라는 단어는 빠져 있었던 것이다. 성경에 기록된 '서로'와 '이웃'에는 그 어떤 차별이나 예외 또는 선택이 없다. 사랑하지 못할 사람도 사랑하는 것이 성경이 말하는 사랑이며, 가치가 없다고 여겨지는 사람에게 가치를 부여하는 것이 사랑인 것이다. 구원받을 만한 가치가 전혀 없는 우리를 살려 주신 것이 바로 예수 그리스도의 십자가 사랑이다. 그 사랑을 안다면, 그 사랑에 빚진 자의 마음이 있다면 서로(이웃)를 사랑하는 것은 당연한 것이 된다. 성경은 오늘도 분명히 선포한다. "사랑은 모든 율법의 완성이다"롬 13:10, 갈 5:14.

다시 복음 앞으로!

예수 그리스도가 십자가에서 이루신 은혜의 선물, 기쁨과 감사의 좋은 소식을 사도 바울은 '하나님의 복음'롬 1:1, '그의 아들의 복음'롬 1:9, '그리스도의 복음'롬 15:19, 그리고 '우리 주 예수의 복음'살후 1:8이라 고백하고 있으며, 오직 복음만이 구원을 이루는 하나님의 능력이라고 선포하였다롬 1:16. 그러나 하나님의 복음은 예수 그리스도가 이 땅에 오신 후에서야 비로소 선포된 좋은 소식이 아니다. 성경에 이미 기록되어 있던 하나님의 비밀이 예수 그리스도가 이 땅에 오심으로 인해 온 세상에 밝히 드러나게 된 것이다롬 16:25-26, 고전 2:7. 성경은 그리스도의 오심에 대해 처음부터 줄곧 한결같이 예언하여 왔다. 창세기 3:15을 보면, 뱀으로 묘사되는 사탄이 여자의 후손으로 오실 예수 그리스도를 통해 패망할 것을 예언하고 있다. 이 구절은 성경에서 최초로 제시된 메시아에 대한 예언으로 학자들은 이 구절을 가리켜서 '원시복음' 또는 '원복음'(*protoevangelium*)이라고 부르고 있다. 이 '원복음'의 말씀을 잘 설명하고 있는 것 중에 하나가 2004년에 개봉된 '패션 오브 더 크라이스트'(Passion of the Christ)라는 영화이다. 예수 그리스도의 마지막 12시간을 주제로 만든 이 영화는 예수 그리스도가 겟세마네 동산에서 기도하실 때에 뱀으로 상징되는 사탄이 다가오는 모습을 보여주면서 시작된다. 그러나 사실, 복음서뿐만 아니라 신약성경 그 어디를 봐도 겟세마네 동산에서 기도하고 있는 예수님에게 뱀이 다가왔고, 그리고 그 뱀의 머리를 예수님이 짓밟았다라는 기록은 없다. 단지 이 영화가 말하고자 했던 것은 창세기 3:15의 예언이 예수 그리스도에 의해 이루어졌음을 보여주려 했던 것이다.

사도 바울은 언제 어디서나 성경에 기록된 대로 이루어진 복음을 증거하면서, 자신의 인생이 예수 그리스도에 속한 것이라 고백하였으며롬 1:6, 그 그리스도의 복음을 이방에 전하는 것을 자신의 사명으로 받아들였다롬 1:16, 행 9:15-16, 13:47. 그리고 또한, 복음을 향한 헌신은 교회 지도자들이나 교역자들에게만 해당되는 것이라 모든 성도들이 마땅히 감당해야 할 신앙적 책무임을 분명히 밝히고 있다. "값으로 산 것이 되었으니 그런즉 너희 몸으로 하나님께 영광을 돌리라"고전 6:20. 죄의 노예 상태에 있던 우리에게 자유를 주시기 위해 하나님은 다른 어떤 값이 더 이상 요구되지 않는 완벽한 대가를 지불하셨다. 그 지불된 대가가 예수 그리스도가 십자가에서 흘리신 피이다. 그러므로 바울은 우리 성도로 하여금 '몸으로 하나님께 영광을 돌리라'고 권면한다. 이는 단순히 육신적 거룩함으로 하나님께 영광을 돌리라는 의미라기보다는 보다 포괄적으로 삶 전체를 통하여 하나님의 영광을 드러내야 함을 강조하는 것이다. 십자가 은혜가 무엇인지를 가슴 속 깊이 깨달은 성도라면 오직 하나님의 영광만을 위해 살아가야 한다.

사도 바울이 갈라디아에 있는 성도들을 향해 편지를 쓰게 된 직접적인 동기도 우리를 죄의 노예에서 구속해준 그리스도의 복음 때문이었다. 갈라디아 교회 성도들이 예수 그리스도의 복음에서 떠나 '다른 복음'을 추구하고 있다는 소식을 들은 바울은 아마도 단숨에 달려가 그들의 잘못된 신앙을 바로잡아 주고 싶었을 것이다. 예수 그리스도의 복음을 율법적으로 해석하며 적용하는 유대주의자들의 주장을 아무 저항 없이 받아들이고 있는 갈라디아 성도들의 얼굴을 직접 대면하면서 다시 한번 복음과 구원이 무엇인지에 대한 특강(rebuild-up) 강좌를 열고 싶었을 것이다. 그러나 지리적-시간적 제약으로 인해 우선 급한 대로 편지를 통해 그들이 다시 복음 앞으로 돌아올 수 있도록 권면한 것이 바로 갈라디아서이다^{갈 1:6-9}. 사도 바울의 사명은 단지 복음이 무엇인지를 가르쳐주는 성경공부 또는 세례를 베푸는 종교적 선교에 있지 않았다^{고전 1:17}. 하나님의 복음을 듣고 받아들인 모든 사람들이 그 복음의 본질인 예수 그리스도를 마음으로 믿고 입으로 시인하는 신앙인을 만드는 것이었다^{롬 10:9-10}.

바울이 말하고 있는 '마음으로 믿고 입으로 시인한다'라는 것은 단순히 입술로 고백하는 신앙의 선포를 가리키는 것이 아니다. '마음과 입으로 믿는다'는 것은 마음에 생각하는 것과 그 생각이 입 밖으로 나타나 표출되는 것이 동일한 삶을 의미한다. 하나님의 말씀을 듣고, 그 듣고 깨달은 말씀이 마음 속에 뜨거움으로 감동을 일으키고, 그리고 그 감동받은 대로 살아가는 삶, 바로 그것이 바울이 교회에 보낸 편지에서 강조하고 있는 참된 믿음이다. 바울뿐만 아니라, 복음서 저자들도 동일한 신앙적 교훈을 기록하고 있다. 마태복음 속에 기록된 예수님은 "나더러 주여 주여 하는 자마다 다 천국에 들어갈 것이 아니요 다만 하늘에 계신 내 아버지의 뜻대로 행하는 자라야 들어가리라"라고 권면하셨다. 입으로만 '주여, 주여'하는 것이 아니라[마 7:21, 15:8] 그 입으로 고백되는 '주'가 삶 속에서 증거되는 삶, 바로 그런 삶을 사는 것이 정답의 인생임을 가르치셨던 것이다.

오늘날 거리에 나가 복음을 선포하면, 세상 사람들로부터 자주 듣는 반응은 '당신이나 잘하세요, 목사나 잘하세요, 교회나 잘하세요'이다. 이런 현실이 참으로 안타깝고 받아들이기에 힘들지만, 그들의 반응이 전적으로 틀렸다라고만 할 수 없는 것이 사실이다. 교회가 교회답지 못한 모습을 보여주고 있고, 목사가 목사답게 행동하지 못하고 있고, 성도가 세상과 구별되어 살지 못하고 있는 현실을 부인할래야 부인할 수 없는 아픔과 애통이 21세기 교회 앞에 놓여진 최대 과제 중의 하나요 해결해 나가야 할 도전인 것이다. 2000년전 베들레헴 들판에서 천사들의 입을 통해 선포된 복음은 예수 그리스도의 삶, 죽음, 부활을 통해 온전히 이루어졌다. 복음은 그 어떤 신학적 교리나 신앙적 논리가 아니다. 그 어떤 성경적 지식 속에 갇혀 있는 추상적 개념도 아니다. 복음은 실제 삶 속에서 생명을 창출해내는 살아있는 말씀의 운동력이요, 세상을 하나님의 나라답게 변화시키는 행동의 본(모범)인 것이다. 바로 이 복음의 능력을, 예수 그리스도가 다시 오실 그날까지, 계속해서 끊임없이 선포하고 이루어가야 할 책무가 교회에게, 우리 성도들에게 있는 것이다.

그럼 어떻게 하면 그 복음의 능력을 올바로 증거하며 제대로 이루어 갈 수 있을까? 오늘날 교회가 당면하고 있는 문제 중에, 어쩌면 모든 교회가 심각하게 고민하고 있는 문제 중에 하나가 Sunday Christianity(일요일의 기독교)의 현상일 것이다. 월요일부터 토요일까지는 세상 속에 살다가 주일이라 부르는 일요일에만 하나님을 찾고 경배하려 하는 이원화된 정체성을 갖고 있는 기독교인들이 점점 많아지고 있는 모습을 교회 안에서, 특히 대형교회안에서 어렵지 않게 찾아볼 수 있다. 복음서에 보면 예수님은 '포도나무와 가지' 비유를 설명하면서, 성도들은 그 어느 때나 장소를 불문하고 항상 포도나무에 붙어있어야 함을 말씀하셨다요 15:1-6. 포도나무 가지인 성도들이 포도나무인 예수님에게 붙어있지 않으면 스스로 열매를 맺을 수 없고, 결국에는 말라버려 불에 던져지게 됨을 경고한 말씀이다. 그런데 오늘날 성도들의 월요일부터 토요일까지의 삶을 보면 포도나무에서 떨어지거나 아니면 끝부분만 간신히 붙어있으면서 세상적으로 살다가, 주일날 교회에 나와서 다시 예수님께 붙어 영양과 수분을 공급받는 모습을 보여줄 때가 참으로 많이 있다. 사실 월요일부터 토요일까지 세상 속에 거하면서 말라 죽지 않고 버티는 그 자체만으로도 기적이 아닐 수 없다. 가지가 포도나무에 붙었다가 떨어지고, 그러다 다시 붙는 과정을 반복하고 있는 오늘날 기독교인에 대해 사도 바울은 "내가 그리스도와 함께 십자가에 못박혔나니 그런즉 이제는 내가 사는 것이 아니요, 오직 내 안에 그리스도께서 사시는 것"갈 2:20이라고 간증한다.

2000년전 하나님의 천사가 선포한 복음, 성경에 기록된 대로 이루어진 복음, 그 복음은 단지 일요일에만 해당되는 종교적 신념이나 체계가 아니다. 교회 안에서만 이루어가는 종교적 선포나 예전적 고백도 아니다. 일요일에만 교회 가서 예배 드리는 경건의 모양을 흉내 내는 삶이 아닌, 1년 365일 예수 그리스도의 형상을 닮아가는 신앙이 2000년전 베들레헴 들판에서 선포된 복음이다. 일요일부터 토요일까지 '주의 날' (주일)로 살아가는 신앙, 예수 그리스도의 장성한 분량이 충만한 데까지 이르는 신앙의 모습이 살아있는 믿음이요 성령으로 역사하는 능력의 믿음인 것이다. 이런 믿음만이 예수 그리스도의 복음이 참된 진리이며 유일한 구원의 길임을 온누리에 증거할 수 있다.

지금 여러분의 믿음은 과연 어떤 모습인가? 삶 속에서 믿음의 증거나 능력이 나타나고 있는가? 지금까지 몇 번이나 '당신은 진정한 크리스천이다'라는 고백을 들어 보았는가? 이 세상을 떠나가는 날 남아있는 가족과 친지들에게 '나처럼 신앙생활 하라'고 당당한 유언을 할 수 있을 만큼 지금 세상과 구별된 삶을 살고 있는가? 이 질문들이 여러분의 삶을 다시 복음의 본질 앞으로 인도해 줄 것이다.

5

십자가에서 이루어진 복음

"형제들아 내가 너희에게 나아가 하나님의 증거를 전할 때에 말과 지혜의
아름다운 것으로 아니하였나니 내가 너희 중에서 예수 그리스도와 그의 십
자가에 못 박히신 것 외에는 아무 것도 알지 아니하기로 작정하였음이라"
고전 2:1-2

여러분의 인생 중에 가장 중요한 순간은 무엇이었는가? 가장 최고의 순간은 무엇이었는가? 인류역사 속에 가장 중요한 최고의 순간을 뽑으라면 성도들은 최소한 하나님의 천지창조, 그리스도의 성육신 탄생, 그리고 그리스도의 십자가 죽음은 거론할 것이다. 특히 예수 그리스도가 십자가에서 물과 피를 다 쏟으시며 그 영이 떠나가실 때 하신 '다 이루었다'의 말씀은 우리의 폐부를 찌르는 완전한 사랑의 선언이었다. "예수께서 신 포도주를 받으신 후에 이르시되 다 이루었다 하시고 머리를 숙이니 영혼이 떠나가시니라"요 19:30. 창세 전에 계획된 하나님의 전인류와 온 우주에 대한 구속 역사가 '다 이루었다'(테텔레스타이)의 선포로 완성되었다. 이 선포는 예수 그리스도가 어떤 일을 성취하였다는 의미가 아니라, 하나님이 그리스도를 통하여 이루고자 하신 일들이 온전히 다 이루어졌음을 의미하는 신적 수동태(divine passive)의 선언이다. 그래서 문법적으로 보면 '그 일이 이루어졌다'(it is finished)라고 번역되어야 한다. 예수 그리스도의 죽음으로 '그 일'은 단번에 또한 영원히 완벽하게 이루어졌다롬 6:10, 히 7:27.

하나님의 구속 역사의 뜻을 죽기까지 순종하며 완전하게

다 이루신 예수 그리스도의 겸손과 사랑이 흐르고 있는 것이 골고다 언덕위에 세워졌던 십자가이다. 예수 그리스도의 죽음으로 잔인하고 혐오스러운 형벌의 상징이자 수치와 모욕의 상징신 21:23이었던 십자가가 기독교의 중심이 되었고 복음의 본질이 되었다. 사실, 기독교 초창기의 문헌이나 자료들을 보면 십자가 교회를 상징하는 최초의 표식은 아니었다. 초대교회 시절 주로 사용되었던 표식은 공작('불멸'), 비둘기('성령'), 월계관('승리'), 그리고 물고기 그림 등이었다. 물고기 형상이 사용되어진 이유는 물고기라는 헬라어 '이크튀스'(ΙΧΘΥΣ)가 '예수 그리스도, 하나님의 아들, 구세주'(Ἰησοῦς Χριστός, Θεοῦ Υἱός, Σωτήρ)라는 헬라어 단어들의 첫 글자를 합성한 단어이기 때문이다. 물고기 표식은 예수 그리스도의 오병이어의 기적을 암시하며 특히 기독교가 핍박 받던 시절 예수 그리스도에 대한 신앙을 은밀하게 고백하였던 상징으로 누가 성도인지를 구별해주는 암호였다. 이런 초창기 표시나 상징들은 비록 함축적이지만 예수 그리스도가 누구이며 무엇을 하였는가에 대해 나름대로의 설명을 하고 있음으로 기독교가 어떤 종교인지를 보여주는데에 문제가 되지 않았을 것이다. 그러나 기독교의 신앙을 대표하는 상징으로 자리잡은 것은 그런 초기 표식들이 아니고 십자가였다.

교회는 복음의 본질을 하나의 상징으로 압축하여 보여줌에 있어서 예수님의 탄생이나 공생애 사역을 택하지 않았으며, 심지어 예수님의 가르침이나 성령의 은사를 택하지도 않았다. 오로지 예수님의 죽음이 선포된 십자가였다. 십자가는 예수님이 이 땅에 오신 이유이며, 하나님의 예정하신 뜻이 이루어진 카이로스이다. 어제나 오늘이나 내일에도 동일하게 영원한 구원의 은혜를 선포하는 곳이 바로 예수 그리스도의 십자가이다. 십자가는 하나님의 지혜와 능력의 본질 그 자체이며, 하나님의 구속 역사를 계시하는 카이로스의 정점이다^{고전 1:18-24, 2:1-10}. 따라서 십자가는 시간과 공간을 초월하여 모든 성도의 신앙고백이 되어야 한다. 십자가가 빠진 복음은 복음이 아니다. 십자가 복음은 그리스도를 믿는 모든 자에게 구원을 주시는 하나님의 능력이다. 이 복음의 능력이 지금 '나'의 삶 속에서 증거되고 있는가? 사도 바울은 오늘도 확신에 차 대답한다. '나의 복음과 예수 그리스도를 전파함은 영세 전부터 감추어졌다가 이제는 나타내신 바 되었다…"^{롬 16:25-26}.

'나의 복음'과 십자가

사도 바울이 로마에 있는 교회를 향해 쓴 편지를 보면 '나의 복음'롬 2:16, 16:25이라는 단어가 나온다. 나의 복음! 예수 그리스도의 복음 외에 다른 복음은 없다고 공개적으로 천명하며, 만약 다른 복음을 만들거나 주장하는 사람이 있다면, 설사 하늘의 천사라도 저주받을 것이라고 선포한갈 1:6-9 바울은 왜 '나의 복음'이라는 단어를 사용하였을까? 그 당시 교회내에 있던 율법주의적 유대인들이 비판하였듯이, 바울은 복음을 변질시키며 자신만의 신학을 주장한 거짓 사도였던 것일까?

갈라디아 교회에 보낸 편지에서 바울은 자신이 전한 복음이 바른 복음임을 변증하기 위해 복음의 신적 기원에 대해 강조한다. "형제들아 내가 너희에게 알게 하노니 내가 전한 복음은 사람의 뜻을 따라 된 것이 아니니라"갈 1:11. 사람에게서 받은 것도 그리고 배운 것도 아니라 오직 예수 그리스도의 계시를 통해 받은 것이 바로 복음임을 분명히 밝히고 있다갈 1:11-12. 더 나아가 그리스도의 복음은 하나님의 감동하심으로 기록된 성경에 써 있는 그대로 이루어진 것임을 강조하며 복음의 신적 기원을 확증하고 있다. "내가 받은 것을 먼저 너희에게 전하였노니 이는 성경대로 그리스도께서 우리 죄를 위하여 죽으시고 장사 지낸 바 되셨다가 성경대로 사흘 만에 다시 살아나사"고전 15:3-4. 성경이 예언한 대로 죽으시고 성경이 예언한대로 부활하셨다. 이것이 바로 사도 바울이 전한 복음의 핵심이다. 따라서 바울은 오직 예수 그리스도의 십자가만을 자랑하고 증거하였으며, 그 십자가에 대한 믿음으로 갈라디아 교회 성도들이 거듭나야 함을 강조하였다갈 6:14. 바울이 고린도에서 선교할 때, 그 당시 수사학적 언어의 세련됨과 헬라 지혜의 탁월함으로 복음을 증거하지 않았던 이유도 바로 예수 그리스도와 그의 십자가 외에는 그 어떤 것도 알지 않기로 결심하였기 때문이다고전 2:2. 어쩌면, 고린도로 가기 전에 아덴에서의 복음 전파 경험을 통하여 화려한 언어나 철학적 지혜로는 복음을 바로 전할 수 없다는 사실을 깨달았는지도 모른다. "하나님의 어리석음이 사람보다 지혜롭고 하나님의 약하심이 사람보다 강하다"고전 1:25라는 사실을 깨달은 바울은 예수 그리스도의 십자가야 말로, 비록 세상은 거리끼며 미련한 것이라고 여기지만, 하나님의 지혜와 능력이라고 선포하였다.

그러므로, 사도 바울이 사용한 '나의 복음'이라는 단어는 그 어떤 다른 복음을 언급하는 것이 아니다. 바울 자신이 삶으로 경험하며 증거해온 믿음을 고스란히 담고 있는 신앙의 진솔한 고백이다. 다메섹 도상에서 만난 부활하신 예수 그리스도, 그 예수님으로부터 받은 복음을 믿음으로 받아들인 사도 바울의 신앙의 정수가 바로 '나의 복음'이라는 선포인 것이다. 다른 사람이 경험한 복음의 간접적 또는 지식적 습득이 아닌, 사도 바울 자신의 가슴을 뜨겁게 만들었던 복음, 예수님의 빛으로 인해 앞을 보지 못하며 감겨 있던 두 눈에 뜨거움의 눈물 자락을 만들었던 복음, 바로 그 복음의 감동을 바울은 '나의 복음'이라는 단어로 표출하였던 것이다. 더 나아가 자신이 체포하고 고문하고 핍박했던 사람들의 입에서 고백되었던 예수 그리스도, 그들이 죽어가면서도 끝까지 지켰던 복음, 스데반이 순교하면서 보았던 그 예수님의 영광을 사도 바울도 직접 보았음을 '나의 복음'이라는 고백 속에 증거하고 있는 것이다.

사도행전을 보면 스데반 집사가 순교하기전 복음을 전할 때 그의 얼굴이 천사의 얼굴 같았다고 기록하고 있다^{행 6:15}. 사실 사도행전을 기록한 누가는 당시 스데반이 순교당하는 현장에 없었다. 그럼 누가는 스데반의 얼굴이 천사 같았음을 어떻게 알았을까? 당시 현장에 있었던 바울로부터 전도여행을 함께하면서 들었을 것이다. 사도 바울은 그리스도의 복음을 목숨 바쳐 전파하는 스데반의 얼굴에서 천사의 얼굴을 보았고 그 눈부신 얼굴은 바울의 기억 속에 강한 충격으로 남아있었던 것이다. 잊을래야 잊을 수 없는 스데반의 천사 같은 얼굴은 마침내 누가에게 전해져 성경에 기록되었으며, 심지어 바울의 모습 마저도 바꾸어 놓았다. 주후 2세기경에 쓰여진 '바울과 테크라의 행적'(The Acts of Paul and Thecla)이라는 외경을 보면 사도 바울을 다음과 같이 묘사하고 있다. "대머리와 휜 다리에 눈썹은 서로 맞닿고 코는 매부리에 단신의 다부진 체구를 가진 호감에 찬 사나이, 그는 인간의 모습에 천사의 얼굴을 가진 자이다."

사도 바울에게 '복음'은 더 이상 간접적 진술이나 피동적 경험이 아닌, 자신의 마음 깊은 곳에서부터 고백되어지는 영혼의 진솔한 울림이자 동시에 신앙을 유지하는 능동적 원동력이었다롬 1:16. 따라서 바울이 고백한 '나의 복음'은 바울 자신이 삶 속에서 예수 그리스도의 십자가를 직접 체험하고 경험한 실제적 복음이며, 동시에 그 경험한 십자가의 은혜와 능력을 땅끝까지 전파한 선교적 복음이었다. 오늘날 이탈리아 로마를 가보면 바로 이 사도 바울이 고백했던 '나의 복음'을 외쳤던 수 많은 성도들의 믿음의 흔적을 찾아볼 수 있다. 그 신앙의 발자취가 고스란히 보존되고 있는 곳 중에 하나가 바로 카타콤(catacombe)이라는 지하 무덤이다. 사실 로마 하면 제일 먼저 생각나는 것은 로마제국이 남겨 놓은 역사, 문화적 유산과 더불어 바티칸의 종교적 유산일 것이다. 그 중에서도 콜로세움, 성 베드로 성당 등 대표적인 유적지를 둘러보면 지난날 로마제국과 중세 교황청을 통해 세워진 역사적 장엄함과 종교적 엄숙함, 그리고 예술적 승화를 느낄 수 있다. 그러나 로마를 찾는 기독교인들의 마음에 복음적 뜨거움과 감동을 주는 곳은 아마도 그런 곳들은 아닐 것이다. 로마를 방문하는 기독교 신자들이라면 한번쯤은 찾아가는 곳 중에 하나가 카타콤일 것이다. '낮은 지대의 모퉁이'라는 의미를 갖고 있는 카타콤은 나폴리, 몰타, 아프리카, 소아시아 등 여러 지방에서 찾아볼 수 있는데 특히 로마 근교에 많이 분포되어 있다.

로마시내에서 약 한 시간 정도 근교로 나가면, 유럽 전체에서 잘 보존된 지하 무덤 중의 하나로 알려진 '싼칼리스트' 카타콤이라는 성지가 있다. 지하 무덤 안이 워낙 방대하고 미로가 많아 안내원 없이는 출입이 허락되지 않는 그 카타콤을 순례하다 보면 기독교 초기 성도들이 로마제국의 박해를 피해 어떻게 신앙을 지키며 살았는지에 대해 경외감으로 머리가 숙여지게 된다. 죽음도 불사하며 예수 그리스도의 복음이 '나의 복음'임을 고백하였던 믿음의 선진들이 신앙을 지키기 위해 숨어든 카타콤, 그 곳에서 울려 퍼졌을, 비록 소리는 크게 못 냈지만 영혼 깊은 곳에서 감동의 뜨거움으로 고백된 '나의 복음'의 찬양 소리가 아직도 그 카타콤 안에서 메아리치고 있음에 전율과 감동을 동시에 느끼게 된다. 시간과 역사를 뛰어넘어 계속해서 기독교인들에게 신앙의 도전과 감동을 주고 있는 소위 '카타콤 신앙'은 아이러니하게도 로마제국의 기독교 핍박에 의해 피어난 성령의 열매임을 기억해야 한다.

만약 로마제국의 기독교 핍박과 박해가 없었더라면 초대교회는 과연 어떤 모습으로 역사 속에 기록되었을까? 한가지 확실한 것은 고난과 시련이 없었더라면 '카타콤'은 그저 한낱 고대 지하 묘지의 모습으로 남아있었을 것이다. 성경의 기록뿐만 아니라, 기독교 역사를 보아도 알 수 있듯이, 교회가 태동하던 시기부터 지금까지 성도들을 향한 핍박과 고난은 계속해서 있어 왔다. 초기 기독교의 신학과 선교를 정립한 사도 바울도 예외가 아님을 성경은 증거하고 있다. 사도 바울은 그의 동역자들과 함께 지금의 터키 지역과 유럽 대륙을 순회하며 복음을 전하고 교회를 개척해 나감 속에 매를 맞고, 투옥당하며, 강도를 만나고, 죽을 고비를 넘기는 시련과 고난을 수 없이 겪었음을 자서전적으로 기록하고 있다고후 1:8-9, 6:3-10, 11:23-27. 이런 선교적 고난을 사도 바울은 하나님의 은혜로 해석하고 있다. "그리스도를 위하여 너희에게 은혜를 주신 것은 다만 그를 믿을 뿐 아니라 또한 그를 위하여 고난도 받게 하려 하심이라"빌 1:29. 이 얼마나 놀라운 신앙의 고백인가! 고난도 은혜라는 고백은 그리스도의 십자가가 무엇인지를 바로 깨닫고 경험한 고백이며, 그리스도의 복음이 나의 복음으로 체험된 성도만이 고백할 수 있는 진리이다. 예수 그리스도를 위해 고난 받는 것도 하나님의 은혜라는 진리를 사도 바울은 이미 다메섹 도상에서 부활하신 예수님을 만났을 때에 깨달았다. "주께서 이르시되 가라 이 사람은 내 이름을 이방인과 임금들과 이스라엘 자손들에게 전하기 위하여 택한 나의 그릇이라 그가 내 이름을 위하여 얼마나 고난을 받아야 할 것을 내가 그에게 보이리라 하시니"행 9:15-16. 바로 이것이 예수 그리스도의 십자가가 증거하고 있는 역설적 은혜이다. 로마제국의 기독교 핍박과 '카타콤 신앙'의 역설을 설명할 수 있는 열쇠는 오직 예수 그리스도의 십자가뿐이다.

십자가가 열어 놓은 길

성경에는 많은 역설의 비유내지 예화가 나오는데, 그 중에서도 예수 그리스도의 말씀과 가르침은 역설의 진리를 보여주고 있다. 예를 들면 '죽어야 산다,' '낮아져야 높아진다,' '좁은 길로 가라,' '원수를 사랑하라' 등 언뜻 보기에는 앞뒤가 안 맞는 모순처럼 보이지만 실은 그 안에 삶의 지혜와 영생의 원리가 담겨 있다. 그래서 종교 개혁을 이끌었던 마틴 루터는 '오늘 성경을 배우고 싶다면 먼저 역설적으로 생각하는 법을 배워야 한다'고 강조하면서, 인류 역사 속에 보여진 역설 중 가장 위대한 역설의 극치는 바로 예수 그리스도의 십자가라고 고백하였다. 그리스도의 십자가는 마틴 루터에게 신학의 출발점이자 종결점이었으며, 당시 중세 스콜라주의 신학자들이 주장한 '영광의 신학'에 반해 무엇이 참된 진리의 신학인지를 깨닫게 해주었다(참고로 루터의 신학을 '십자가 신학'이라 부른다).

　미국 웨스트민스터 신학교에서 역사신학을 담당하는 C.R. 투루만 교수가 지난 2016년 합동신학대학원에서 열린 종교개혁 500주년 특별 강좌에서 다음과 같이 영광의 신학과 십자가 신학을 비교 대조하였다. "영광의 신학은 예수 그리스도께서 십자가에 달리셨을 때 종교지도자들, 군병들 그리고 왼편 강도의 사상이라고 할 수 있다. 십자가에서 내려와 보라고 소리치며, 십자가에서 내려오면 왕으로 인정하겠다고 하는 그들의 사상이 바로 영광의 신학이다. 반면에 십자가 신학은 오른편 강도가 십자가에서 힘없이 죽어가는 예수를 바라보며 주의 나라 임하실 때 나를 기억해 달라고 고백했던 마음이다(참고로 성경에는 구원받은 강도가 어느 쪽 강도인지 밝히지 않고 있다). 세상의 모든 희망이 사라져 버린 그 십자가에서 오직 예수 그리스도만으로 영원한 소망을 발견하는 것이 바로 십자가 신학이라고 할 수 있다." 한 마디로 십자가 신학은 인간적 범주의 사상을 뛰어넘는 하나님의 생각인 반면, 영광의 신학은 하나님을 인간적 방법으로 대하는 인본주의적 생각이다.

마틴 루터는 십자가가 주는 신학적 메시지를 설명하면서, 특히 "하나님의 어리석음이 사람의 지혜보다 더 지혜롭고 하나님의 연약함이 사람보다 더 강하다"고전 1:25라는 말씀에 주목하였다. 이는 십자가에서의 죽음은 어리석고 무력해 보이지만 그 십자가 죽음을 통해 이루어진 부활의 영광과 승리가 바로 하나님의 지혜와 능력이라는 역설적 고백이다. 영광은 고난을 통해 주어지며, 부활은 죽음을 통해 이루어지는 은혜를 깨닫게 해주는 것이 바로 예수 그리스도가 스스로 달리신 십자가라는 사실을 사도 바울은 성경에 기록하였고 마틴 루터는 역사 속에 강조하였던 것이다. 죽음 없는 부활은 있을 수 없다. 고난 없는 영광은 한낱 모래성 위에 쌓아 놓은 한 순간의 덧없음 같을 뿐이다. 이 진리를 깨닫게 해주는 것이 바로 그리스도의 십자가이다. 이 십자가가 주는 역설의 지혜는 오직 예수 그리스도의 복음이 나의 복음으로 고백될 때 깨닫고 증거되는 하나님의 은혜이다.

요한복음을 보면 부활하신 예수님이 베드로에게 장차 그가 어떻게 죽을 것인지에 대해 알려 주는 기록이 있다. "내가 진실로 진실로 네게 이르노니 네가 젊어서는 스스로 띠 띠고

원하는 곳으로 다녔거니와 늙어서는 네 팔을 벌리리니 남이 네게 띠 띠우고 원하지 아니하는 곳으로 데려가리라"요 21:18. 초대교회 전승에 의하면, 이 예언대로 베드로는 십자가에서 순교한 것으로 알려져 있다. 특히 '베드로 행전'이라는 외경을 보면, 베드로의 순교에 대하여 다음과 같이 구체적으로 기록하고 있다. 로마제국이 기독교인들을 핍박하고 박해하기 시작하자, 교회의 권고를 받아들여 베드로는 은밀히 로마를 떠나 피신하기로 결정하였다. 변장을 하고 안전하게 로마 성문을 벗어난 베드로는 아피아 가도를 따라 내려가다가 앞에서 마주 오시는 부활하신 예수 그리스도를 만나게 된다. 예수님께 다가간 베드로는 "주여 어디로 가시나이까?"(Quo Vadis, Domine?) 라고 물었고, 이에 대해, 예수님은 "네가 버리고 도망간 로마로 가서 십자가에 못박히려 한다"라고 대답하였다. 베드로가 "주님, 십자가에 다시 못박히시겠다는 말씀입니까?"라고 반문하자, 예수님은 "그렇다. 나는 다시 십자가에 못박힐 것이다" 라고 대답하였다. 그제서야 베드로는 예수님의 말씀을 깨닫고 도망가던 길을 돌려 로마로 돌아가 십자가에 달려 순교하였는데, 이때 베드로는 예수님과 똑같은 방식으로 죽을 수 없다고 말하면서 십자가에 거꾸로 매달려 순교하였다고 전해진다. 베드로에게 과연 십자가는 무엇이었길래 자청해서 거꾸로 매달려 순교하였던 것일까?

기원전 1세기 로마 철학자요 정치가인 키케로는 '인간이 고안한 형벌 중 가장 잔인하고 처참한 것이 바로 십자가 처형'이라고 지적하였다. 키케로의 지적대로, 십자가 처형은 너무 가혹하고 치욕적이어서 로마사람들에게는 행하지 않았다. 그 당시 유대인들도 신명기 21:22-23에 의거하여 나무에 매달린 자는 저주를 받은 자로 여겼을 만큼 로마제국(세상)과 유대교(종교)는 십자가의 본질적 의미를 제대로 깨닫고 있지 못했다. 그럼 성경에서 말하고 있는 십자가의 본질은 무엇인가? 이 질문에 대해, 예수 그리스도의 십자가를 믿는 초기 성도들을 그 당시에 '그 도(the Way)를 따르는 사람들'이라고 부르고 있었다는 사실에 주목해야 한다. "다메섹 여러 회당에 가져갈 공문을 청하니 이는 만일 그 도를 따르는 사람을 만나면 남녀를 막론하고 결박하여 예루살렘으로 잡아오려 함이라"행 9:2. '그리스도인'행 11:26, 26:28, 벧전 4:16이라고도 불렸던 성도들을 무슨 근거로 '그 도' 또는 '그 길'을 따르는 사람들이라고 지칭하였던 것일까?

성경을 보면, 하나님이 이루시는 종말론적 구원을 설명함에 있어 '길'이라는 단어가 자주 사용되고 있다. 특히 이사야서를 보면, 하나님이 그의 백성들에게 '그분의 길'을 가르쳐 주실 것이고, 그리고 그들이 '그 길'로 행할 때에 비로소 하나님의 거룩한 성전에 도달할 수 있음을 예언하고 있다사 2:3. 그럼 '그분의 길'이란 구체적으로 어떤 길을 가리키는 것일까? 이에 대해 이사야 35:8을 보면, "거기에 대로가 있어 그 길을 거룩한 길이라 일컫는 바 되리니 깨끗하지 못한 자는 지나가지 못하겠고 오직 구속함을 입은 자들을 위하여 있게 될 것이라 우매한 행인은 그 길로 다니지 못할 것이며"사 35:8라고 기록하며 오직 하나님의 은혜로 구속함을 받은 성도만이 거룩한 길로 다닐 수 있음을 예언한다. 그 길이 아무리 큰 대로라 할지라도 그 어느 누구나 다닐 수 있는 길이 아니며, 그 길로 들어서기 위해서는 분명한 자격을 갖추어야 함을 강조한다. 바로 그 자격이란 하나님의 은혜로 주어지는 구속함이다. 따라서 이 예언은 그리스도의 보혈로 구속함을 받지 못한 자들, 즉 거룩하지 못한 자들은 절대로 어린양의 생명책에 기록될 수 없으며

새 예루살렘안으로 들어갈 수 없음을 보여주는 것이다계 21:27.

　　그럼 그 길은 어디에 있는가? 인간은 그 거룩한 길을 만들거나 찾을 수도 없다. 오직 하나님만이 그 길을 예비하시어 보여주실 수 있다. 이 진리를 이사야 40:3은 다음과 같이 설명한다. "외치는 자의 소리여 이르되 너희는 광야에서 여호와의 길을 예비하라 사막에서 우리 하나님의 대로를 평탄하게 하라"사 40:3. 하나님의 구속 받은 성도만이 다닐 수 있는 거룩한 길은 바로 광야에서 여호와가 오시는 길이며 사막으로부터 만들어진 하나님의 대로이다. 여호와 하나님이 오셔야 구속함의 은혜를 받아 그 거룩한 길로 나아갈 수 있는 것이다. 그럼 왜 여호와 하나님은 풀 한 포기 나지 않는 광야와 사막으로 오시는 것일까? 하나님은 인간이 생각하는 방법이나 상식을 뛰어넘어 전혀 오실 법하지 않은 곳으로부터 오실 것을 암시하는 것이다. 하나님을 거부하고 죄악이 넘쳐나는 땅(세상), 척박하고 소외된 땅(갈릴리), 선한 것이 날 것 같지 않은 땅(나사렛), 그리고 예루살렘 왕궁이 아닌 베들레헴 구유로 오실 것을 예언하는 것이다. 그러므로, '그 분의 길'이란 '여호와 하나님이 오시는 길'이자 동시에 '하나님의 백성들이 나아가는 거룩한 길'이다. 오직 하나님의 구속함을 입은 성도만이 들어갈 수 있는 구별된 길이 여호와 하나님의 오심으로 인해 만들어질 것을 선지자 이사야는 예언하였던 것이다.

이 예언대로, 하나님은 그의 독생자를 이 땅에 메시아로 보내셨고, 메시아가 오시는 길을 세례 요한이 예비하였으며, 그리고 메시아로 오신 예수님은 하나님의 뜻을 받들어 죽기까지 순종하심으로 십자가를 지셨던 것이다빌 2:6-8. 그 십자가에 예수 그리스도가 매달려 숨을 거두실 때에, 어둠이 3시간 동안 온 세상을 덮었으며, 땅이 진동하며 바위가 갈라지는 지진이 일어났고, 급기야는 예루살렘 성전의 성소 휘장이 위에서 아래까지 두 쪽으로 찢어지는 놀라운 사건들이 일어났음을 복음서는 기록하고 있다마 27:45, 51, 막 15:37-38. 성소와 지성소를 가로막고 있던 휘장이 아래에서 위로 찢어진 것이 아니라, 위에서 아래로 찢어졌다는 사실은 바로 하나님이 그 휘장을 둘로 찢으셨음을 보여주는 것이다. 성소 휘장이 위로부터 아래까지 둘로 찢어진 사건을 히브리서는 이렇게 설명하고 있다. "그러므로 형제들아 우리가 예수의 피를 힘입어 성소에 들어갈 담력을 얻었나니 그 길은 우리를 위하여 휘장 가운데로 열어 놓으신 새로운 산 길이요 휘장은 곧 그의 육체니라"^{히 10:19-20}.

'휘장은 곧 그의 육체'라는 표현은 지성소(하나님의 임재)로 나아가는 길을 가로막고 있던 성소 휘장이 둘로 찢어진 사건과 예수 그리스도의 십자가 죽음을 동일한 관점으로 보고 있음을 암시한다. 따라서 그 찢어진 휘장 가운데 열린 '새로운 산 길'(new and living way)은 바로 예수 그리스도가 십자가에서 죽으심으로 인해 만들어진 생명의 길을 의미하는 것이다. 바로 이 '새로운 산 길'이 오래 전 선지자 이사야가 예언했던 여호와 하나님이 오시는 길이요, 하나님의 구속 받은 백성들이 나아가는 거룩한 길이다. 그리고 그 활짝 열린 '산 길'을 통해 성령님께서 이 땅에 오셨고^{요 16:7}, 성령님의 오심으로 인해 '하나님이 우리와 영원히 함께 하시겠다'^{사 7:14, 마 28:20}라는 '임마누엘'의 약속이 온전히 이루어지게 되었다. 이것이 바로 구약과 신약이 한 목소리로 증거해온 십자가의 진리이다. 이 땅에 메시아로 오신 예수 그리스도의 십자가가 바로 하나님께로 나아가는 유일한 거룩한 길이요, 동시에 하나님이 성령을 보내신 축복의 길임을 오늘도 성경은 선포하고 있다.

십자가를 지고 가는 길

그럼 왜 예수 그리스도는 십자가를 지셔야만 했는가? 이에 대해 성경은 "피 흘림이 없이는 죄 사함을 받을 수 없다"라고 답변하고 있다[히 9:22]. 죄로 인해 죽을 수밖에 없었던 하나님의 백성을 구속하기 위해 죄 없으신 예수 그리스도가 그들 대신 십자가에서 피 흘려 죽으셨던 것이다. 이런 대속과 구원을 이루는 십자가 죽음에 대해 성경은 이미 예수님의 공생애 시작부터 암시하고 있다. 공관 복음서를 보면 예수님의 공생애는 세례 요한에게 세례를 받음으로 시작되었음을 알 수 있다. 성경에서 말하는 세례란 죄를 자복하고 회개함을 통해, 죄에 대해 죽고 예수 그리스도와 함께 다시 살아남을 의미한다. 그래서 죽음을 의미하는 행위로 물 속으로 들어갔다가, 다시 새로운 생명을 얻어 물 밖으로 나오는 예식을 거행하는 것이다. 따라서 우리가 죄에 대해 죽고 그리스도 안에서 새롭게 살아간다는 것을 보여주는 것이 세례이다. 예수님을 구주로 고백하는 신앙과 제자됨을 공개적으로 선언하는 것이 세례이다. 그렇다면 죄가 하나도 없으신 예수님은 왜 세례를 받으셨는가? 사실 세례 요한은 예수님이 자신에게 다가와 세례를 받고

자 할 때에 처음에는 거절하였다. 그러나 예수님이 "이제 허락하라 우리가 이와 같이 하여 모든 의를 이루는 것이 합당하니라"마 3:15라고 강변하자 세례 요한은 순종하며 세례를 베풀었다. 여기서 예수님이 세례를 받음으로 이루려 하신 '모든 의'는 무엇을 의미하는 것일까? 이에 대해 성경은 "하나님이 죄를 알지도 못하신 이를 우리를 대신하여 죄로 삼으신 것은 우리로 하여금 그 안에서 하나님의 의가 되게 하려 하심이라"고후 5:21라고 답하고 있다. 예수님은 죄인인 우리를 대신해서 세례를 받으심으로, 우리의 죄악이 씻김을 받아 의롭다 칭함을 받을 수 있는 대속과 구원의 길을 보여주셨다. 그리고 세례를 통해 보여준 구속의 길을 온전히 이룬 것이 바로 예수님이 지신 십자가이다. 세례 요한은 자신에게 세례를 받은 예수님을 '세상 죄를 지고 가는 하나님의 어린 양'이라고 고백하였다요 1:29. 세상 죄를 지기 위해 예수님은 세례를 받으셨고 그리고 십자가에 못박혀 죽으셨던 것이다. 따라서 예수님이 받으신 세례는 예수님이 달려 죽으신 십자가를 가리키는 예표였던 것이다.

그러나 오늘날 현실적으로 볼 때에, 대부분의 성도들은 예수 그리스도가 십자가에서 이룬 구속의 은혜를 올바로 누리지 못하며 살아가고 있다. 특히 인생 속에 감당하기 힘든 고난과 어려움을 만나게 되면, 예수님의 십자가가 베푼 은혜에 감사하기는 커녕, '도대체 왜 나에게만 이렇게 무거운 십자가를 지라고 하는가'라는 불평과 원망과 탄식이 나올 때가 많다. 다른 사람이 지고 가는 십자가보다 내 십자가가 더 무거워 보이며 힘들어 보일 때도 있다. 어쩌면 고난과 시련이 없는 십자가를 소망하고 있는지도 모른다. 사실 예수님도 십자가를 지시기 바로 전에 "내 마음이 심히 고민하여 죽게 되었다"막 14:34 라고 말씀하시며, 십자가를 지는 것이 얼마나 힘들고 어려운 것임을 보여주셨다. 하나님의 아들 예수님도 그토록 피하고 싶으셨던 십자가, 그러나 결국 그 십자가를 지심으로 인해 하나님의 뜻이 이루어졌고, 그 은혜로 인해 오늘날 우리들이 구원의 영생을 값없이 받게 되었다. 그래서 십자가는 억지로라도 지고 가야한다. 비록 힘이 들고 쉽지 않은 길이라 할지라도 십자가를 지고 가야 한다. 억지로라도 십자가를 지고 가면 하나님의 축복과 은혜를 경험하게 되어있다.

성경에 보면 예수님의 십자가를 억지로 지고 가다 구원의 은혜를 받은 사람이 나온다. "마침 알렉산더와 루포의 아버지인 구레네 사람 시몬이 시골로부터 와서 지나가는데 그들이 그를 억지로 같이 가게 하여 예수의 십자가를 지우고"막 15:21. 마가복음을 쓴 저자는 예수님의 십자가를 억지로 지고 간 사람의 이름을 어떻게 알고 있었을까? 그 사람이 구레네 출신이라는 것을 어떻게 알았을까? 그리고 그 사람에게 두 아들이 있었고 그들의 이름은 알렉산더와 루포라는 사실을 어떻게 알고 있었던 것일까? 이 질문들에 대해 성경은 아무런 설명을 하고 있지 않다. 그러나 시몬의 출신지역과 그 아들들의 이름이 성경에 기록되어 있다는 점을 고려할 때, 그는 초대 교회내에서 꽤 알려진 사람이었음을 유추해 볼 수 있다. 성도들 사이에서 인지도가 높다는 것은 단순히 예수님의 십자가를 억지로 지고 간 사람으로 기억한다라기 보다는 예수님을 인격적으로 만나 구원의 은혜를 받은 믿음 좋은 성도로 기억하고 있는 것은 아닐까! 어쩌면 시몬은 많은 교회들을 순회하며 그가 골고다 언덕에서 만난 예수님과 예수님의 십자가를 간증하였는지도 모른다. 예수님의 복음이 더 이상 다른 사람들의 간증이 아닌, 시몬 자신의 입술로 고백하는 '나의 복음'을 뜨거움의 감동으로 전하고자 여러 회당으로 교회로, 그리고 세상으로 나아갔을 것이다. 2000년전 예수 그리스도가 매달렸던 십자가, 그 십자가의 영광뿐만 아니라 고난도 지금 '나의 복음'으로 고백 되고 있는가? 억지로라도 십자가를 지고 간 그 은혜 때문에 시몬 자신뿐만 아니라 그의 두 아들의 이름까지도 영원토록 성경책에 기록되는 축복을 누리게 되었던 것이다. 십자가를 '억지로' 지고가다 보면 언젠간 '스스로' 십자가를 지고가는 능력과 은혜를 경험하게 될 것이다.

성경은 오늘도 우리에게 '자신의 십자가를 지고 예수 그리스도를 따르라'고 명령한다. "이에 예수께서 제자들에게 이르시되 누구든지 나를 따라 오려거든 자기를 부인하고 자기 십자가를 지고 나를 따를 것이니라"마 16:24. 예수 그리스도의 복음이 '나의 복음'으로 고백 되는 성도라면 그 누구도 예외없이 먼저 자기를 부인하고 자기 십자가를 지고 예수 그리스도를 따라 가야한다. 억지로라도 자기 십자가를 지고 따라가야 한다. 그러나 예수 그리스도를 따라가기 위해서는 우선 먼저 '자기를 부인'하는 것이 필요하다는 사실을 잊어서는 안된다.

'자기 부인'(self-denial)에는 크게 두 가지의 영적 의미를 내포하고 있다. 첫째, 내가 누구인지를 바로 아는 것이다. 그렇다면 지금 나는 내가 누구인지를 알고 있는가? '나는 누구인가?'라는 질문에 대부분의 사람들은 자신의 이름이 무엇이며 가족들은 어떻게 되는지 등의 신상명세적인 답을 하거나, 또는 사회적으로 어떤 위치에 있으며 무슨 일을 하고 있는지에 대한 정보적 지식을 제공하려 할 것이다. 심지어 교회에서 어떤 임직을 맡고 있으며, 무슨 사역을 하고 있는지에 대해서도 설명하려 할 것이다. 그럼 '나'라는 존재는 무엇인가? '나'에 관한 정보가 아닌 '나' 자체는 누구인가? 이 질문에 올바로 답하는 것이 바로 '자기를 부인'하는 출발점이 된다.

누가복음 5장을 보면 예수님이 그의 제자들을 부르시는 소명의 사건이 기록되어 있다. 특히 베드로가 예수님의 소명에 순종하며 나아갈 때에 보여준 첫번째 모습이 바로 자기를 부인하는 고백이었다. 예수님은 밤새도록 그물을 던졌으나 한 마리의 고기도 잡지 못한 베드로에게 '깊은 데로 가서 그물을 내려 고기를 잡으라'라고 말씀하셨으며, 이 말씀에 순종한 결과 베드로는 그물이 찢어질 정도로 많은 물고기를 잡게 되었다. 베드로는 누구인가? 물고기 잡는 어부이다. 어부에게 만선은 삶의 목표이자 자존감의 절정이다. 드디어 베드로에게

'빈배'가 가득 채우고도 넘쳐나는 '만선'의 대박이 터졌던 것이다. 그런데, 그런 대박의 행운을 잡은 베드로가 참으로 이해할 수 없는 행동을 하였음이 성경에 기록되어 있다. 베드로는 물고기로 가득 찬 배를 바라보며 춤을 추거나 기뻐하기는커녕, 오히려 예수님 앞으로 나아가 엎드리며 "주여 나를 떠나소서 나는 죄인이로소이다"눅 5:8라고 고백하였다. 이 고백이 주는 의미는 무엇인가? 베드로는 왜 그랬을까? 삶의 익숙한 현장에서 체험한 기적을 통해 베드로는 예수님이 거룩하신 하나님의 아들 '주'이심을 분명히 깨달았고, 그 깨달음을 통해 자신이 누구인지를 바로 보았던 것이다. 하나님의 아들이신 예수님 앞으로 나아가 엎드린 베드로는 자신이 한없이 부끄러운 죄인임을 고백하였다. 베드로는 누구인가? 바로 죄인이었던 것이다. 이런 본질적 깨달음을 통해 베드로는 자기 자신을 부인하고 '사람 낚는 어부'로 쓰임 받을 수 있었던 것이다.

유진 피터슨이 강조하였듯이, '내가 누구인지를 발견하는 곳은 내 안이 아니라 바로 하나님 앞이다.' 내가 누구인가를 보여주는 삶의 현장(가정, 교회, 일터 및 일상) 속에서 '나'라는 존재가 하나님의 피조물이고 본질상 죄인이라는 사실이 가슴으로 고백 될 때 비로소 2000년전 예루살렘 골고다 언덕 위에 세워졌던 예수 그리스도의 십자가가 보이게 된다. 예수 그리스도의 십자가 앞으로 나아가 무릎 꿇고 내 자아를 보는 것, 그 것이 바로 '자기 부인'의 출발점이다. 내 죄로 말미암아 받아야 할 하나님의 진노와 심판을 다 받아낸 대속의 십자가 앞으로 나아가 내가 누구인지를 바로 깨닫는 것으로부터 자기 부인은 시작되는 것이다.

두번째로 '자기 부인'은 나의 나 됨을 내려 놓는 것이다. 내가 누구인지를 바로 깨달으면 하나님 앞에 엎드리게 되어있다. 인생을 살아감 속에 나의 의지, 생각, 방법 등을 내려놓고 하나님의 말씀대로 순종하며 살아가는 것이 정답의 길임을 인정하게 된다. 내 인생의 주인은 내가 아니라 하나님이심을 삶으로 보여주는 것이 자기를 부인하는 삶의 본질이다. 이런 삶의 모습을 잘 보여주는 것이 사도 바울의 '배설물' 고백이다. 자기 자신이 '죄인 중의 괴수'임을 깨달은 바울은 삶의 주도권을 주님께 온전히 드렸던 것이다. "그러나 무엇이든지 내게 유익하던 것을 내가 그리스도를 위하여 다 해로 여길뿐더러 또한 모든 것을 해로 여김은 내 주 그리스도 예수를 아는 지식이 가장 고상하기 때문이라 내가 그를 위하여 모든 것을 잃어버리고 배설물로 여김은 그리스도를 얻고 그 안에서 발견되려 함이니 내가 가진 의는 율법에서 난 것이 아니요 오직 그리스도를 믿음으로 말미암은 것이니 곧 믿음으로 하나님께로부터 난 의라"빌 3:7-9

세상이 부러워할 정도로 뛰어난 자격들을 갖춘 바울은 그 자격들이 복음의 본질에 비추어 볼 때 전혀 자랑이나 강점이 될 수 없음을 빌립보 성도들을 향해 분명히 밝히고 있다. 그리스도를 아는 지식이 가장 고상하다는 것을 깨닫고 난 후에 바울은 과거에 유익함으로 보이는 모든 것들을 이제는 배설물의 무익한 것으로 여기게 되었다고 고백한다(참고로 '배설물'은 음식 찌꺼기, 몸 밖으로 나온 배설물, 또는 짐승이 먹다 남긴 시체나 인분처럼 역겨운 것을 의미한다). 본 문맥에서, 바울은 '예수 그리스도를 아는 지식의 고상함과 세상적 배설물'을 비교 평가할 때 회계(손익 계산서) 용어를 사용하면서 무엇이 유익이고 손해인지를 확실하게 보여준다. 그리고 유익과 손해를 평가하는 기준으로 '그리스도를 위하여'라는 신앙 원칙을 제시하였다. 이 기준을 근거로 바울은 이 세상 모든 것들을 평가하였던 것이다. 평가한 결과, 바울은 이 세상 모든 것들을 배설물로 여기고 그 대신에 그리스도를 얻었다고 고백하였으며, 이 고백은 인생의 주권이 오로지 예수님께 있음을 보여주는 신앙의 혁명적 선언이었다.

일인칭인 내가 인생의 주권을 움켜잡으려 하는 사람은 삶의 본질적인 축복을 누리지 못한다. 예수님께 자신의 인생을 온전히 맡기지 못하는 인생은 세상 속으로 점점 파묻혀 들어가 메말라가며 죽어간다. 세상이 주는 정욕과 탐욕에 의해 점점 부패하고 썩어 들어간다. 그러나 인생의 모든 것을 예수님께 맡기는 사람은 참된 평강과 안식을 얻을 수 있다. "수고하고 무거운 짐 진 자들아 다 내게로 오라 내가 너희를 쉬게 하리라"마 11:28. 바울처럼 '오직 예수'의 삶을 사는 성도뿐만 아니라 아직은 부족하고 연약한 성도들에게도 예수님은 늘 항상 함께 하시며 위로하시고 힘이 되어 주신다. 삶의 무게에 지치고 힘들어 주저 앉고 싶을 때마다 예수님은 말씀하신다. '내게로 오라'. 예수님께로 나아가면 문제가 해결된다. 인생의 정답을 보게 된다. 그리고 기쁨이 충만한 삶을 살게 된다. 그런데 그 축복을 얻기 위해서는 반드시 선결되어야 할 것이 있다.

"나는 마음이 온유하고 겸손하니 나의 멍에를 메고 내게 배우라 그리하면 너희 마음이 쉼을 얻으리니 이는 내 멍에는 쉽고 내 짐은 가벼움이라 하시니라"마 11:29-30.

　　참된 평강과 안식의 축복을 얻기 위해서는 먼저 예수님의 멍에를 메고 배워야한다. 예수님이 이 땅에 오시기 전 인류는 두 가지 멍에를 메고 살아왔다. 하나는 죄의 멍에요 다른 하나는 율법의 멍에이다. "그러므로 한 사람으로 말미암아 죄가 세상에 들어오고 죄로 말미암아 사망이 들어왔나니 이와 같이 모든 사람이 죄를 지었으므로 사망이 모든 사람에게 이르렀느니라"롬 5:12. "이 율법의 말씀을 실행하지 아니하는 자는 저주를 받을 것이라 할 것이요 모든 백성은 아멘 할지니라"신 27:26. 인간은 누구나 이 세상에 태어나면 죄의 멍에를 메지 않을 수 없다. 이 멍에가 심히 무거운 이유는 그 죄값이 바로 사망이기 때문이다롬 6:23. 그래서 하나님은 그 죄를 깨닫게 하시려고 인간에게 율법을 주셨다. 그러나 율법 또한 우리에게 또 다른 멍에가 되어버렸다. 율법으로는 하나님의 의를 얻거나 영원한 생명을 구할 수 없고 단지 죄인이라는 사실만을 깨닫게 될 뿐이다.

이같은 인생들을 향하여 오늘도 예수님은 '나의 멍에를 메고 내게 배우라'고 권면하고 계신다. 예수님 당시, 대개 두 마리의 동물을 하나의 멍에를 매게 하고 농기구나 수레를 끌게 한 배경을 고려할 때, 예수님의 멍에를 매라는 것은 예수님이 이미 매고 있는 멍에의 다른 한 쪽에 고개만 집어넣으라는 의미이다. 예수님은 지금 멍에를 매고 모든 짐의 무게를 홀로 감당하고 계신다. 우리는 그저 멍에의 다른 한쪽에 고개만 집어넣기만 하면 된다. 이 얼마나 싶고 가벼운 멍에인가! ("내 멍에는 쉽고 내 짐은 가벼움이라 하시니라"). 예수님이 매고 있는 멍에에 고개를 집어넣고 그저 예수님이 인도하시는 대로 따라 가기만 하면 된다. 인생의 주도권을 예수님께 드리고 따라가기만 하면 된다. 그러나 예수님의 멍에에 고개를 집어넣고서도 내가 가고자 하는 대로 갈려고 하면 문제가 발생한다. 내 뜻대로 의지대로 갈려고 하면 멍에의 모든 무게를 감당해야하는 시련과 어려움이 뒤 따르게 되어있다. 어떨 때는 감당할 수 없는 고통과 시련이 수반되기도 한다. 그러나 하나님의 아들 주 예수 그리스도가 말씀하신 대로 따라가기만 하면, 그 인생은 참으로 쉽고 가벼운 인생길이 되는 것이다. 그 길이 바로 자기

를 부인하고 십자가를 지고 가는 삶이다. '억지로'가 '스스로'
가 되는 날, 그날이 오면 십자가를 지고가는 삶이 얼마나 축복
되고 영광스러운 인생인지를 깨닫게 될 것이다.

주후 4세기 사막의 성자로 불리는 주교 마카리우스의 영
성은 철저한 십자가 영성이었다. 특히 그의 수도사적 영성은
동방 정교회뿐만 아니라 서방 프란시스코 수도원을 거쳐 존
웨슬리와 오늘날 경건주의 흐름에까지 지대한 영향을 미쳐왔
다. 마카리우스 주교에 관한 교회 전설에 의하면, 어느 날 그
가 꿈을 꾸었는데 그 꿈 속에서 주님이 십자가를 지시고 힘겹
게 걸어가고 계신 것을 보게 되었다. 그래서 마카리우스는 주
님께로 달려가 십자가를 대신 지겠다고 말씀드렸다. 하지만
놀랍게도 주님은 그가 안중에도 없다는 듯이 그저 십자가를
지고 묵묵히 걸어가실 따름이었다.

마카리우스는 또 다시 주님께로 달려가 간청했다.

"주님, 제발 저에게 십자가를 넘기십시오."

그러나 이번에도 주님께서는 그를 모른 체하시며 십자가
를 양 어깨위에 힘들게 걸쳐 매고 묵묵히 걸어가기만 하셨다.
마카리우스는 가슴이 아프고 당혹스러웠지만, 그래도 끈기 있

게 주님 곁에 다가가 십자가를 넘겨 달라고 다시 애원했다. 그러자 주님께서는 발걸음을 멈추더니 마카리우스를 향해 몸을 돌리셨다. 그리고는 마카리우스가 예수님을 처음 목격했던 자리를 손으로 가리키며 다정하게 말씀하셨다.

"아들아, 이것은 내 십자가란다. 네가 조금 전에 내려놓은 네 십자가는 저기 있지 않느냐? 내 십자가를 대신 져주려고 하기 전에 네 십자가부터 먼저 지고 나르면 좋겠구나."

마카리우스는 뒤로 돌아 주님이 가리키신 지점으로 달려가 보았다. 그는 얼른 그 곳에 있는 자신의 십자가를 걸머지고 주님이 기다리시는 곳으로 되돌아왔다. 돌아와 보니 놀랍게도 주님의 어깨에 걸려 있던 십자가가 온데간데 없었다.

"주님! 주님의 십자가는 어디로 간 겁니까?" 마카리우스가 주님에게 물었다.

주님은 빙긋이 웃으며 대꾸하셨다.

"아들아, 네가 사랑으로 네 십자가를 질 때는 내 십자가를 지는 것이나 다름없단다."

십자가 복음과 고난의 역설

"그리스도께서 나를 보내심은 세례를 베풀게 하려 하심이 아니요 오직 복음을 전하게 하려 하심이로되 말의 지혜로 하지 아니함은 그리스도의 십자가가 헛되지 않게 하려 함이라 십자가의 도가 멸망하는 자들에게는 미련한 것이요 구원을 얻는 우리에게는 하나님의 능력이라"**고전 1:17-18**

지난 2010년 번역 출판된 '행복의 조건'이라는 책을 보면, 미국 하버드 대학교에서 814명을 대상으로 72년에 걸쳐서 인간의 행복에 대해 연구 조사한 내용이 수록되어 있다. 이 책에 의하면, 하버드 연구팀은 "행복이란 사람의 힘으로 통제 가능한 7가지 조건을 50대 이전에 얼마나 갖추느냐에 달려있다"고 결론 짓고 있다. 인간의 행복을 결정짓는 7가지 조건은 1) 고난에 반응하는 성숙한 자세, 2) 평생학습, 3) 안정적인 결혼생활, 4) 규칙적인 운동, 5) 적당한 체중, 6) 금연, 7) 절주(알코올중독 경험 없음)이다. 이 연구 결과를 볼 때에 놀라운 사실은 건강하고 행복한 삶을 가꾸는 조건 중에 돈, 명예, 권력, 학벌 등 일반적으로 생각하는 행복 조건들이 없다는 점과 7가지 조건 중 '고난에 대처하는 자세'가 가장 중요하다는 연구 결과이다. 한 마디로 '고난에 어떻게 대처하는가'가 인생을 건강하고 행복하게 만드는 열쇠라고 주장한다. 신학교도 아니고 종교 기관도 아닌 일반 대학교에서 연구한 결과가 성경에서 말하고 있는 인생 진리와 참으로 대동소이하다는 점에 놀라지 않을 수 없다.

십자가의 고난과 죽음

예수 그리스도의 복음은 구속의 은혜뿐만 아니라 십자가의 고난도 우리의 몫이라고 선포하고 있다. 그래서 기독교 절기 중에 성탄절과 부활절만큼 중요한 것이 사순절이다. 사순절은 부활절까지 주일을 제외한 40일 동안의 기간을 말하며 교회는 이 기간 동안 예수 그리스도의 삶과 십자가의 고난, 그리고 부활 등을 묵상하며 근신하고 회개하는 경건의 시간을 갖는다. 특히 사순절의 마지막(여섯 번째) 주일인 종려주일로부터 시작되는 고난 주간은 예수님의 십자가 고난을 묵상하는 주간이다. 복음서를 보면 예수님이 예루살렘으로 입성할 때에 많은 사람들이 종려나무 가지를 흔들며 큰 소리로 '호산나'라 찬양하며 경배하였다[마 21:1-11, 막 11:1-11, 눅 19:28-38, 요 12:12-19]. 바로 이러한 세상적, 정치적 '호산나'를 소망한 군중의 외침이 예수 그리스도의 고난 주간을 알리는 시작이 된다는 점과 그리고 그 '호산나'의 외침이 '십자가에 못 박으라'라는 함성으로 변하는 데에는 불과 일주일도 채 걸리지 않았다는 점이 참으로 아이러니가 아닐 수 없다.

예수 그리스도의 십자가 고난과 죽음은 자신을 따라다니

며 정치적, 군사적 메시아를 꿈꾸어 왔던 사람들의 배신으로
부터 출발하고 있음을 성경은 기록하고 있다. 예수 그리스도
가 행하던 수 많은 기적과 표적의 '퍼포먼스'(performance)가
막을 내리자, 열광하며 환호성을 지르며 따라다녔던 종교적
'팬'(fan)들은 미련 없이 그 자리를 떠나갔다. "그 때부터 그의
제자 중에서 많은 사람이 떠나가고 다시 그와 함께 다니지 아
니하더라"요 6:66. 성경에 언급된 예수님의 제자는 크게 세부류
로 구분된다. 첫째는 예수님과 동고동락한 열두 제자 곧 사도
들을 지칭하고, 둘째는 사도들을 제외한 보다 넓은 의미의 제
자를 의미하며눅 19:37, 마지막으로는 예수님이 이 세상을 떠나
가신 후에도 믿음을 지키며 교회를 세워가는 그리스도인이다
행 9:1. 이 세부류 중에서 요한이 언급한 예수님을 떠난 제자는
두번째 부류의 사람들이다. 이들은 예수님의 말씀도 듣고 병
고침도 받으려고 찾아오는 일반 백성들과는 구별되었으며, '큰
무리'로 일컬어질 만큼 그 수가 많았다눅 6:17. 예수님을 따르던
제자들의 큰 무리 중에서 상당수가 자신들의 종교적 기대와
세속적 욕구가 충족되지 않자 미련없이 자리를 박차고 일어나
떠나갔던 것이다. 그들은 자기를 부인하고 자기 십자가를 지

지 못하고 예수님을 버리는 변절의 우를 범하였다. 그리고 그들 중에 많은 사람들은 자신들이 원하는 대로 공연(entertainment)이 이루어지지 않자 화를 내며 분노를 표출하였다. 바로 그 분노(정치적, 종교적 분노)의 정점이 예수 그리스도를 십자가에서 처형한 사건이다. 고난과 죽음의 십자가를 통해 하나님의 평화(화목)가 온전히 이루어진 사건은 인간이 이해할 수 없는 '아이러니'이자 '역설'이었던 것이다.

그럼 왜 모든 것을 이미 알고 계셨던 하나님의 아들이신 예수 그리스도는 묵묵히 고난과 핍박을 감당하였던 것일까? 이에 대한 답은 십자가를 지시기전 겟세마네 동산에서 기도하셨던 예수님을 통해 알 수 있다. "이르시되 아빠 아버지여 아버지께는 모든 것이 가능하오니 이 잔을 내게서 옮기시옵소서 그러나 나의 원대로 마시옵고 아버지의 원대로 하옵소서 하시고"막 14:36. 예수님이 모든 고난과 핍박을 감내하며 십자가를 지셨던 이유는 바로 하나님 아버지의 뜻을 이루기 위함이었다. 그럼 예수님이 이루고자 한 하나님의 뜻은 무엇인가? 예수님이 이 땅에 오시기 약 800년 전에 예언된 이사야서를 보면 그 하나님의 뜻이 무엇인지가 분명하게 계시되어 있다. 이사야서 전반부에는 하나님의 아들이신 메시아의 도래사 7:14, 9:1-7, 11:1-10, 중반부에는 메시아의 사역사 40-55장, 그리고 하반부에는 종말론적 메시아의 나라사 56-66장에 대한 예언이 기록되어 있다. 특히 이사야 53:10-11을 보면 "여호와께서 그에게 상함을 받게 하시기를 원하사 질고를 당하게 하셨은즉 그의 영혼을 속건제물로 드리기에 이르면 그가 씨를 보게 되며 그의 날은 길 것이요 또 그의 손으로 여호와께서 기뻐하시는 뜻을 성취하리로다. 그가 자기 영혼의 수고한 것을 보고 만족하게 여길 것이라 나의 의로운 종이 자기 지식으로 많은 사람을 의롭게 하며 또 그들의 죄악을 친히 담당하리로다"라고 예언되어 있다.

선지자 이사야는 앞으로 오실 메시아가 하나님이 기뻐하시는 뜻을 성취하게 될 것이며, 바로 그 뜻은 메시아가 스스로 자신을 희생 제물로 드려('자기 영혼을 버려'사 53:12) 많은 사람의 죄를 대속하고 그로 인해 그들을 의롭게 만드는 것이라고 선포하고 있다. 바로 이 하나님의 뜻을 이루어 감속에 메시아가 고난을 받을 수밖에 없는 역설적 이유를 이사야 53:5은 이렇게 설명한다. "그가 찔림은 우리의 허물 때문이요 그가 상함은 우리의 죄악 때문이라 그가 징계를 받으므로 우리는 평화를 누리고 그가 채찍에 맞으므로 우리는 나음을 받았도다." 첫 번째로 메시아의 '찔림과 상함'은 우리의 '허물과 죄악'때문이다. 메시아가 받아야 하는 고난은 자신의 죄에 대한 하나님의 심판이 아니라, 우리 죄로 인해 감당해야 할 하나님의 심판에 대한 대속적 찔림이자, 상함이요, 죽음이었던 것이다. 이러한 대속의 은혜를 받은 성도라면 최소한 2000년전 골고다 언덕 위에 세 개의 십자가가 세워져 있었음을 알고 있을 것이다. 예수님의 십자가와 그리고 그 양 옆에 두 강도가 달린 십자가가 있었다. 그럼 왜 하나님은 골고다 언덕 위에 세개의 십자가를 세우셨던 것일까? 예수님의 십자가만 우뚝 세워 온 세상에 하나님의 뜻을 선포할 수도 있었을 텐데, 무엇 때문에 두 강도가 매달린 십자가까지 함께 세웠던 것일까? 그것은 다름아닌 두 강도가 못 박혔던 십자가가 바로 우리가 매달렸어야 할 십자가이기 때문이다. 본질상 진노의 자식으로 영원히 죽을 수밖에 없었던 우리들이 십자가에 못 박혔어야만 했는데, 골고다 언덕 중앙에 서 있는 또 다른 십자가로 인해 대속의 은혜를 받았던 것이다. 바로 그 십자가가 죄 없으신 예수 그리스도가 우리 죄를 위해 대신 짊어지신 십자가이다. 예수 그리스도는 우리 죄의 한 복판에 오셔서 십자가를 지셨다. 우리의 허물과 죄악 때문에 십자가에서 고난 받고 죽으셨던 것이다.

　고대 근동 문헌을 보면, 십자가 처형은 로마시대에 들어와 처음으로 고안된 것이 아님을 알 수 있다. 최소 주전 800년전 신 앗시리아 시대부터 시행되었으며, 이에 영향을 받은 페르시아와 페니키아에서도 십자가 처형이 자주 시행되었음이 기록에 남아 있다. 로마제국에 들어와 특히 예수님 당시 1세기에 행해진 십자가 처형은 주로 로마 정권에 대항했던 혁명분자 또는 정치범들을 처형하기 위한 사형방법으로 사용되었다. 일반적으로 십자가 처형은 죄수가 십자가에 매달리게 되면 몸이 처지면서 숨쉬기가 곤란해지고 근육경련과 질식현상으로 수 시간내에 혼수상태에 빠져 죽게 만드는 가장 잔인한 사형 방법이었다. 그러나 로마제국은 십자가형을 집행해가면서 죄수가 금방 죽지 않고 장시간 매달려 있으면서 고통을 최대한으로 느낄 수 있는 장치를 고안해 냈다. 죄수가 십자가에서 몸을 최소한으로 지탱할 수 있도록 받침대를 만들어주어 며칠에 걸쳐 고통 속에 서서히 죽어가게 만든 것이다. 그래서 보통 성인 남자의 경우 아무리 연약하다 할지라도 최소 하루 이상은 십자가에서 버티며 고통 속에 죽어갔다고 전해진다.

성경을 보면 예수님은 오전 9시에 십자가에 달리시고 오후 3시에 숨을 거두셨음을 알 수 있다막 15:25, 마 27:45-50. 예수님 양 옆에 매달렸던 두 강도는 아직 죽지 않아 그들의 다리를 부러뜨려야만 했는데, 예수님은 하루도 못 버티시고 6시간만에 스스로 숨을 거두셨다. 그럼 왜 예수님은 단지 6시간 밖에 못 버티셨던 것일까? 십자가를 지시기전 로마 군인들의 채찍과 매질 속에 이미 많은 피를 흘리셨기 때문일까? 십자가형에 처해진 죄수들은 일반적으로 혹독한 고문과 매질을 당한 후에 십자가에 달렸다고 한다. 죄수들이 십자가에 못박혀 매달리면 우선적으로 고통받는 것이 호흡이다. 십자가에 달려 있게 되면 몸의 무게가 폐를 짓눌러 숨 쉬기가 힘들어진다. 그런데 만약 무엇인가가 죄수들의 양 어깨를 천근만근으로 누른다면 얼마나 더 버틸 수 있을까? 십자가에 달리신 예수님의 양 어깨 위에 놓여 있던 것이 바로 우리의 죄악이다. 예수님의 심장과 폐부를 사정없이 짓눌렀던 것이 바로 우리 죄악의 무게였던 것이다.

우리의 죄악을 감당하신 예수님의 십자가가 얼마나 고통스럽고 무거운지에 대해 시편 기자는 다음과 같이 예언적으로 서술하고 있다. "내 힘이 말라 질그릇 조각 같고 내 혀가 잇틀에 붙었나이다"시 22:15. 유월절 어린 양이신 예수 그리스도는 구약의 유월절 양이 온전히 구워지듯이 우리를 살리기 위해 자신을 완전히 구워 내는 극한 십자가 고통 속으로 스스로를 던지셨다. 우리를 구속하시기 위해 십자가에서 모든 죄악의 무게를 묵묵히 감당하셨다. 이를 정확하게 인지한 세례 요한은 예수 그리스도가 '세상 죄를 지고 가는 하나님의 어린양이심을 선포하였고'요 1:29, 베드로 또한 '흠 없고 점 없는 어린양 같은 그리스도'가 십자가에서 흘리신 보배로운 피가 바로 세상 죄를 제거한 속죄의 본질이었음을 고백하였다벧전 1:19. 예수 그리스도는 하나님의 어린 양으로 모든 고난과 핍박을 감내하시며 십자가에 달리셨다. 그 십자가 죽음으로 인해 구약의 모든 희생제사가 단번에 완전히 이루어졌고 더 나아가 본질상 죄인인 우리가 하나님의 거룩한 자녀가 되는 은혜를 받게 되었던 것이다히 10:10-14.

두 번째로 메시아의 '징계받음과 채찍 맞음'으로 인해 우리는 '평화와 나음'을 얻게 되었다. 메시아의 고난은 단지 죄를 대속하는 은혜에만 머물러 있는 것이 아니라 한 걸음 더 나아가 하나님의 평화(샬롬)를 이 땅에 온전히 이루었다. 이사야가 예언한 '메시아의 징계와 채찍'이 '우리의 평화와 나음'으로 이어지는 역설적 진리를 사도 바울은 골로새 교회에 보낸 편지에서 다음과 같이 설명하고 있다: "그의 십자가의 피로 화평을 이루사 만물 곧 땅에 있는 것들이나 하늘에 있는 것들이 그로 말미암아 자기와 화목하게 되기를 기뻐하심이라"골 1:20. 예수 그리스도가 십자가에서 대속제물로 죽으심으로 하나님과의 화목이 온전히 회복되는 길이 열리게 되었다. 아담의 범죄함으로 인해 단절되었던 하나님과 우리 성도와의 관계가 예수 그리스도가 십자가에서 흘리신 흠 없고 보배로운 피로 인해 다시 회복되었던 것이다. '그리스도의 피로 인하여 의롭다 하심을 얻었고' 또한 '그리스도의 죽으심으로 말미암아 하나님과 화목하게 된'롬 5:9-10 존재가 바로 우리 성도들이다. 이것이 그리스도의 십자가 수난이 베푼 은혜이고 평화의 축복이다. 그리스도의 십자가 고난과 죽음이 없었다면 우리의 구원은 이루어지지 않았을 것이다. 그리스도가 십자가에서 베푸신 축복으로 인해 영원한 구속의 은혜를 받았고, 그로 인해 하나님을 감히 '아빠 아버지'라 부를 수 있는 영적 특권이 우리 성도들에게 주어졌다롬 8:15, 갈 4:6. 우리가 하나님을 '아빠 아버지'라 부르며 하나님 품 안에 안길 때 하나님은 너무 기뻐하신다. 하나님은 자신을 '아빠 아버지'라 부르는 자녀들로 인해 기쁨을 이기지 못하시며 그들을 잠잠히 사랑하시고 즐거워하신다습 3:17.

이러한 하나님 아버지와의 온전한 관계회복(화목)이 바로 예수 그리스도가 이 땅에 오신 궁극적 목적이며, 십자가의 고난과 죽음이 가져다 준 역설적 선물이자 축복이다. 지금 누리고 있는 영생의 축복, 하나님을 '아빠 아버지'라 마음껏 부를 수 있는 은혜는 다름아닌 예수 그리스도의 고난과 죽음이 가져다 준 선물임을 잊지 말아야 한다. 그래서 사도 바울은 이렇게 선포한다. "(아담) 한 사람의 범죄로 말미암아 사망이 그 한 사람을 통하여 왕 노릇 하였은즉 더욱 은혜와 의의 선물을 넘치게 받는 자들은 한 분 예수 그리스도를 통하여 생명 안에서 왕 노릇 하리로다"롬 5:17. 예수 그리스도가 십자가를 통해 친히 보여주신 고난의 역설이 믿음으로 고백 되는가? 진리로 받아들여지는가? 종교 개혁가 마틴 루터가 고백하였듯이, 인류 역사 속에서 일어난 역설중의 극치는 바로 예수님의 십자가이다. 이 역설을 이해하고 실제로 경험하는 성도만이 그 역설이 가져다 주는 축복을 온전히 누리게 될 것이다.

고난 속에 만들어지는 믿음

사람이 살아가면서 인생의 단맛만 보고 살 수 있다면 얼마나 좋을까! 그러나 그런 인생은 없다. 살아가는 동안 여러 모양의 쓴맛을 경험하게 된다. 크던 작던 시련과 고난의 위기를 겪으며 살아간다. 그렇다면, 인생의 위기 앞에 어떻게 반응하며 대처해야 하는가? 성경 속의 다윗 이야기를 통해 그 해답의 실마리를 찾아보려 한다.

지금으로부터 약 3000년전 베들레헴 들판에서 양떼를 치던 다윗에게 당시 이스라엘의 지도자였던 사무엘이 찾아와 하나님이 지시하신 대로 기름을 부어 이스라엘의 왕으로 세웠다. 하나님은 당시 이스라엘 왕이었던 사울을 대신할 사람으로 다윗을 선택하셨던 것이다. 사무엘이 다윗에게 기름을 부을 때 다윗은 어떤 마음이었을까? 일개 목동에서 이스라엘의 왕이 된다! 다윗은 어쩌면 '이제 내 인생은 촌구석 베들레헴을

벗어나 성공의 상징인 예루살렘에서 활짝 피어나게 될 것이다'
라고 생각했는지도 모른다. 그러나 다윗은 그 즉시 왕위에 오
르지 못했다. 나이 30세에 왕위에 오르기까지 다윗은 사울의
끊임없는 핍박과 살해 위협을 피해 도망자의 삶을 살아야만
했다. 왕이 되기는 커녕, 목숨을 부지하기 위해 오랫동안 도망
다니는 떠돌이의 삶을 살아야만 했다. 어떨 때는 적군인 블레
셋 장수들 앞에서 미친 척 행동해야 했고, 가족들을 이방 땅
모압으로 피신시켜야 했으며, 급기야는 블레셋으로 망명하게
되는 인생의 비참함을 경험하였다. 다윗은, 스스로 고백했듯
이, '죽은 개나 벼룩'같은 인생^{삼상 24:14}의 밑바닥을 경험하였
던 것이다.

　　혹시 여러분은 왕의 자리에 올라갈 수만 있다면 그런 고
난과 고통은 감수할 수 있다고 생각하는가? 왕이 되기 위해
치러야 할 대가라고 생각하는가? 다윗은 스스로 왕이 되고자
하여 사무엘을 찾아가지 않았다. 그저 들판에서 양을 치고 있
었는데 어느 날 사무엘이 찾아와 기름을 부음으로 다윗의 인
생은 시련과 고난의 삶으로 바뀌었던 것이다. 참으로 억울한
인생이 아닐 수 없다! 사무엘이 기름만 붓지 않았다면, 아니

하나님이 다윗을 왕으로 선택하지만 않았다면 그런 고생들을 하지 않았을 텐데! 사무엘이 다윗에게 기름 붓는 것을 지켜보았던 다윗의 형들조차도 다윗을 왕으로 인정하지 않았다. 다윗에게 합당한 예의를 갖추지 않았다. 시간이 흘러 이스라엘이 블레셋과 전투를 벌이고 있을 때 형들의 안부를 확인하러 온 다윗에게 큰형 엘리압은 화를 내며 다음과 같이 말하였다. "네가 어찌하여 이리로 내려왔느냐 들에 있는 양들을 누구에게 맡겼느냐 나는 네 교만과 네 마음의 완악함을 아노니 네가 전쟁을 구경하러 왔도다"삼상 17:28. 사실 그 무엇보다도 다윗을 힘들게 했던 것은 아마도 가족들의 무시와 핀잔이었을 것이다. 어쩌면 다윗의 형들은 사무엘이 다윗에게 기름을 부어 이스라엘 왕으로 세웠다는 것 자체를 망각했거나 아니면 인정하지 않고 있었는지도 모른다. 다윗은 그의 형들에게 한낱 양 치는 일개의 목동으로만 취급받고 있었던 것이다.

그럼 왕이 된 후에 다윗의 인생은 만사형통 일사천리의 삶으로 바뀌었는가? 왕이 된 후에도 다윗은 크고 작은 인생의 시련과 고통을 맞닥뜨리며 살아갔다. 한 순간의 음욕을 자제하지 못해 유부녀 밧세바와 간음하였고, 그로 인해 밧세바의

남편 우리야를 살해하는 천인공노할 죄악을 저질렀으며, 자식들 사이에서는 강제 성추행이 일어나 형제 간의 살인이 발생했고, 그 무엇보다도 자신의 아들 압살롬의 반란으로 인해 황급히 도망가야 했던, 인생의 쓰디쓴 고통의 맛은 다 보았던 파란만장한 삶을 산 인생이 바로 다윗의 인생이다. 오늘날 보통 사람의 삶과 비교할 때 그리 평탄한 삶을 살았다고 할 수는 없다. 어쩌면 더 힘들고 어려운 삶을 살았던 다윗이 아닐까! 바로 이런 삶을 산 다윗을 '믿음의 영적 거장'으로 만들었던 것은 다름아닌 그 어떤 고난과 고통 속에서도 하나님의 살아 계심을 믿고, 죄악의 순간에서도 그 즉시 하나님께로 돌이켜 회개하며, 그 어떤 상황 속에서도 하나님만을 의지하고 신뢰한 신앙이었던 것이다.

바다 속 깊은 곳에 사는 조개는 자신 안으로 조그만 모래나 불순물이 들어오면, 살을 에는 듯한 굉장한 고통을 느낀다고 한다. 그래서 조개는 그 아픔을 이기기 위해 자기 몸에서 계속 분비물을 내 보내 고통을 막는다고 한다. 그 고통을 이겨내는 분비물이 쌓이고 또 쌓이면 아주 동그랗고 예쁜 보석이 되는데 그게 바로 진주이다. 고난과 아픔을 딛고 이겨낸 결과가 아름답고 귀한 진주이다. 다윗과 같은 믿음의 '영적 거장'이 되느냐 아니면 '영적 송장'이 되느냐 또는 '영적 진주'가 되느냐 아니면 영적 분비물로 남아 있느냐는 바로 인생의 고난과 위기 속에서 어떻게 대처하느냐에 달려 있다.

고난 속에 영광을 바라보는 삶

요한 계시록을 보면, 하늘 보좌에 앉아 계신 이가 오른손에 일곱 인으로 봉한 두루마리를 들고 계신 환상이 기록되어 있다. 그 환상 속에서 사도 요한은 어느 누구도 그 두루마리를 열거나 볼 수 없다는 말에 크게 낙담하며 애통하였으나, 곧이어 어린 양이 그 일을 하기에 합당하다는 말을 듣고 소망을 갖게 된다. 어린 양은 보좌에 앉으신 이의 오른 손에서 두루마리를 받아 봉인을 하나씩 하나씩 떼어가며 이 세상 마지막때가 어떤 모습이며 그리고 어떻게 심판 받게 될 것인지를 보여준다. 마지막때에 이루어질 하나님의 심판이 어떻게 진행될지를 볼 수 있고 또한 보여줄 수 있는 자격이 오직 어린 양에게만 주어진 근거가 바로 십자가이다.

십자가에서 죽임당하신 어린 양만이 하나님과 함께 온 세상을 통치하시며 심판하시는 주권을 갖고 계신다. 이 땅에 인간의 몸으로 오셔서 십자가에 달려 죽으신 어린 양 그리스도는 삼일 만에 죽음의 권세를 물리치시고 부활 승천하셔서 지금도 온 우주만물을 다스리시고 계신다. 십자가에서 죽임당하신 어린 양은 죽지 않으셨다. 오히려 죽임당함으로 죽음에 승리하셨다. 따라서 십자가는 패배나 저주가 아닌 승리이자 영광이다. 십자가는 하나님 나라의 문을 여는 열쇠이며 하나님 나라의 영광을 선포하는 스위치(switch)이다. 세상(로마제국)과 종교(유대교)는 십자가를 수치스럽고 가증스럽게 여겼지만 예수 그리스도를 좇는 제자들에게 십자가는 가장 영광스러운 것이었다. 예수 그리스도가 십자가에서 친히 보여주셨듯이, 제자들은 고난을 통해 영광이 임하는 것을 체험하였으며, 더 나아가 고난 그 자체가 영광임을 깨닫고 고백하였다. 그리스도의 이름으로 치욕을 받으면 하나님의 축복이 임한다는 사실을 삶 속에서 실제로 경험한 제자들은 하나님의 영을 '영광의 영'이라 부르며 그 영이 그들 위에 계심을 믿고 선포하였다. "너희가 그리스도의 이름으로 치욕을 당하면 복 있는 자로다 영광의 영 곧 하나님의 영이 너희 위에 계심이라"벧전 4:14.

베드로는 성도가 자신의 허물이나 잘못 때문이 아니라 예수 그리스도를 믿는 신앙으로 말미암아 핍박과 수욕을 당한다면 '복 있는 자'라 일컬음을 받게 된다는 사실을 밝히고 있다. 그렇다면 왜 그리스도의 이름으로 치욕을 당하는 것이 복 있는 것인가? 그것은 다름아닌 그리스도의 이름을 위하여 고난과 치욕을 받는 성도 위에 영광의 영이 임재하기 때문이다. '영광의 영 곧 하나님의 영'이 임한다는 것은 모세가 광야에서 성막을 완성하고 하나님께 봉헌할 때, 그리고 솔로몬이 예루살렘 성전을 완성하고 하나님께 봉헌할 때 충만하게 임했던 하나님의 영광이 이제 그리스도의 이름 때문에 고난 받는 성도들 위에 임하게 되는 것을 의미한다. 하나님과 대면하였던 모세도 솔로몬과 대제사장들도 두려워하며 무릎을 꿇을 수밖에 없었던 하나님의 영광의 충만함이 이제 예수 그리스도의 성도들 위에 머무르는 놀라운 은혜가 부어진 것이다. 따라서 고난은 성도들에게 하나님의 영이 함께하신다는 확신을 주는 축복이다. 비록 지금 겪고 있는 고난이 힘에 부치고 때론 주저앉게 만든다 할지라도 그 고난을 통해 장차 받게 될 영광의 축복을 생각하면 기쁨으로 그것을 감내할 수 있게 된다. 그래서 베드로는 "오히려 너희가 그리스도의 고난에 참여하는 것으로 즐거워하라 이는 그의 영광을 나타내실 때에 너희로 즐거워하고 기뻐하게 하려 함이라"^{벧전 4:13}고 고난의 역설적 기쁨을 강조하였다.

십자가의 고난과 죽음은 부활의 영광으로 가는 오직 유일한 길임을 제자들은 뼈 속 깊이 깨달았고 그 깨달은 대로 십자가 영광을 위해 야고보를 시작으로 순교의 길을 묵묵히 걸어갔다. 제자들이 깨달았던 십자가의 역설적 진리를 믿고 그 진리대로 살아가고자 하는 성도들에게 예수님은 오늘도 "자기를 부인하고 자기 십자가를 지고 나를 따르라"고 명령하신다. 이 명령은 2000년전에 제자들에게만 적용되는 것이 아니다. 시간과 공간을 초월하여 모든 성도에게 동일하게 주어지는 하나님의 거룩한 도전이다. 사실 '자기를 부인하고 자기 십자가를 지고 예수님을 따르라'는 명령에 순종하기란 쉽지 않다. 예수님의 말씀에 입술로는 '아멘'이라고 대답할 수는 있어도 그 어느 누구도 십자가를 기꺼이 지고가기는 쉽지 않을 것이다. 특히 인생의 고난과 위기의 터널을 지날 때 십자가를 지고 예수님을 따라가기란 말처럼 쉬운 일이 아니다. 적지 않은 성도들이 시련과 어려움을 만나게 되면 '왜 나에게 이렇게 무거운 십자가를 지게 하는가'라고 불평과 원망을 늘어 놓게 된다. 그 고난과 시련이 감당하기 어려우면 어려울수록 하나님을 향한 불신과 원망이 더해질 수도 있다. 때론 다른 사람의 십자가보다 내 십자가가 더 무거워 보일 수도 있다. 그런데 십자가는 불평하면 불평하는 만큼 더 무거워진다. 원망하는 만큼 더 무거워진다. 하지만 감사하면 감사하는 만큼 더 가벼워지는 것이 십자가의 역설이다. 이 역설은 성령으로 거듭난 성도라면 이미 알고 있는 성경적 지식이다. 그러나 그 지식도 현실 앞에서는 제대로 작동되지 못할 때가 많다. 십자가를 스스로 기꺼이 지기에는 너무 두렵고 무섭고 참혹한 것은 부인할 수 없는 사실이다. 그렇다고 십자가를 거부하거나 피할 수도 없다. 십자가를 지고가야 하나님의 영광을 볼 수 있기 때문이다.

이 세상 그 어디에도 고난과 고통이 없는 곳은 없다. 이 세상에 위기와 시련이 없는 인생을 살고 있는 사람은 없다. 그래서 세상은 '고진감래,' '새옹지마,' '전화위복' 등 많은 용어들을 만들어 '고난'이라는 터널을 지나고 있는 사람들을 위로하며 격려한다. 하나님을 믿는 성도들도 예외 없이 고난 앞에 서게 되며 인생의 굴곡마다 시련과 어려움을 직면하게 된다. 이런 고난의 당위성을 사도 바울은 다음과 같이 설명하고 있다. "그리스도를 위하여 너희에게 은혜를 주신 것은 다만 그를 믿을 뿐 아니라 또한 그를 위하여 고난도 받게 하려 하심이라"빌 1:29. 하나님이 성도에게 은혜를 주신 것은 그리스도를 믿게 할 뿐만 아니라 그를 위하여 고난도 받게 하려는 목적도 포함하고 있다. 다시 말해, 믿음만이 아니라 고난도 하나님의 은혜로 주어진 선물이라는 사실이다. 따라서 그리스도를 믿는 성도라 하여 고난으로부터 면제받는 것은 아니다. 고난 없이 이세상을 살아가는 것이 하나님의 은혜가 아니다. 도리어 고난을 통해 하나님의 은혜를 경험하게 되는 것이다. 여기서 바울이 언급한 고난은, 베드로도 말했듯이 '그리스도를 위한' 고난이다. 그리스도에 대한 믿음 때문에 받을 수밖에 없는 고난을 가리킨다. 그래서 성경은 성도들의 고난 문제를 경시하거나 외면하지 않고 심도 있게 다루고 있으며 그 고난의 원인을 크게 죄에 대한 하나님의 징계, 예수 그리스도를 닮아가는 성화적 연단, 그리고 영적 전쟁에서 오는 시련과 고통 등에서 찾고있다.

우선 먼저 살펴보는 것은 성도는 자신의 죄로 인해 하나님의 징계를 받아 고난을 받게 된다는 사실이다. 만약 어떤 사람이 죄악을 범하고도 하나님의 징계를 받지 않는다면 그는 하나님의 자녀가 아니다. 하나님이 그냥 내버려두신다면 그는 결단코 구원받은 성도가 아니다롬 1:24, 26, 28. 구원받은 성도라면 범죄함에 대해 징계를 받게 되어있다. 왜냐하면 징계는 하나님의 자녀를 훈련시키는 은혜의 회초리이기 때문이다. 바로 그 회초리의 징계가 성도에게 주어질 때 고통과 시련의 고난이 따라오게 된다. 그리고 그 고난은, 비록 아프고 힘들지만, 성도로 하여금 더욱 의롭고 거룩하게 만드는 유익을 가져다주는 것이다. "그들은 잠시 자기의 뜻대로 우리를 징계하였거니와 오직 하나님은 우리의 유익을 위하여 그의 거룩하심에 참여하게 하시느니라"히 12:10.

그리고 무엇보다도 성도는 세상에 속하지 않은 거룩한 존재로 이 세상을 살아가기 때문에 핍박과 고난을 받게 되어있다. 세상에 속한 대표적인 사람들은 예수 그리스도를 십자가에 못박은 자들이다. 따라서 그들은 그리스도께 속한 성도들을 미워할 수밖에 없다. "너희가 세상에 속하였으면 세상이 자기의 것을 사랑할 것이나 너희는 세상에 속한 자가 아니요 도리어 내가 너희를 세상에서 택하였기 때문에 세상이 너희를 미워하느니라"요 15:19. 성도를 미워하는 세상에 속한 자들은 불의를 행하는 사람이다. 그러나 성도는 불의한 세상에서 의를 행하는 사람이다. 이러한 영적 대립구도속에 살아가는 성도에게는 고난이 필수적으로 따라오기 마련이다. 또한 성도는 예수 그리스도와 연합한 공동 운명체로서 고난을 받게 된다. 그리스도가 머리이시고 성도들은 그 몸을 이루는 지체들로 그리스도가 고난 받으시면 그들도 고난을 받게 되어있다. 그리스도가 십자가 고난의 길로 가신 것처럼 우리 성도들도 그 고난의 길로 갈 수밖에 없다. 그리스도와 한 몸 되어 죽기까지 따라가는 (성화적)고난은 결국 우리를 그리스도와 닮은 형상으로 만들어 갈 것이다.

그럼 얼마나 많은 성도들이 고난을 제대로 이해하며 바르게 대처하고 있는가? 현실적으로 볼 때, 적지 않은 성도들이 고난의 시련 속에 거하는 동안에는 자신들이 겪고있는 고난의 모습과 원인을 좀처럼 깨닫지 못하는 것 같다. '예수님이 성도들을 위해 고난 받으셨기 때문에 성도들도 고난 받는 것이 당연하다'라는 성경말씀롬 8:17, 빌 1:29 등을 읽으면서도, 그 고난이 '나'라는 일인칭의 문제로 다가올 때에는 '왜 나입니까?'라는 질문을 던질 수밖에 없는 미약한 존재가 바로 우리 인간들이다. 사실, 성경은 각각의 성도들이 겪고 있는 시련과 고난의 모습 모두를 열거하며 그에 대한 해답을 주고 있지 않다. 성경은 다양한 고난의 모습에 대한 맞춤 가이드가 아니다. 그러나 '하나님은 왜 성도들에게 고난을 허락하시는가'에 대한 근본적인 이유는 설명하고 있다.

앞에서 이미 언급하였듯이, 예수 그리스도가 성도들의 죄를 속량하기 위해 친히 받으신 십자가 고난이 성도들의 고난을 이해하는 가장 기본적이며 본질적인 척도이다. 그리스도는 십자가 죽음을 통하여 자신의 고난을 다 이루셨다. 따라서 성도는 그리스도를 대신하여 고난 받는 것이 아니라 그리스도를 위하여 고난을 받는 것이다. 이 진리에 의거하여, 첫 번째로 예수님의 십자가 고난으로 대속 받은 성도들은 자신들의 죄악으로 인해 고난 받는 일이 없도록 항상 영적으로 조심하며 깨어있는 민감함과 분별력이 필요하다. 두 번째로, 성도들의 고난은 십자가의 은혜로 다시 돌아가게 만들어주는 하나님의 경고이다. 고난은 하나님을 멀리하고 세상 물질문화와 가치관을 추구하는 잘못된 길에서 돌이키도록 부르시는 하나님의 징계의 만지심이다. 땅의 것을 의지하지 말고 하나님만을 의지하라는 거룩한 부르심인 것이다고후 1:8-9, 골 3:1-4. 세 번째로, 고난은 하나님의 사랑을 보여주는 역설적 진리이다히 12:6. 하나님은 고난을 통해 사랑하는 자녀들을 연단하시며, 그들로 하여금 의의 열매(평화, 사 32:17)를 맺게 하고, 하나님의 거룩하심에 참여하게 만든다히 12:10-11.

마지막으로, 고난은 세상 그 어떤 것으로도 비교할 수 없는 지극히 크고 영원한 영광의 중한 것을 성도들에게 이루게 하려는 하나님의 '가장된 축복'임을 기억해야 한다. "우리가 잠시 받는 환난의 경한 것이 지극히 크고 영원한 영광의 중한 것을 우리에게 이루게 함이니"고후 4:17. 사도 바울은 환난과 영광을 비교 설명하면서 '잠시 받는 것과 영원한 것', 그리고 '경한 것과 중한 것'이라는 개념으로 대립시켜 성도에게 궁극적으로 주어지는 영광의 축복이 얼마나 크고 귀한 것인지를 확실하게 보여준다. 맞는 말이다. 지금 우리가 겪고 있는 '현재의 고난은 장차 우리에게 나타날 영광과 족히 비교할 수 없는 것'이다롬 8:18. 그래서 그리스도의 십자가로 인해 하나님과 더불어 화목의 평화를 누리고 있는 성도들은 그 어떤 환난 가운데서도 기뻐할 수 있다. '환난은 인내를, 인내는 연단을, 연단은 소망을 이루는 줄'롬 5:3-4을 믿고 깨닫고 경험하며 증거하는 삶을 살아가는 성도의 삶 속에 하나님의 영광이 충만하게 임하게 될 것이다.

예수 그리스도를 믿는 신앙이 영광과 영생을 발견하는 십자가에서 불신앙은 수치와 저주를 보려 한다. 하나님의 지혜와 능력이 선포되는 십자가를 세상은 거치는 것과 어리석은 것으로 간주한다. 구레네 시몬처럼 십자가를 억지로라도 지고 가면막 15:21, 인생의 진리이신 예수 그리스도를 만나게 되고, 더 나아가 하나님의 영광을 보는 축복을 받게 된다. 인생의 주인이 일인칭인 '내'가 아닌 예수 그리스도가 주인이 되는 삶; 예수 그리스도의 형상을 닮아가는 삶; 예수 그리스도의 부활과 재림의 영광을 선포하는 삶, 바로 그런 정답의 삶은 다름아닌 그리스도의 죽음을 본받아 그 십자가의 고난에 함께 참여하는 것부터 시작되는 것이다. 올바른 신앙을 견지하는 성도는 필연적으로 고난을 받게 되어있다. 그 고난 속에서도 성도는 자기 십자가를 지고 예수 그리스도를 따라가야 한다. 왜냐하면 십자가를 지고 그리스도를 따라가다 보면 찬란하게 빛나는 하나님의 영광을 보게 되기 때문이다.

고난에 참여하는 삶

그럼 십자가 고난에 참여하는 삶이란 무엇일까? 자기 십자가를 지고 예수님을 따르는 삶을 살기 위해서는 우선 먼저 십자가에서 죽어야 한다. "내가 그리스도와 함께 십자가에 못박혔나니 그런즉 이제는 내가 사는 것이 아니요 오직 내 안에 그리스도께서 사시는 것이라 이제 내가 육체 가운데 사는 것은 나를 사랑하사 나를 위하여 자기 자신을 버리신 하나님의 아들을 믿는 믿음 안에서 사는 것이라"갈 2:20. 예수 그리스도와 함께 십자가에 못박힌다는 것은 우리가 '육체와 함께 그 정욕과 탐심을 십자가에 못 박는다'갈 5:24는 의미를 내포하고 있으며 이를 한 마디로 요약하면 예수 그리스도와 함께 십자가에서의 죽음을 의미한다롬 6:8. '한 사람이 모든 사람을 위하여 대신 죽었으므로 모든 사람이 죽은 것이다'고후 5:14. 그 모든 사람에 나도 포함된다. 십자가 아래 무릎 꿇으면 내 자아가 그리스도의 죽음에 연합하게 되는 것이다. 그럼 예수 그리스도와 함께 십자가에서 죽는다는 것은 무엇을 의미하는가? 이 질문에 대해 특히 사도 바울이 체험한 십자가의 진리를 통해 알아보려 한다.

첫째, 그리스도와 함께 십자가에 못박힌다는 것은 '죄에 대한 죽음'을 의미한다. "그럴 수 없느니라 죄에 대하여 죽은 우리가 어찌 그 가운데 더 살리요"롬 6:2. 죄 없으신 예수 그리스도는 십자가에 달려 죽으심으로 단번에 모든 죄의 문제를 완전하게 해결하셨다히 7:27. 그 죽음은 완전한 것이기에 더 이상 우리의 죄를 대속할 어떤 다른 희생제물을 필요로 하지 않는다. 이로 인해 예수 그리스도를 믿음으로 고백하는 성도들은 더 이상 죄악 속에 거하는 것이 아닌 의롭다 칭함('칭의') 받은 자로 살아가는 은혜를 값없이 받게 된다. 바로 이 은혜를 '죄에 죽었다'라고 표현하는 것이다. 사도 바울은 우리 성도가 죄에 대해서 죽은 존재이며 그 죽음은 이미 과거에 일어난 것임을 강조한다. 즉, 예수 그리스도를 믿는 순간 죄에 대해 죽음으로 더 이상 죄의 영향을 받지 않는 존재가 되었다는 의미이다. 그러나 이 말은 예수 그리스도를 믿는 순간 모든 성도들이 완전하게 변화되어 다시는 죄를 짓지 않게 되었음을 의미하는 것은 아니다.

4세기 신학자이자 교부였던 어거스틴은 인간의 상태를 '죄를 안 지을 수 있는 상태'(최초 인간 아담의 상태), '죄를 안 지을 수 없는 상태'(타락한 아담의 후손인 전 인류의 상태), 그리고 '죄를 지을 수 없는 상태'(구원이 완성된 상태)의 세 단계로 구분하였다. 비록 예수 그리스도를 믿고 의롭다 칭함('칭의')을 받은 성도라 할지라도 아직 '죄를 지을래야 지을 수 없는 영화(glorification) 상태에 도달한 것은 아니다. 왜냐하면 성도의 '칭의'는 한 순간에 이루어지지만 '성화'는 점진적인 과정을 거쳐 구원의 완성 단계인 '영화'에 이르게 되기 때문이다. 그러므로 지금 죄악 된 이 세상 가운데 살아가는 성도는 여전히 실수하고 넘어지고 죄를 범하기도 한다. 그렇다면 성도가 '죄에 대해 죽었다'는 것은 무엇을 의미하는가? 예수 그리스도와 연합한 성도는 십자가 대속의 은혜로 말미암아 죄에 대한 형벌로부터 면제되었다는 의미이다. "그러므로 이제 그리스도 예수 안에 있는 자에게는 결코 정죄함이 없나니" 롬 8:1. 비록 거듭난 성도라 할지라도 죄를 지을 수는 있으나 죄의 권세가 더 이상 성도의 삶을 지배하지는 못한다. 그리스도의 십자가 능력으로 죄로 인한 사망 권세(죄의 삯은 사망)가 더 이상 그 어떤 영향력도 발휘할 수 없게 된 것이다. 따라서 죄에 대해 죽은 성도는 이제 하나님께 대하여 살아 있는 성도로롬 6:11 날마다 예수 그리스도의 장성한 분량에 자라기까지 나아가야 한다엡 4: 13. 우리 모두는 "죽은 자가 죄에서 벗어나 의롭다 하심을 얻었다"롬 6:7라고 선언하며 죄와 사망 권세에 대하여 승리한 삶을 살아가야 하는 것이다.

두번째로, 그리스도와 함께 십자가에 못박힘은 '세상에 대한 죽음'을 의미한다. "그리스도로 말미암아 세상이 나를 대하여 십자가에 못 박히고 내가 또한 세상을 대하여 그러하니라"갈 6:14. 사도 바울에게 그리스도의 죽음은 세상이 자신을 십자가에 못박은 사건이며 동시에 바울이 세상을 십자가에 못박은 사건이다. 여기에서 말하는 '세상'은 하나님이 창조하신 '세상'(코스모스)을 의미하는 것이 아니라 패역하고 불충한 세대를 포함하여 하나님의 뜻을 거스르는 모든 악한 것들을 의미한다. 그러므로 '세상이 나를 대하여 십자가에 못박혔다'라는 것은 바울이 예수 그리스도를 만나 믿음으로 영접하였을 때, 더 이상 악한 세상의 영향력 아래 있지 않게 되었음을 보여준 선언이다. 세상과 온전히 구별되어 그리스도 안에서 살아갈 때 비로소 반대편에 있는 세상에 속한 사람들의 부패함과 타락함의 죄악을 올바로 볼 수 있는 영안이 열리게 된다.

세상에 속한 인생길은 공중권세 잡은 사탄이 만들어 놓은 미로(迷路)와 같다. 세상의 유행과 풍습에 의해 살아가는 인생은 삶의 목표점이 어디에 있는지도 모르는 체 여러 갈림길을 헤매며 방황하고, 어떤 때는 길을 잃고 낙담하며 그저 하루하루를 근근히 버티며 살아간다. 그러나 이런 미로와 같은 인생길도 만약 하늘위에서 내려볼 수만 있다면 최종 목적지로 향하는 길을 쉽게 찾아낼 수 있다. 그래서 십자가 위에 달려야 한다. 십자가 위에서 세상을 내려다보면 인생의 정답으로 향하는 길이 보인다. 진리로 향하는 출구가 어디인지를 바로 보게 된다. 그 정답의 길을 본 바울은 예수 그리스도를 위하여 세상의 모든 것을 '배설물'로 여기게 되었고^{빌 3:8}, 수 많은 고난과 핍박을 견뎌내며^{고후 11:23-27} 그리스도의 복음을 목숨 걸고 전파할 수 있었던 것이다. 그리스도와 함께 십자가에 못박힘으로 진리를 경험한 성도는 세상과 완전히 구별된 영적 체험을 하게 된다. 따라서 십자가는 예수 그리스도로 말미암아 거듭난 모든 성도에게 이제는 세상과 더 이상 타협할 수 없는 존재가 되었음을 알려주는 하나님 나라의 사인보드(signboard)이다.

세번째로, 그리스도와 함께 십자가에서 죽는다는 것은 옛 사람의 죽음을 가리킨다. "너희는 유혹의 욕심을 따라 썩어져 가는 구습을 따르는 옛 사람을 벗어 버리고 오직 너희의 심령이 새롭게 되어 하나님을 따라 의와 진리의 거룩함으로 지으심을 받은 새 사람을 입으라"엡 4:22-24. 바울은 말한다. '옛 사람을 벗어 버리고 새 사람을 입으라'. 성령안에서 새 사람이 되기 위해서는 먼저 옛 사람을 벗어 버려야 한다. 바울 서신서를 살펴보면 '옛 사람'이란 표현이 세번 사용되고 있다롬 6:6, 엡 4:22-24, 골 3:9. 로마서의 경우, 옛 사람은 십자가에서 예수 그리스도와 함께 못박혀 죽은 것으로 묘사되고 있으며, 따라서 그리스도와 연합한 성도는 더 이상 죄에게 종 노릇 하지 않게 되었음을 선포한다. 그리고 에베소서와 골로새서를 보면 성도에게 옛 사람은 벗어버려야 하는 대상으로 설명되고 있다. 왜냐하면 아담으로부터 물려받은 옛 사람은 타락하고 부패했기 때문이다. 따라서 '옛 사람을 벗어 버리라'라는 촉구는 썩어질 본성과 정욕대로 살아온 과거의 모든 행태 및 생활 방식의 종지부를 찍고 새 생명의 능력으로 나아가라는 성화적 권면이다. 지금까지 살아온 육신대로 살면 반드시 죽게 되어 있다. 그러나 '영으로서 몸의 행실을 죽이면 살게 되어있다' 롬 8:13. 이미 죄에 대해 죽은 성도라면 육신의 모든 행실을 고사(枯死)시켜야 한다.

헤르만 헤세가 쓴 '데미안'을 보면 인간이 인간됨을 찾아가는 과정 속에 고뇌와 번민의 자아 성찰이 필요함을 보여준다. 헤세에게 자아 성찰은 새로이 태어나는 과정이며, 따라서 그는 "태어나려는 자는 한 세계를 파괴해야만 한다"고 주장하였다. 그의 표현을 빌리자면, '새는 알을 깨고 나와야만 한다'. 새가 '알'이라는 세계 안에 그대로 머물러 있으면 반드시 죽게 되어있다. 비록 알 껍질이 딱딱하고 단단하다 할지라도 깨고 나와야 창공을 나르는 새가 되어 새로운 삶을 시작할 수 있게 된다. 마찬가지로 우리들 역시 딱딱하고 굳어버린 옛 사람이라는 껍질을 과감히 깨고 나아와 영원한 생명으로 인도되는 새로운 삶을 살 수 있게 되는 것이다. 우리의 옛 사람 안에 있던 모든 세속적인 생각과 언어와 행동들이 십자가에 의해 제거되고, 성령의 인도하심을 받을 때 삶 속의 작은 언행에서도 급진적(radical)이고 총체적(wholistic)인 변화를 경험하게 된다. 옛 사람의 껍질을 깨고 나오면 새로운 옷을 입게 되어있다. 우리의 자아를 십자가에 못박을 때 비로소 그리스도의 형상을 닮은 새로운 인격체로 다시 태어나는 것이다. 따라서 십자가는 우리로 하여금 성령안에서 새로운 사람으로 거듭나게 하여, 예수 그리스도를 주인으로 섬기고 하나님 말씀에 순종하며 성도답게 살아가게 만드는 하나님의 능력이다.

네번째로, 예수 그리스도는 십자가에서 죽으심으로 율법의 저주에서 모든 성도를 구속하셨다. "그리스도께서 우리를 위하여 저주를 받은 바 되사 율법의 저주에서 우리를 속량하셨으니 기록된 바 나무에 달린 자마다 저주 아래에 있는 자라 하였음이라" 갈 3:13. 본질상 죄인인 우리 모두는 율법을 온전히 지킬 수 없다. 따라서 우리에게 주어진 것은 율법의 저주였다. 우리 스스로는 그 어떤 노력이나 방법으로 율법의 저주를 피해갈 수 없다. 이런 절망적인 상황 속에 하나님의 아들 그리스도께서 우리 대신 율법의 저주를 십자가에서 다 받으심으로 우리를 율법의 저주에서 자유케 하셨던 것이다. 그리스도는 우리가 받아야 할 율법의 정죄와 그로인한 죽음의 형벌에 대한 대가를 대신 지불하셨다. 우리를 구속하신 속전이 바로 그리스도가 십자가에서 흘리신 피였으며, 그 피는 '우리를 위하여 저주를 받은 바'된 대속의 피였던 것이다. 그러므로 그리스도의 십자가 구속의 은혜를 믿음으로 받아들인 모든 성도에게는 더 이상 율법의 저주가 효력을 발휘할 수 없게 되었다. 예수 그리스도는 "우리를 거스르고 불리하게 하는 법조문으로 쓴 증서를 지우시고 제하여 버리사 십자가에 못 박으시고"골 2:14. 우리에게 참된 자유의 호흡을 주신 생명의 구주이시다.

마지막으로 그리스도의 십자가 죽음은 악한 정사와 권세들부터 승리하였음을 보여준다. 사도 바울은, 골로새 교회로 보낸 편지에서, 그리스도와 함께 십자가에서 못박히는 영적 사건을 '세례로 그리스도와 함께 장사되었다'골 2:12고 설명한다. 그리고 그리스도의 십자가는 죽음으로 끝나지 않고 부활의 능력으로 이어짐을 증거하고 있다. 세례를 통해 그리스도와 연합한 모든 성도는 그리스도와 함께 장사된 후 그리스도와 함께 다시 살리심을 얻는 자들이다골 2:13. 그래서 하나님은 그리스도와 연합한 우리 성도의 모든 죄를 사하시고 대적하는 율법을 도말하셨으며 정사와 권세와 같은 악한 영적 존재들에 대해 십자가로 승리하셨다. "통치자들과 권세들을 무력화하여 드러내어 구경거리로 삼으시고 십자가로 그들을 이기셨느니라"골 2:15. 예수 그리스도의 십자가 사건은 하나님을 대적하는 모든 어두움의 세력들을 완전히 무력화시킨 사건이었다. 따라서 그리스도가 십자가에서 죽으신 사건은 영적 전투에서의 패배가 아닌 승리였으며, 절망이 아닌 완전한 소망으로 나아가는 역설이었던 것이다. 그리스도와 연합한 성도는 그 누구도 예외없이 그리스도가 십자가에서 이룬 승리의 기쁨을 누리며 살아갈 수 있게 되었다. 아니 그렇게 살아가야 한다. 왜냐하면 성도에게 십자가는 기독교라는 종교적 상징이 아니라 오늘도 살아 역사하시는 예수 그리스도의 영광과 권능과 축복이기 때문이다.

이상 살펴본 다섯가지의 진리는 단순한 성경적 가르침이나 신학적 교리가 아니다. 예수 그리스도의 십자가 죽음에 동참한 성도만이 이해하며 공감하는 실제적 삶의 고백이다. '나'라는 자아가 예수 그리스도와 함께 십자가에 못박히면 내 안에 있는 모든 가치관과 세상을 바라보는 시각이 완전히 변화되어진다. 그리스도와 함께 십자가에서 죽으면 "그(예수 그리스도)가 모든 사람을 대신하여 죽으심은 살아 있는 자들로 하여금 다시는 그들 자신을 위하여 살지 않고 오직 그들을 대신하여 죽었다가 다시 살아나신 이를 위하여 살게 하려 함이라"고후 5:14는 사도 바울의 고백이 나의 고백으로 흘러나올 것이다. 그리고 이렇게 선포할 것이다: "누구든지 그리스도안에 있으면 새로운 피조물이라 이전 것은 지나갔으니 보라 새것이 되었도다"고후 5:17. 사도 바울이 체험한 십자가의 진리를 우리도 실제로 경험할 때 비로소 십자가를 올바로 이해할 수 있게 되며, 더 나아가 그 십자가가 얼마나 감사한 은혜인지를 가슴 속 깊이 고백하게 된다. 그리고 십자가의 고난과 죽음은 끝이 아니라 부활의 소망으로 이어지고 있음을 입술이 아닌 삶 속에서 두렵고 떨리는 마음으로 고백하게 된다.

십자가 고난에 참여하며 부활의 소망을 품고 살아가는 삶은 예수 그리스도를 닮아가는 인생이다. 예수님이 친히 먼저 보여주었듯이, 남 보다 먼저 희생하며사 50:6, 롬 5:8, 먼저 순종하며요 3:36, 행 5:32, 먼저 겸손하며마 23:12, 엡 4:2, 먼저 섬기며막

10:43-45, 벧전 4:10, 먼저 용서하는 것이다마 18:22, 막 11:25. 이 것을 한 마디로 요약하면 남을 먼저 사랑하라는 명령으로 요약할 수 있다요 13:34-35, 요일 4:8. 예수 그리스도가 친히 고난을 감당하신 십자가는 바로 모든 율법을 완성시킨 하나님의 사랑이다. "피차 사랑의 빚 외에는 아무에게든지 아무 빚도 지지 말라 남을 사랑하는 자는 율법을 다 이루었느니라"롬 13:8, 참조: 갈 5:14, 요일 3:14, 4:20. 그리고 사랑을 통해 성도들의 믿음도 역사하게 된다갈 5:6. 그래서 예수님은 우리에게 새 계명을 주셨다. "서로 사랑하라. 내가 너희를 (십자가에서 죽기까지) 사랑한 것같이 너희도 서로 사랑하라"요 13:34. 예수님이 주신 새 계명에 순종하고, 믿음으로 고난을 묵묵히 감당하며 하루 하루를 살아갈 때에, 현재의 고난이 장차 나타날 영광과 족히 비교할 수 없다롬 8:17-18는 진리를 삶으로 깨닫게 될 것이다. 이 진리를 깨달은 사도 바울은 오늘도 고백한다. "그리스도의 고난이 우리에게 넘친 것 같이 우리가 받는 위로도 그리스도로 말미암아 넘치는도다"고후 1:5.

십자가의 소망과 부활

그리스도의 고난과 죽음을 예언하고 있는 이사야서는 그 고난과 죽음이 하나님의 구원 계획의 마침표가 아니라고 기록하고 있다. "보라 내 종이 형통하리니 받들어 높이 들려서 지극히 존귀하게 되리라"사 52:13. 이 세상 모든 사람들은 죽음이라는 한계상황 앞에 그 어느 누구도 자유로울 수 없다. 사람은 때가 되면 모두 죽는다는 사실은 불변의 진리이다. 역사의 흐름속에 한 페이지를 장식했던 제국의 황제, 종교 창시자, 철학자, 예술가 및 성인이라 불리운 사람도 결국 죽음으로 인해 역사의 뒤안길로 사라졌다. 그러나 인류 역사 속에 죽음을 뛰어넘은 단 하나의 예외가 있다. 그 예외는 바로 예수 그리스도의 부활이다. 오늘날 교회는 예수님의 부활을 하나님의 말씀(성경)을 통하여 믿고 고백하고 있지만, 이 전대후무(前代後無)한 경이로운 사건을 직접 눈으로 목격한 사람들이 있다는 사실을 기억해야 한다. 복음서에 보면 막달라 마리아와 야고보의 어머니 마리아, 그리고 살로메가 예수님의 부활의 첫 증인으로 등장하고 있다막 16:1-6. 그리고 예수님의 제자들이 예수님의 빈 무덤을 확인하였으며, 곧이어 부활하신 예수님을 만났고,

더 나아가 예수님의 부활된 몸을 만져본 제자도 있었다^요 20:27-28. 그런 제자들과 부활하신 예수님은 함께 먹고 마셨음^{행 10:41}을 성경은 기록하고 있다.

사도 바울은 고린도 교회에 보낸 편지에서 좀더 구체적으로 예수님의 부활을 직접 눈으로 목격한 증인들을 열거하고 있다. 베드로를 포함한 12제자, 예루살렘 교회 지도자 야고보, 바울을 포함한 모든 사도들, 그리고 무엇보다도 주목해야 할 사실은 '부활하신 예수님이 500명이 넘는 형제들에게 동시에 나타나셨다'라는 기록이다. "그 후에 오백여 형제에게 일시에 보이셨나니 그 중에 지금까지 대다수는 살아 있고 어떤 사람은 잠들었으며"^{고전 15:6}. '수백 명의 목격자들이 지금도 살아 있다'라는 사도 바울의 언급 자체야 말로 예수님의 부활이 참이요 진실임을 증명하는 결정적인 증거가 아니고 무엇이겠는가! 세상 법정에서도 가장 중요하게 다루는 것이 바로 눈으로 직접 목격한 증인들의 진술이다. 예수님의 부활을 증명하기 위해 한두 명도 아니고, 수십 명도 아닌, 수백 명의 목격자가 있다는 사실 외에 그 어떤 증거가 더 필요하겠는가!

죄성으로 인해 영적 눈이 가려진 인간은 오늘 현재의 삶도 제대로 보지 못할 뿐 아니라 죽음 뒤의 세계도 보지 못한다. 그리고 더 나아가 '죽음 뒤의 세계는 없다'라고 선포한다. 사후 세계는 종교가 만들어낸 허상이라고 주장한다. 이런 주장을 하는 사람들은 자신들의 한치 앞도 모르면서 어떻게 사후 세계가 없다고 확신할 수 있을까? 사실 인류 역사를 보면 사후 세계에 대해 수 많은 종교적, 철학적, 사색적, 관념적 시도를 통해 그 답을 구하려고 하였다. 그러나 그 어떤 시도도 확실한 대답을 얻지 못하였다. 이런 시대를 살아가는 우리에게 필요한 것은 무엇인가? 우리를 인생의 정답으로 인도해 줄 나침반은 무엇인가?

부활하신 예수님은 오늘도 우리를 향해 질문하신다: 부활의 영생을 믿느냐? "예수께서 이르시되 나는 부활이요 생명이니 나를 믿는 자는 죽어도 살겠고 무릇 살아서 나를 믿는 자는 영원히 죽지 아니하리니 이것을 네가 믿느냐?"요 11:25-26. 이 말씀은 오라비 나사로의 죽음 앞에 힘들어 하던 마르다에게 예수님이 던지셨던 질문이다. 이 질문에 마르다는 한치의 망설임도 없이 "주는 그리스도시요 세상에 오시는 하나님의 아들이신 줄 내가 믿나이다"요 11:27라고 대답하였다. 이 얼마나 놀라운 고백인가? 가이사랴 빌립보에서 "너희는 나를 누구라 하느냐"라는 예수님의 질문에 베드로가 대답하였던 그 위대한 고백을마 16:16 마르다가 하였던 것이다. '주는 그리스도시고 살아 계신 하나님의 아들이시다'라는 진리는 베드로의 입을 통해 예수님의 교회가 세워지는 반석이 되었을 뿐만 아니라마 16:18, 마르다의 입을 통해 부활의 소망을 확신하며 소망하는 근거가 되었다. 한 마디로, 부활 신앙은 예수 그리스도가 누구인지를 바로 아는 것으로부터 시작되는 것이다.

요한복음 11장을 보면 부활 소망에 대한 마르다의 위대한 신앙고백을 들으신 예수님은 나사로가 묻혀 있는 무덤으로 나아가 마르다에게 다소 상식을 벗어나는 이상한 요구를 하셨다. "예수께서 이르시되 돌을 옮겨 놓으라 하시니 그 죽은 자의 누이 마르다가 이르되 주여 죽은 지가 나흘이 되었으매 벌써 냄새가 나나이다"요 11:39. 오라비의 죽음 앞에 슬퍼하며 힘들어하는 마르다에게 예수님은 죽은 나사로의 무덤을 막고 있는 돌을 옮겨 놓으라고 명령하셨다. 이에 대해 마르다는 돌은 옮기지 않고 '죽은 지가 나흘이나 되었다'고 대답하였다. 당시 유대인들은 사람이 죽으면 영혼이 다시 몸으로 돌아오려고 하는 소망 때문에 3일 동안은 무덤 주위를 떠돌아다니지만 4일째가 되면 무덤을 떠난다고 믿고 있었다. 따라서 마르다의 대답은 죽은 나사로가 다시 살아날 가능성조차도 없음을 암시하는 것이다. 그리고 나사로의 시체가 썩어서 역겨운 냄새까지 풍기고 있음을 언급함으로 그를 다시 살리기에는 이미 늦었음을 예수님에게 말한 것이다. 어쩌면 마르다는 속으로 '이제 와서 무엇 때문에 무덤을 열려고 하는지 이해가 안된다'고 푸념하였는지도 모른다.

예수님은 장사되어 나흘이나 지나 부패한 나사로의 시신 앞에 서서 무덤 돌문을 옮기라고 말씀하셨다. 그러나 마르다는 예수님의 말씀에 순종하지 못하고 '주여! 죽은 지가 벌써 4일이나 돼 썩는 냄새가 나나이다'라고 대답하였다. 바로 몇 분전에 고백하였던 놀라운 부활 신앙과 예수님이 누구인시지에 대한 위대한 고백도 마르다의 눈앞에 놓여있는 무덤이라는 현실 앞에서는 그저 무기력하게 무너져 버린 것이다. 이런 마르다를 요한복음 저자는 '죽은 자의 누이'라고 명명하고 있다. 비록 마르다의 대답이 현실적이고 이성적이고 정확한 사실에 근거하고 있다 할지라도 나사로의 무덤을 막고 있는 돌을 옮기지 못한다면 마르다는 계속해서 죽은 사람의 누이라는 정체성으로 살아갈 수밖에 없음을 암시하는 것이다. 사실 마르다에게는 예수님이 옮기라는 돌은 '썩는 냄새나는 역겨운 현실'이고 '다시 보고 싶지 않은 현실'이다. 이미 끝났다. 어찌할 방법이 없다. 현실을 포기하고 회피하게 만드는 돌이다. 바로 그무기력하게 만드는 좌절의 돌, 현실을 짓누르는 절망의 돌을 옮겨 놓는 것이 참된 믿음이고 부활의 소망을 품는 첫 걸음인것이다.

돌을 옮겨 놓으라는 말씀에 머뭇거리고 있는 마르다에게예수님은 "내 말이 네가 믿으면 하나님의 영광을 보리라 하지아니하였느냐"요 11:40라고 다시 한번 믿음의 중요성을 강조하셨다. '믿음으로 하나님의 영광을 본다.' 그럼 하나님의 영광을 보는 믿음이란 어떤 믿음인가? 예수님을 만난 후 예수님만바라보며 살아온 마르다, 죽은 뒤에 부활이 있음을 고백한 마르다, 예수님이 하나님의 아들 그리스도이심을 고백한 마르다, 이런 마르다에게 요구된 믿음은 바로 실제 삶 속에서 능력으로 역사하는 믿음이었다. 입술로만 고백하는 믿음이 아니라삶으로 보여주는 행동하는 믿음이 부활의 영광을 볼 수 있는

것이다. 예수님은 오늘도 우리에게 말씀하신다. '돌을 옮겨 놓으라.'

돌을 옮겨 놓으라는 예수님의 말씀에 드디어 사람들이 순종하여 나사로의 무덤이 열리기 시작하였다. 그리고 "돌을 옮겨 놓으니 예수께서 눈을 들어 우러러보시고 이르시되 아버지여 내 말을 들으신 것을 감사하나이다"요 11:41라고 말씀하셨다. 그럼 나사로의 무덤 돌문이 옮겨지는 동안 그곳에 있던 사람들은 과연 어디를 바라보았을까? 20세기 세계적인 정신 심리학자였던 빅터 프랭클 박사는 2차 세계대전 때 유태인이라는 이유로 죽음의 수용소인 아우슈비츠 수용소에 끌려가 온갖 죽을 고생을 하다가 기적처럼 살아서 돌아온 몇 안되는 유태인 중의 한 사람이다. 프랭클 박사는 수용소 안에서 매일매일 죽음의 위협 속에 빵 한 조각으로 연명하면서도 희망의 끈을 놓지 않았다. 어느 날 그는 삶을 포기하고 낙담하며 살아가는 동료 유태인들에게 감옥의 창문을 가리키며 질문하였다. "여러분, 저 조그마한 창문 넘어 무엇이 보이나요? 그 질문에 다른 유태인들은 "시커먼 회색 담벼락밖에 보이지 않는다"고 시큰둥하게 대답하였다. 그때 프랭클 박사는 "그 회색 담벼락 저

건너편에 있는 맑고 푸른 하늘을 바라보십시오. 밤에 빛나는 별들이 있는 하늘을 바라보십시오"라고 격려하며 '하늘' 소망을 선포하였다.

나사로의 무덤이 열리자 예수님은 마르다를 힘들게 하고 포기하게 만든 현실인 무덤 안을 보지 않으시고 눈을 들어 하늘을 우러러보셨다. 시체 썩는 역겨운 냄새가 강하게 코를 찔러 고개를 돌려 하늘을 본 것이 아니라, 하늘 보좌에서 세상의 현실을 다스리시며 역사하시는 하나님을 바라보셨던 것이다. 예수님은 현실을 부정하거나 회피하지 않으셨다. 예수님도 나사로가 죽은 지 4일이나 지난 것과 시체 썩는 냄새가 나고 있음을 알고 계셨다. 그러나 예수님은 마르다처럼 나사로의 죽음이라는 현실 안에 갇혀 있는 것이 아니라, 그 현실을 다스리시며 주관하시는 분이 계심을 믿고 그 분을 바라보셨던 것이다. 만약 여러분이라면 어디를 바라보았겠는가? 무덤 안? 아니면 죽음도 다스리시는 하나님? 지금 어디를 바라보느냐가 절망에서 소망으로 나아가는 능력을 좌우한다.

무덤 안이 아닌 하나님을 우러러보신 예수님이 그 다음으로 하신 것은 하나님께 드린 감사기도이다. '아버지여 내 말을 들으신 것을 감사하나이다.' 아직 나사로가 살아나지 않았는데 예수님은 무엇 때문에 감사하셨던 것일까? 예수님은 이미일어난 결과에 대해 감사하신 것이 아니라 그 결과를 향해 나아가는 첫 걸음이 바로 하나님께 감사하는 것임을 보여주신것이다. 따라서 진정한 감사는 기적의 결과를 향한 것이 아닌그 기적을 베푸신 하나님을 향한 것이어야 한다. 우리의 감사를 통해 하나님은 영광 받으신다시 50:23. 그리고 우리는 인생의 기적을 경험하게 되는 것이다. 고개를 들어 하나님을 바라보시고 감사한 후에 예수님은 드디어 마르다를 절망속에 빠뜨린 현실, 나사로의 죽음을 향해 "큰 소리로 나사로야 나오라"고 선포하셨다요 11:43. 속삭이는 작은 목소리가 아닌 누구나들을 수 있는 큰 소리로 선포하셨다. 큰 소리의 선포는 바로하나님을 향한 굳건한 믿음을 보여주는 확신이다. 하나님을향한 믿음의 확신만이 세상을 향해 큰 소리로 십자가의 부활능력을 선포할 수 있다. 부패하여 역겨운 냄새가 나는 시신까지도 다시 살려낼 수 있는 능력은 돌을 옮기라는 예수님의말씀에 순종하며 하나님께 감사하는 믿음으로부터 나오는 것이다.

2000년전 나사로의 죽음 뿐만 아니라 오늘 여러분의 인생을 짓누르고 있는 고난과 시련, 그리고 삶의 문제들(가정, 자녀, 경제적, 관계적 문제 등)도 해결될 것이다. 언제? 하나님의 말씀을 믿고 그 믿음대로 감사하며 순종할 때 하나님의 영광을 보는 축복을 받게 될 것이다. 이 사실을 보증하는 것이 예수 그리스도의 십자가이다. 그리스도의 십자가는 절망의 돌을 옮겨 하늘 소망을 보게 하는 '큰 소리의' 능력이다. 십자가는 좌절이나 절망이 아니고 영광이자 소망이다. 바로 이것이 마틴 루터가 깨달은 진리이며 오늘도 변함없이 선포되고 있는 진리이다. 십자가를 통해 죽음에서 부활로의 역설을 증명하신 예수 그리스도의 말씀을 믿고 돌을 옮기라는 명령에 순종할 때 기적은 일어나게 되어있다. 그리고 그 기적은 감사를 통해 완성될 것이다.

2차 세계대전 당시 독일 나치 수용소에 갇혀 있던 어느 한 무명의 유태인이 죽음을 앞두고 수용소 지하실 벽에 다음과 같은 글을 남겼다.

I believe in the sun, even when it's not shining.

I believe in love, even when I don't feel it.

I believe in God, even when God is silent.

나는 태양이 비치지 않을 때에도 태양이 있는 것을 믿는다.

나는 사랑을 느낄 수 없을 때에도 사랑이 있는 것을 믿는다.

나는 하나님이 침묵하실 때에도 하나님이 살아 계심을 믿는다.

7

십자가 복음과 '아름다운 발'

"좋은 소식을 전하며 평화를 공포하며 복된 좋은 소식을 가져오며 구원을
공포하며 시온을 향하여 이르기를 네 하나님이 통치하신다 하는 자의 산을
넘는 발이 어찌 그리 아름다운가"**사 52:7**
"보내심을 받지 아니하였으면 어찌 전파하리요 기록된 바 아름답도다 좋은
소식을 전하는 자들의 발이여 함과 같으니라" **롬 10:15**

사도 바울은 성령에 이끌리어^행 13:2 전도여행을 시작한 지 약 10여년이 지난 어느 날(회심한지 약 20여년이 지난 시점) 고린도에 머물며 다음 선교지를 향해 기도하며 준비하고 있었다. 이때 바울은 아직 한 번도 방문하지 않은 로마에 있는 교회를 향해 편지를 써서 인편으로 전달하였다. 그 편지의 서두를 보면, 바울은 믿음이 온 세상에 알려질 만큼 신앙 생활에 본을 보이고 있는 로마 교회를 칭찬하며, 그들을 향한 하나님의 은혜에 대해 감사를 표하고 있다. "먼저 내가 예수 그리스도로 말미암아 너희 모든 사람에 관하여 내 하나님께 감사함은 너희 믿음이 온 세상에 전파됨이로다"^{롬 1:8}. 그리고 연이어 그 로마 교회 성도들에게 복음 전하기를 소망한다고 기록하고 있다. "그러므로 나는 할 수 있는 대로 로마에 있는 너희에게도 복음 전하기를 원하노라"^{롬 1:15}. 이 문맥을 자세히 살펴보면 한 가지 이상한 점이 발견된다. 믿음이 좋기로 온 세상에 소문난 로마 교회에게 필요한 것이 복음이라는 사도 바울의 논리를 어떻게 이해해야 하는가? 바울은 로마 교회 성도들이 이미 복음을 듣고 예수 그리스도의 성도로 부르심을 받았다고 인정하고 있다^{롬 1:6-7}. 그럼에도 불구하고 바울은 그들에게 복음을 전하고 싶다고 편지를 써서 보냈던 것이다. 로마 교회 성도들은 복음도 제대로 모르면서 그냥 무작정 큰 소리로 '믿습니다'하는 입술의 믿음으로 온 세상에 헛소문이 났던 것일까? 아니면 사도 바울은 단 한 번도 방문한 적이 없는 교회, 그래서 잘 알고 있지 못한 로마 교회에 대해 다소 형식적이면서도 상투적인 인사말을 전했던 것일까? 아니면 혹시 사도 바울 자신의 로마를 향한 발걸음을 정당화하려는 선교적 선포였던 것일까?

'다른 복음'은 없다

사도 바울은 로마서를 쓰기 전, 많은 지역들을 방문하며 교회들을 개척하였고 성도들을 목양하며 복음을 가르쳐왔다. 그 당시 로마제국 통치하에 이방 우상들을 섬기고 있던 갈라디아, 소아시아, 마케도니아, 그리고 아가야 지역에 바울은 복음을 들고 들어가 십자가에서 죽임당한 유대 청년 예수가 하나님의 아들 되심과 온 세상의 그리스도 되심을 증거하였고, 예수 그리스도를 구주로 고백하는 성도들, 특히 이방인 성도들을 중심으로 교회를 개척해 나갔다. 바울은 1차 전도여행시 갈라디아 지역을 순회하며 복음을 선포하였고, 그 선포된 복음 앞에 회심으로 응답하는 많은 사람들을 보고 아마도 기쁨과 감격에 넘쳐 덩실덩실 춤을 추었을지도 모른다. 교회가 회심한 사람들의 믿음으로 세워지고 말씀으로 양육되며 모든 것이 다 순조롭게 진행되는 것 같아 보이자 바울은 또 다른 선교지를 향한 부름에 순종함으로 나아갔을 것이다.

그러나 문제는 사도 바울이 개척한 교회를 떠난 다음에 일어났다. 시간이 흘러 나중에 바울의 귀에 들려온 소식은 갈라디아 성도들이 '다른 복음'을 듣고 있다는 청천벽력과 같은 소식이었다갈 1:6. 함께 있을 때 그렇게 설명하고 또 설명한 복음, 오직 예수 그리스도의 십자가 복음만이 구원의 유일한 길임을 강조하고 또 강조했건만, 교회에 들어온 유대주의자들의 변질된 종교적 논리에 한 순간에 휩쓸려버린 갈라디아 성도들의 소식에 바울은 적잖은 당혹감과 실망감을 감출 수 없었을 것이다. 아니 어쩌면 거룩한 분노가 바울의 마음 깊은 곳에서부터 올라왔는지도 모른다. 그래서 바울은 우선 펜을 들어 갈라디아 지역에 있는 성도들에게 단호한 마음으로 편지를 써 내려갔던 것이다. 그 편지를 통해 바울은 다시 한 번 복음이 무엇인지를 설명하며, 그 복음의 본질은 바로 예수 그리스도 이심을 강조하였다^{갈 1:11-17}. 그리고 더 나아가 그 복음의 유일성과 절대성은 그 어떤 것으로도 훼손될 수 없으며, 훼손되지도 않는다는 사실을 역설하였다^{갈 1:8-9}. 이를 통해 바울이 말하고자 했던 핵심은 바로 '다른 복음은 없다'라는 진리였다("다른 복음은 없나니 다만 어떤 사람들이 너희를 교란하여 그리스도의 복음을 변하게 하려 함이라"^{갈 1:7-10}).

사도 바울은 아마도 전도 여행을 하는 동안 갈라디아 교회와 같은 목회적 경험을 통해 '복음에 대한 중요성은 아무리 강조해도 지나치지 않는다'라는 사실을 깨달았을 것이다. 그리고 그 깨달음은 새로운 교회들을 계속 개척해 나가고 목양해감 속에 확증되었을 것이다. 바로 그 확인된 깨달음, 지난 10여년 동안 자신이 경험하고 깨달은 진리를 로마 교회 성도들에게 역설하였으며, 그리고 로마서를 통해 오늘날 우리들에게도 강조하고 있는 것이다. 한국 기독교계를 이끄셨던 한경직 목사님이 생존하실 때에 다른 목사님들을 만나면 이렇게 인사하셨다고 한다. "예수님 잘 믿으세요." 이는 성도뿐만 아니라 심지어 하나님의 부름 받은 종인 목사들에게도 반드시 필요한 것이 예수님을 향한 올바른 믿음이라는 권면과 도전의 인사말이다. 바로 이 인사말을 사도 바울은 믿음 좋기로 소문난 로마 성도들에게 전했던 것이다. 따라서 바울이 로마 교회 성도들에게 복음 전하기를 소망한다는 것은 그들이 이미 알고 받아들인 것 외에 또 다른 무슨 새로운 복음을 전하겠다는 뜻이 아니라 복음의 진리에 대한 바른 가르침을 다시 한번 강조함으로 그들을 신앙 가운데 견고히 세우고자 하였던 것이다. 이미 잘 알고 있다고 생각하는 것 또는 너무나 많이 듣고 익숙해져서 그 중요성을 망각하고 있는 것, 바로 그 것이 성도들에게 가장 치명적인 위기와 도전을 줄 수 있음을 사도 바울과 한경직 목사님은 한 목소리로 경고하였던 것이다. 하나님의 아들 예수 그리스도가 이 땅에 오신 좋은 소식을 믿음으로 받아들이며, 그 받아들인 복음에 기쁨으로 화답하는 삶, 그 삶이 신앙의 본질이며 그 복음을 땅끝까지 전하는 것이 모든 성도들에게 주어진 하나님의 명령임을 성경은 분명히 기록하고 있다마 28:19. 그래서 모든 성도들은 계속해서 이렇게 외쳐야 한다 "다시 십자가 복음으로."

'땅끝까지 이르러 내 증인이 되라'

그럼 사도 바울은 로마 교회를 향해 복음을 선포하는 것이 그의 최종 목적이었던 것일까? 안디옥 교회에서 파송 받은 후 갈라디아, 소아시아, 마케도니아, 아가야 등을 순회하며 자신이 개척한 교회들을 방문하며 성도들을 위로하고 격려한 바울은 3차 전도여행 말미에, 겨울을 나기 위해 고린도에서 약 3개월 정도 머무르게 되었다행 20:3. 예루살렘으로부터 일루리곤('달마티아' 지역)까지 그 동안 자신이 걸어온 선교의 발자취를 뒤돌아보면서 모든 것이 성령의 능력으로 이루어졌음을 고백한 바울은 아직도 복음을 듣지 못한 지역들이 많이 남아있음을 인지하며 그곳들을 향한 선교적 열정과 동시에 안타까움을 토로하였다롬 15:19-21. 3차에 걸쳐 전도 여행을 하는 가운데, 바울이 무엇보다도 중요하게 여기며 지킨 선교 원칙(또는 선교 윤리)은 이미 복음이 전해진 곳에 중복되게 복음을 전하지 않는다는 신념이었다. "또 내가 그리스도의 이름을 부르는 곳에는 복음을 전하지 않기를 힘썼노니 이는 남의 터 위에 건축하지 아니하려 함이라"롬 15:20.

이 바울의 신념을 역으로 생각하면, 그 당시에도 오늘날과 같이 '남의 터'위에 교회를 세우는 경향이 있었음을 알 수 있다. 소위 '터'가 좋기로 소문난 지역에는 많은 교회들이 세워지게 되고, 교회가 많아지면 자연히 성도들의 수평이동이 일어나게 되고, 그것으로 인해 급기야는 교회와 교회 간에 반목과 대립이 생기는 현상들을 어렵지 않게 찾아볼 수 있다. 한국의 어느 대형교회를 담임하시는 목사님이 교회를 개척할 당시 교회 '터'를 세우는 데에 어려움이 있었음을 설교 중에 토로한 적이 있다. 많은 시간과 노력을 들여 마침내 개척할 장소를 발견하였고 계약금까지 다 지불하였는데, 근처에 있는 어느 교회의 목사님이 반대하는 바람에 결국 그곳에서 개척하지 못하고 지불한 계약금마저 회수하지 못했다는 이야기이다. '남의 터'위에 교회를 세우지 않으려는 원칙을 지키려고 경제적 손해까지 감수한 그 목사님은 마침내 하나님의 은혜로 '복음의 터' 위에 교회를 개척하게 되었고 지금도 그 터를 굳건히 세워 나가고 있다. 교회가 세워지는 터는 어느 장소가 아니라 예수 그리스도의 복음이다.

이 진리에 대해 사도 바울은 다음과 같이 풀어 설명하고 있다. "내게 주신 하나님의 은혜를 따라 내가 지혜로운 건축자

와 같이 터를 닦아 두매 다른 이가 그 위에 세우나 그러나 각
각 어떻게 그 위에 세울까를 조심할지니라. 이 닦아 둔 것 외
에 능히 다른 터를 닦아 둘 자가 없으니 이 터는 곧 예수 그리
스도라"고전 3:10-11. 남의 터 위에 교회 세우기를 지양한 사도
바울은 아직 복음이 들어가지 않은 지역들을 찾아 선교의 아
름다운 발걸음을 멈추지 않았다. 특별히 '주의 소식(복음)을 받
지 못한 사람들이 보게 되며, 듣지 못한 사람들이 깨닫게 되는
비전'을 선포한 선지자 이사야의 말씀사 52:15, 참조: 롬 15:21을
따라 그 당시 로마제국의 서쪽 끝에 위치한 서바나(지금의 스페
인)에 복음을 들고 나아가는 소망을 품었으며, 특히 로마에 있는
성도들에게 그 비전에 함께 동참해 줄 것을 호소하였다롬 15:
23-24. 그 당시 아직 예수 그리스도의 복음이 전해지지 않은
서바나에 하나님의 교회를 세우고자 하는 선교적 책임감이 바
울의 마음 깊은 곳을 누르고 있었던 것이다롬 15:20-22.

그럼 왜 서바나인가? 그 당시에 서바나 지역만이 아직 복
음이 들어가지 않았던 곳인가? 사도 바울의 3차에 걸친 선교
여정을 자세히 살펴보면 그 선교의 방향성이 동쪽에서 서쪽으
로 향하고 있음을 알 수 있다. 성령의 이끌림행 13:2, 16:6, 27:23

에 의해서 바울은 예루살렘에서 동쪽(지금의 중동과 아시아)이 아닌 서쪽(지금의 유럽)으로 복음을 들고 한 발자국 한 발자국 움직였던 것이다. 이 바울의 선교적 움직임과 동일한 지리적 모습을 보이고 있는 것이 바로 그 당시 로마제국의 영토 확장이다. 1세기 로마제국이 점령한 지역을 보면 동쪽 끝으로는 이스라엘이고 서쪽 끝으로는 스페인임을 알 수 있다. 약 20여 년 동안 로마제국을 누비며 예수 그리스도의 복음을 들고 전파한 사도 바울은 오직 하나의 꿈을 꾸었던 것이다. 그 꿈은 바로 '땅끝까지 이르러 내 증인이 되라'는 예수 그리스도의 선교적 명령이었다[행 1:8]. 바로 이 선교적 명령을 받은 바울은 "주께서 이같이 우리에게 명하시되 내가 너를 이방의 빛으로 삼아 너로 땅 끝까지 구원하게 하리라 하셨느니라"[행 13:47]라고 분명하게 고백하고 있다.

바울을 향한 이 소명, 이방인을 향해 복음을 들고 땅끝까지 나아가라는 예수 그리스도의 명령은 이미 바울보다 800년 전에 하나님이 선지자 이사야를 통해 보여주셨던 선교적 비전과 동일하다. 하나님이 부르신 소위 '여호와의 종'[사 42:1-9, 49:1-6, 50:4-9, 52:13-53:12]에게 부여되었던 사명, "그가 이르시되 네가 나의 종이 되어 야곱의 지파들을 일으키며 이스라엘 중에 보전된 자를 돌아오게 할 것은 매우 쉬운 일이라 내가 또 너를 이방의 빛으로 삼아 나의 구원을 베풀어서 땅 끝까지 이르게 하리라"사 49:6. 바로 이 사명을 사도 바울은 예수 그리스도로부터 직접 받았던 것이다. 이 사명에 따라 사도 바울은 그 당시 세계의 중심이었던 로마제국의 동쪽 끝(예루살렘)에서 서쪽 끝(서바나)까지 복음화를 위해 그 어떤 고난과 희생도 감수하였던 것이다.

바울 시대뿐만 아니라 오늘날도 많은 선교사들이 동일한 선교적 비전을 품고 각자의 땅끝을 향해 복음을 들고 나아가고 있다. 그럼 이 비전은 단지 선교사들에게만 주어진 하나님의 명령인가? 선교사의 소명을 받지 않은 대부분의 성도들의 땅끝은 어디인가? 믿지 않는 가족과 직장 동료에게 복음을 전하는 것, 이웃에게 예수 그리스도의 십자가를 알리는 것, 소외되고 차별 받는 사람들을 구제와 나눔으로 섬기는 것 등이 우리들의 삶 속에서 보여지는 선교적 땅끝은 아닐까! 그런데 이러한 소명과 사역이 온전히 수행되기 위해서는 반드시 선결되어야 할 것이 있다. 바울이 이방인 선교를 위해 목숨 바쳐 헌

신적으로 감당할 수 있었던 근거는 바로 그가 예수 그리스도를 인격적으로 만남으로 그의 삶이 먼저 복음으로 충만했기 때문이다. 동일한 원리가 우리 모두에게도 적용된다. 각자의 인생 속에 소명 받은 그 땅끝까지 복음을 전하기 위해서는 '내 삶'이 먼저 복음화가 되어야 한다. 만인에게 공개된 나의 앞모습 뿐만 아니라, 나 혼자만이 알고 있는 또는 감추고 싶은 뒷모습까지도 온전히 복음화 되는 것, 바로 그 것이 우리가 이루어야 할 우선적이고 일차적인 땅끝이 아닌가 반문해 본다.

바울의 회심과 소명

그럼 사도 바울은 언제 어떻게 자신의 사명을 깨달았던 것일까? 지금의 터키지역인 길리기아의 다소에서 출생한 바울은 일찍이 예루살렘으로 유학하여, 그 당시 당대의 최고 율법학자인 가말리엘(힐렐학파)의 문하생으로 교육을 받았으며, 유대 율법에 정통한 바리새인이 되었다. 바울은 그 당시 헬레니즘의 영향 하에 있던 다소에서 태어났지만^{행 21:39} 엄한 유대교 관습에 따라 자라났으며^{행 26:5} 자신의 유대교적인 전통을 자랑으로 여겼고^{빌 3:5}, 그 유대 전통을 지키는 데에 열심이었다갈 1:14. 특히 빌립보 교회에 보낸 편지를 보면 바울은 "내가 팔일 만에 할례를 받고 이스라엘의 족속이요 베냐민의 지파요 히브리인 중의 히브리인이요 율법으로는 바리새인이요 열심으로는 교회를 핍박하고 율법의 의로는 흠이 없는 자로라"빌 3:5-6라고 자신의 옛 모습을 있는 그대로 솔직히 보여주고 있다. 바울은 비록 다소 출신으로 태어나면서부터 로마 시민권을 가진 로마 시민이었지만행 22:27-28, 혈통상 이방의 피가 섞이지 않은 순수한 이스라엘 사람이었다. 바울은 유대 율법대로 팔일만에 할례를 받은 사실과, 특히 이스라엘 12지파 중의 하나인 베냐민 지파 태생임을 밝힘으로 히브리인으로서의 정통성을 증명하였다. 따라서 자신을 '히브리인 중의 히브리인'이라고 말한 바울은 자신의 피 속에 순수한 히브리인의 피가 흐르고 있다는 사실뿐만 아니라 언어 및 습관 등 일상 생활에 있어서도 정통 히브리인으로서 살아가고 있음을 강조하였다. 무엇보다도 바울은 유대 종교의 열성적인 추종자였음을 고백하며, 당시 유대 율법과 신앙에 위배된다고 생각되었던 교회를 지속적으로 그리고 반복해서 박해하였음을 시인하였다. 이를 통해 바울이 말하고자 했던 핵심은 무엇일까? '하나님의 선민 백성 이스라엘의 후손'이라는 사실뿐만 아니라 '히브리인 정통 혈통', '교회를 핍박한 열심', 그리고 '율법의 의'로는 절대로 구원받을 수 없다는 사실이다. 바로 이 사실을 깨닫는 바울의 모습이 사도행전에 기록되어 있다.

사도행전을 보면 바울이 처음으로 등장하는 곳이 스데반 집사가 순교하던 현장이었다. 누가(사도행전 저자)는 그 순교 현장에 있었던 바울을 청년(대략 25-35세)으로 묘사하고 있는데행 7:58, 이를 통해 당시 바울은 정규적인 바리새파 교육을 끝내고 유대교 회당에서 율법을 가르치는 랍비의 위치에 있었을 것으로 추정된다(참조: 행 6:9 '자유인의 회당'). 바울은 당시 기독교를 이단으로 규정하여 핍박하였으며, 복음을 받아들인 사람들을 옥에 넘겼을 뿐만 아니라행 8:3, 회당에서 그들을 때렸으며행 22:19, 심지어 그들을 죽이기까지 하였다행 22:4, 26:10. 예루살렘에 있는 성도들을 핍박하는 것만으로 부족해, 바울은 흩어진 교회들을 찾아 잔멸하기 위해 대제사장으로부터 체포 영장을 발부 받아 다메섹으로 내려갔다행 9:1-2.

바로 이때 바울의 인생을 완전히 뒤바꾸어 놓을 사건이 기다리고 있었다. 다메섹으로 가는 도중에 바울은 부활하신 예수 그리스도를 만나 회심하게 되었고, 더 나아가 그의 남은 일생을 바쳐 헌신하게 될 선교적 사명도 받게 되었다^{행 9:1-9,} ^{22:6-16, 26:12-18}. 예수 그리스도를 만난 바울의 삶은 전적으로 복음화되었으며, 그가 그렇게 핍박했던 예수님을 하나님의 아들 그리스도라 증거하였으며^{행 9:20-22}, 이방인들에게 복음을 전하는 사역을 자신의 사명으로 받아들이고^{행 13:47, 사 49:6}, 심지어 율법의 가르침과 상반되는 '이신칭의'를 강조하였다. 이런 급격한 변화는 바울의 학문, 사상, 토론, 배움 등의 결과로써 점진적으로 이루어진 것이 아니라, 다메섹 도상에서 한 순간에 발생한 것으로, 그 어떤 다른 이유로는 설명할 수가 없다. 오직 예수 그리스도가 바울에게 나타났다는 사실, 즉 그가 부활하신 예수님을 만난 사건으로만 설명이 가능하다. 바울은 회심하기 전 교회를 핍박할 때에 이미 기독교에 대해 상당한 정보를 들어 알고 있었을 것이다. 이미 그의 머리 속에 있던 지식과 정보들이 예수 그리스도를 만났을 때에 마침내 그의 마음으로 내려와 믿음으로 변화되었던 것이다.

초기 기독교 박해에 결정적인 역할을 감당했던 사도 바울이^{빌 3:6} 예수 그리스도를 마음으로 믿어 의에 이른 다음에 제일 먼저 취한 행동은 예수님이 하나님의 아들이심을 전파하는 것이었다[행 9:20-22]. 다메섹 도상에서 빛으로 오신 예수 그리스도를 만난 바울은 눈이 멀어 사흘 동안 보지 못하고 먹지도 마시지도 못하였다. 사흘이 지난 뒤 아나니아의 안수를 받고 자신의 눈에서 비늘 같은 것이 벗겨져 다시 보게 된 바울은 일어나 세례를 받고 음식을 먹으며 몸을 움직일 수 있게 되자, '그 즉시로 각 회당'을 돌아다니며 예수님이 하나님의 아들 그리스도이심을 전파하였다[행 9:20]. 부활하신 예수 그리스도를 만난 바울의 영안이 열려 보게 된 영적 진리가 바로 예수님은 하나님의 아들이시고 그리스도라는 사실이다. 바울이 마침내 깨닫게 된 진리가 예수님이 누구이신가에 대한 베드로의 신앙 고백이었으며[마 16:16], 사도 요한이 복음서를 통해 증거하고자 했던 핵심 메시지였던 것이다("오직 이것을 기록함은 너희로 예수께서 하나님의 아들 그리스도이심을 믿게 하려 함이요 또 너희로 믿고 그 이름을 힘입어 생명을 얻게 하려 함이니라"[요 20:31]). 예수님을 인격적으로 만난 사람은 모두 한 목소리로 고백하고 있다. '예수님은 하나님의 아들 그리스도이시다.' 바로 이 진리가 당시 유대인들에게는 신성모독으로 예수님을 십자가에 처형했던 이유이자 회심 전 바울이 교회를 핍박했던 이유였다. 그러나 기독교로 개종한 바울에게는 목숨 걸고 복음을 전파해야 하는 절대적 이유가 되었다.

　사도 바울이 다메섹에서 복음을 전파한 기록 속에 특히 주목하는 것은 '즉시로'라는 표현과 더불어 '회당'에 해당하는 원어가 복수형(synagogues)으로 쓰였다는 점이다(참조: "다메섹 여러 회당에 가져갈 공문을 청하니…"행 9:2). 한 회당이 아닌 여러 회당들을 돌아다니며 자신이 직접 보고 듣고 체험한 복음을 열심으로 전하고 있는 바울의 흥분과 감격이 '즉시로 각 회당'이라는 표현에서 잘 드러나고 있다. 바울 당시에 예루살렘도 아닌 이방 도시 다메섹에 정확하게 몇 개의 유대인 회당이 있었는지는 모르지만(최소한 30여개 회당이 있었을 것으로 추정), 한 가지 확실한 것은 유대 회당들이 어느 한 장소에 몰려 있지 않았다는 사실이다. 틀림없이 지역별로, 권역별로 나뉘어져 회당들이 세워져 있었을 것이다. 종교가 아닌 진리를 만난 바울, 인생의 정답을 찾은 바울은 너무나 기쁘고 감격한 나머지 다메섹 이쪽 끝에 있는 회당에서 저쪽 끝에 있는 회당까지 두루 다니면서 예수 그리스도의 복음을 외쳤던 것이다. 바로 이 감동과 헌신의 모습이 '복음을 멸하는 자'에서 '복음을 전하는 자'로 바뀐 모습이며, 그리고 그 변화된 모습이 계속해서 보여진 사건이 바울의 세 번에 걸친 선교(전도)여행이었다. 성경은 그 선교의 발자취를 '아름답다'라는 표현으로 요약하고 있다롬 10:15. 선지자 이사야가 예언한 "아름답도다 좋은 소식을 전하는 자들의 발이여"사 52:7가 사도 바울의 체험적 고백이 되었으며, 그 고백은 오늘날 교회의 전도와 선교를 통해 증거되고 있고, 그리고 예수 그리스도가 다시 오시는 그날까지 계속해서 증거되어져야 한다.

바울의 아라비아 선교와 성령의 인도하심

갈라디아서를 보면 부활하신 예수 그리스도를 인격적으로 만나고 회심한 바울은 다메섹에서 복음을 전하다가 아라비아로 내려갔다는 자술적 기록이 있다. 바울이 왜 아라비아로 갔는지에 대한 구체적인 설명 없이 단순히 아라비아로 내려갔다가 다시 다메섹으로 돌아왔다고만 언급하고 있다갈 1:17. 그럼 왜 바울은 회심한 후에 제일 먼저 예루살렘으로 올라가 사도들을 만나지 않고 아라비아로 내려갔던 것일까? 이 질문에 답하기 위해서는 먼저 그 당시 '아라비아'가 어디인가를 알아야한다. 갈라디아서에 언급된 아라비아는 오늘날의 사우디아라비아라는 국가를 가리키는 것이 아니라, 그 당시 로마행정 구역상 요단강 동남쪽에서 시나이반도 하단에 이르는 지역을 지칭하는 것이다(참고로 모세의 시내산도 포함; 갈 4:25).

당시 그곳에는 나바티안 왕국(Nabataean kingdom)이 있었으며, 고린도후서에서도 언급되고 있는 아레다 4세(Aretas IV: 9 BC-AD 40)가 통치하고 있었다[고후 11:32-33]. 다메섹은 바로 이 아라비아와 인접한 도시였으며, 아마도 당시 아레다 4세의 정치적 영향력 아래 있었을 것으로 여겨진다. 다메섹에서 '즉시로' 이곳 저곳을 다니며 예수님의 하나님 아들되심과 그리스도이심을 전한 바울이 그 다음으로 복음을 들고 나아간 곳은 어디였을까? 다메섹과 인접한 아라비아(나바티안 왕국)가 아니었을까? 바울에게 예수 그리스도를 만난 다메섹 체험은 단순한 '회심'(conversion)의 차원을 넘어 '부르심'(calling)이었으며, 그 부르심의 목적은 바로 하나님의 아들을 이방에 전하는데 있었다[갈 1:16]. 그 부르심에 따라 바울은 다메섹에서 아라비아로 그리고 소아시아를 거쳐 유럽을 향해 선교의 발길을 옮겼던 것이다.

1세기 유대 역사학자 요세푸스에 의하면 '나바티안'이라는 이름은 '느바욧'에서 유래되었음을 알 수 있다(유대 고대사 1.220-221). 그리고 '느바욧'은 이스마엘의 장자이고 그의 동생은 '게달'이라고 성경은 기록하고 있다창 25:12-13. 느바욧과 게달의 후손들은 주로 아라비아 지역에 흩어져 거주하였으며 유목이 그들의 주요 산업이었다사 21:13-17, 렘 2:10. 양과 염소를 치며 아라비아 지역을 돌아다니던 그들에게도 구원의 복음이 선포될 것을 선지자 이사야는 다음과 같이 예언하였다. "게달의 양 무리는 다 네게로 모일 것이요 느바욧의 숫양은 네게 공급되고 내 제단에 올라 기꺼이 받음이 되리니 내가 내 영광의 집을 영화롭게 하리라"사 60:7. 이는 하나님의 구속역사 속에 이방민족인 느바욧과 게달 자손들이 포함될 것을 예언하는 것으로 이 예언을 이루기 위해 하나님은 그의 종('여호와의 종')을 부르시어 이스라엘을 넘어 이방 열방까지 복음을 들고 나아가라는 사명을 주셨다. "나 여호와가 의로 너를 불렀은즉 내가 네 손을 잡아 너를 보호하며 너를 세워 백성의 언약과 이방의 빛이 되게 하리니"사 42:6. '백성의 언약과 이방의 빛'으로 세워진 종에게 하나님은 "네가 나의 종이 되어 야곱의 지파들을 일으키며 이스라엘 중에 보전된 자를 돌아오게 할 것은 매우 쉬운 일이라 내가 또 너를 이방의 빛으로 삼아 나의 구원을 베풀어서 땅 끝까지 이르게 하리라"사 49:6고 사명의 방향과 지침까지도 제시해 주셨다. 이 사명을 받은 '여호와의 종'은 우선 먼저 세상 모든 민족과 사람들을 향해 여호와 하나님을 새 노래로 찬양하라고 촉구하였다. "항해하는 자들과 바다 가운데의 만물과 섬들과 거기에 사는 사람들아 여호와께 새 노래로 노래하며 땅 끝에서부터 찬송하라 광야와 거기에 있는 성읍들과 게달 사람이 사는 마을들은 소리를 높이라 셀라의 주민들은 노래하며 산꼭대기에서 즐거이 부르라"사 42:10-11. 이러한 찬양의 촉구가 이스라엘 민족을 넘어 세상 모든 민족을 향해 선포된다는 것은 하나님이 그의 종을 통해 이 세상 땅끝까지 구원을 베푸실 것임을 보여주고 있다.

그러므로 느바욧과 게달 자손들이 양과 수양을 가져와 하나님의 성전에 예물로 드릴 수 있게 된 것은 다름아닌, 이사야 42장에 예언되었듯이, '여호와의 종'이 이방을 향해 땅끝까지 복음을 들고 나아간 결과로 주어지는 것임을 알 수 있다. 그런데 사실 이스라엘의 역사를 살펴보면 이방인들이 여호와의 제단에 들어가 그들의 제물로 제사를 드린 적은 없다. 예루살렘 성전 안뜰에 있는 번제단은 오직 이스라엘 백성만 출입할 수 있는 곳으로 이방인은 출입이 금지된 곳이었다. 그럼 이방 민족인 느바욧과 게달 자손들이 하나님의 성전 안으로 들어가 제사를 드린다는 것은 무엇을 말하는 것인가? 향후 이방 민족들이 그리스도의 복음을 듣고 구원 받아 교회에서 하나님께 예배 드리게 될 것을 암시하는 예언이다.

이사야 선지자는 땅끝까지 이방인에게 복음을 전하라는 사명을 받은 '여호와의 종'이 제일 먼저 향하는 곳이 바로 게달과 셀라 사람들이 살고 있는 아라비아 지역임을 예언하였다사 42:11. 그리고 다메섹에서 회심한 후 바울이 복음을 들고 내려간 곳도 아라비아였다. 우연의 일치인가? 이사야가 예언한 셀라는 지역 이름으로 '바위'라는 의미를 갖고 있으며 헬라어로 번역하면 '페트라'이다. 그런데 놀라운 것은 바울 당시 아라비아에 있던 나바티안 왕국의 수도가 페트라였다는 사실이다. 그럼 이 사실 또한 우연의 일치인가? 바울은 예수 그리스도로부터 이방 선교에 부르심을 받고 이스마엘의 후손들이 살고 있는 나바티안 왕국으로 들어가 복음을 전하였다. 도대체 바울이 받은 소명이 무엇이길래 아라비아로 내려갔던 것일까? 바울은 자신에게 부여된 이방 선교가 "주께서 이같이 우리에게 명하시되 내가 너를 이방의 빛으로 삼아 너로 땅 끝까지 구원하게 하리라"^{행 13:47}는 예수 그리스도의 부르심에 의한 것임을 명확히 알고 있었다. 그리고 그 예수 그리스도의 부르심은 이사야 49:6에 예언된("내가 너를 이방의 빛으로 삼아 너로 땅 끝까지 구원하게 하리라") '여호와의 종'을 향한 사명이었다는 사실도 구약에 능통한 학자로서 알고 있었을 것이다. 따라서 이사야서에 예언된 '여호와의 종'의 사명을 받은 것으로 확신한 바울은 이사야서에 예언된 대로 제일 먼저 느바욧과 게달 자손들이 거주하고 있는 아라비아로 내려갔던 것이다.

바울은 예수 그리스도로부터 받은 이방 선교의 소명에 따라 아라비아 지역으로 내려가 복음을 전하였고 그러다가 우상 숭배하는 현지인들의 심한 반대와 핍박에 부딪히자 그는 다시 다메섹으로 돌아왔을 것이고, 그런 바울을 아레다왕의 방백들은 끝까지 쫓아와 해하려고 했던 것이다^{고후 11:32-33}. 바울을 다메섹까지 쫓아간 아레다왕의 방백들의 모습을 보면서 과거에 교회를 핍박하기 위해 다메섹까지 쫓아간 바울의 모습이 역설적으로 투영되고 있다. 바울이 아라비아로 내려간 이유가, 그동안 추측하여 왔듯이, 조용히 광야에 칩거하면서 깊은 기도와 묵상을 하려고 했는지도 모른다. 그러나 한 가지 분명한 것은 바울이 땅끝까지 이방인에게 복음을 전하는 사명을 예수 그리스도로부터 받았다는 사실이고, 그 부르심에 따라 즉시 순종하여 다메섹의 여러 유대 회당에서 그리스도의 복음을 전파하였다는 사실이다. 이런 사실로 유추해볼 때, 굳이 이방 종교와 우상 숭배의 죄악이 넘쳐나는 아라비아까지 내려가 수 년 동안 기도와 묵상을 하면서 앞으로의 사역을 준비할 필요가 바울에게 있었겠는가의 질문을 던질 수밖에 없다.

그럼 왜 바울이 아라비아에서 예수 그리스도의 복음을 전한 기록이 사도행전에는 없는 것일까? 성경을 보면 사실 아라비아뿐만 아니라 바울이 다소에 머물러 있었던 기간 동안의 사역에 대해서도 아무런 언급이 없다. 사도행전을 보면, 다소에 머물러 있던 바울을 바나바가 찾아가 안디옥 교회로 천거하였고 바울이 바나바와 함께 안디옥 교회에서 사역한지 일년이 지난^{행 11:26} 어느 날 안디옥 교회는 성령의 지시에 따라 바나바와 사울을 따로 구별하여 세운 뒤 그들에게 안수하여 선교사로 파송하였다^{행 13:2}. 바울이 회심한지 약 10년이 지난 후에서야 비로소 예수 그리스도가 그를 부르신 소명^{행 9:15}이 성령에 의해 구체적으로 실행되기 시작했던 것이다. 바울은 성령에 의해 마침내 교회의 선교사로 세워졌고 성령의 보내심을 따라 땅끝까지 나아갈 수 있었다^{행 13:4}. 바울을 세우시고 보내시고 인도하신 성령 하나님이 이루신 선교의 역사들이 바로 사도행전 13장 이후에 기록되어 있는 것이다. 이를 역으로 생각하면, 이전까지의 사역은 대부분 바울 자신의 인간적인 열정과 헌신의 모습이었음을 유추해볼 수 있다. 복음 전파와 선교 사역은 인간의 자발적인 열심에 의하여 이루어지는 것이 아니다. 오직 하나님의 뜻과 시간표에 의해 한치의 오차나 실수 없이 완벽하게 이루어져 가는 것이다.

예나 지금이나 교회를 섬김에 있어서, 성도들의 다양한 헌신과 수고의 아름다운 모습들이 있다. 이 모두 다 하나님의 일을 하고 있지만, 그 중에는 성령에 의해 세워진 사역도 있을 것이고, 또한 인간적인 계획과 비전에 따라 움직이는 사역도 있을 것이다. 한 마디로 교회를 섬기는 수고와 사역들이 진정 하나님의 뜻에 의한 것인지를 분별하는 것은 참으로 쉽지 않다. 때론 하나님을 섬긴다 하면서 하나님보다 앞서 나갈 때가 있으며, 심지어 하나님이 '나'의 개인적인 비전과 꿈을 쫓아오기를 바라며 간구하기도 한다. 하나님보다 한발자국 뒤에 서서 쫓아가는 영의 분별력과 민감함이 필요하다는 것을 모르지는 않는데, 그것을 현실 속에 실제로 적용하는 것은 그리 녹록하지 않은 도전인 것이다. 언제 어느 상황 속에서도 하나님의 뜻과 때를 분별하며 그리스도의 복음을 위해 쓰임 받는 삶이 바로 이사야와 바울이 한 목소리로 증거한 '아름다운 발'의 인생이다. 하나님의 방법으로 하나님의 뜻이 이루어지는 역사함 속에 '나'라는 존재가 포함되어 있는 것이 하나님의 은혜임을 선교 사역을 통해 분명하게 깨달은 사도 바울은 오늘도 우리를 향해 이렇게 고백한다. "이 복음을 위하여 그의 능력이 역사하시는 대로 내게 주신 하나님의 은혜의 선물을 따라 내가 일꾼이 되었노라 모든 성도 중에 지극히 작은 자보다 더 작은 나에게 이 은혜를 주신 것은 측량할 수 없는 그리스도의 풍성함을 이방인에게 전하게 하시고 영원부터 만물을 창조하신 하나님 속에 감추어졌던 비밀의 경륜이 어떠한 것을 드러내게 하려 하심이라"엡 3:7-9.

8

십자가 복음과 '갈릴리로 가라'

"우리가 스스로 우리의 행위들을 조사하고 여호와께로 돌아가자 우리의 마음과 손을 아울러 하늘에 계신 하나님께 들자"애 3:40-41

"오라 우리가 여호와께로 돌아가자 여호와께서 우리를 찢으셨으나 도로 낫게 하실 것이요 우리를 치셨으나 싸매어 주실 것임이라"호 6:1

성경의 시작부터 예언되고 계시되어 온 복음은 2000년전 예수 그리스도를 통해 밝히 드러났으며, 그 계시된 복음을 이제 예수 그리스도의 제자들이 온 세상을 향해 들고 나아가 전파해야 할 의무가 주어졌다. 그리고 이 의무는 부활하신 예수님이 제자들에게 복음 들고 땅끝까지 나아가 증인이 되라는 명령으로 확증되었다. "오직 성령이 너희에게 임하시면 너희가 권능을 받고 예루살렘과 온 유대와 사마리아와 땅 끝까지 이르러 내 증인이 되리라 하시니라"^{행 1:8}. 이것이 바로 당시 제자들뿐만 아니라 시공을 넘어 모든 믿는 자들에게 주어진 지상대명령이다. 이 명령대로 당시 제자들은 오순절날 강림하신 성령을 체험한 후 교회들을 세워갔으며, 성령의 역사하심에 따라 복음 전파의 대상을 예루살렘이나 유대에만 국한하지 않고 사마리아 지역과 이방인들이 살고 있는 지역까지 확장시켜 나갔다. 한 마디로 복음의 전세계적인 확산이 이루어진 것이다. 예수 그리스도의 제자라면 그 누구도 예외없이 예루살렘이라는 익숙한 안전지대를 넘어 복음이 들어가기 가장 힘든 땅끝까지 예수 그리스도의 살아있는 증인이 되어야 한다. 이런 막중한 선교적 사명 앞에 겸손히 무릎 꿇고 묵상하는 질문이 하나 있다. 그럼 왜 부활하신 예수님은 제자들에게 선교사명을 주기전에 그들로 하여금 갈릴리로 오라고 명령하셨을까? "이에 예수께서 이르시되 무서워하지 말라 가서 내 형제들에게 갈릴리로 가라 하라 거기서 나를 보리라 하시니라"마 28:10.

성령의 권능을 받고 예루살렘부터 땅끝까지 복음의 증인이 되는데 있어서 반드시 잊지 말아야 할 곳이 바로 예수님을 만난 곳 갈릴리, 예수님과 함께 동행하며 복음의 본질과 능력을 배우고 경험했던 갈릴리였던 것이다. 예수님을 만난 갈릴리의 초심을 잃어버리면 예루살렘부터 땅끝까지 복음 사역을 수행해 간다 하더라도 그 사역은 하나님 나라의 일이 아닌 사람의 일마 16:23이 되어버려 복음의 능력이 나타나지 못하게 되는 것이다. 항상 어디서든지 무엇을 하든지 갈릴리 초심을 기억하고, 언제든지 갈릴리로 돌이킬 수 있는 영적 준비와 민감함이 필요함을 일깨워 주는 말씀이 바로 '갈릴리로 가라'라는 부활하신 예수님의 명령이다.

몇 해전 어느 대형교회에서 '돌이키면 살아나리라'라는 주제로 한 해 동안 교회의 회복과 부흥을 도모한 적이 있다. '돌이키면 살아나리라!' 지금 우리 시대에 정말로 필요한 말씀이다. 예수님의 제자들이 교회를 개척하고 선교사역을 감당하기에 앞서 갈릴리로 가야 했듯이, 오늘날 교회는 예수님을 만난 초심으로 돌이켜야 한다. 그래야 살아날 수 있고 회복될 수 있다. 성경사전을 보면 '돌이킨다'라는 단어는 문자적으로 '뉘우치며 돌아선다'라는 의미를 갖고 있다. 이는 마음의 변화와 행동의 변화 모두를 수반하는 전인격적인 돌이킴을 지칭하는 것이다. 그럼 구체적으로 어디로 돌이켜야 하는가? 우리가 돌아가야 할 갈릴리는 어디인가? 성경에 계시된 돌이킴은 크게 두가지 유형으로 살펴볼 수 있다: 첫번째로, 죄악 또는 세상에서 하나님께로 돌아오는 돌이킴의 회개를 의미하며 두번째로 하나님을 만난 그 초심의 신앙으로 다시 돌아가는 돌이킴을 의미한다.

죄악 된 세상에서 하나님으로 돌이킴

먼저 죄악 된 세상으로부터 하나님께로 돌이킨 성경적 인물들을 살펴보면, 아브라함의 이야기를 빼놓을 수가 없다. 아브라함은 노아의 10대 손으로 갈대아 우르에서 태어나 성장하였다. 그 당시 갈대아 우르는 수메르 문명지대(지금의 이라크 남부 지역)의 중심 도시로 경제뿐만 아니라 정치, 사회, 문화, 종교 모든 면에서 번성한 도시였다. 특히 현존하는 가장 오래된 성문법인 '우르남무 법전'이 만들어진 곳이고 ('함무라비 법전'보다 약 3세기 앞선 것으로 추정) '달'의 신에게 바쳐진 거대한 계단식 탑인 지구라트가 발견된 곳이기도 하다. 바로 이런 문명의 도시인 '우르'에서 아브라함이 가족을 이끌고 나와 그 어느 것 하나 내세울 것 없는 척박하고 황량한 땅 가나안으로 이주하면서 이스라엘의 역사는 시작되었다.

세상적 관점으로 보면 낙후된 가나안에서 문명의 도시 '우르'로 이주하는 것이 순리요 합당한 결정이다. 그러나 아브라함은 하나님의 부르심에 순종하여 그 반대 방향으로 나아갔던 것이다. 역사를 막론하고 세상 사람들은 성공, 출세, 명예, 부의 사다리를 타고 올라가는 것이 인생의 정답이라 믿고 있다. 만약 그 사다리에서 미끄러져 내려오는 사람이 있다면 그 인생은 실패한 삶이요 패배한 루저(loser)라고 낙인 찍어버리는 세상이 바로 우리들이 살고 있는 세상이다. 그러나 성경의 역사는 정반대이다. 문명의 화려함 속에 안주하던 아브라함은 갈대아 우르에서 일어나 돌이켜 하나님이 명령하신 가나안으로 나아가는 순종을 보여주었다.

그럼 왜 하나님은 아브라함을 우르에서 돌이키게 하였던 것일까? 성경이 기록한 아브라함의 돌이킴은 단순한 지역적 이동이 아닌 세상으로부터 하나님을 향한 돌이킴이었고 동시에 죄악된 인간에서 구원받은 하나님 백성으로의 돌이킴을 의미한다. 아브라함이 태어나 자란 갈대아 우르 지역은 오늘날 전쟁의 먹구름과 화염이 끊이지 않는 이라크 남부지역이다. 계속되는 전쟁과 IS의 무차별 공격에 의해 고대 메소포타미아 유적지마저 파괴되고 있는 땅, 바로 그 땅으로부터 약 4000년 전에 아브라함은 담대히 일어나 하나님께로 나아갔던 것이다. 이러한 아브라함의 하나님을 향한 돌이킴은 그의 아들 이삭을 제물로 바치라는 하나님의 명령에 순종함으로 그 가치가 증명되었고 그 증명의 종지부는 '하나님을 경외함'이라는 선포로 끝맺고 있다[창 22:12]. 한 마디로 아브라함의 돌이킴은 하나님을 향한 이스라엘의 믿음의 역사가 시작되는 출발점이 되었던 것이다.

두 번째로 살펴볼 돌이킴은 이스라엘 백성의 출애굽 사건이다. 아브라함의 증손자 요셉 때부터 애굽의 나일강 델타 지역 동쪽에 거주하였던 이스라엘 민족은 약 4세대가 지난 후 애굽 왕 람세스 2세가 거대한 토목, 건축 사업을 일으키자 노예로 투입되어 혹사당하는 삶을 살고 있었다. 바로 이때 등장한 인물이 모세이다. 하나님으로부터 부르심을 받아 이스라엘을 애굽으로부터 구출한 모세는 약 40년 동안 이스라엘 민족을 이끌며 약속의 땅 가나안을 향해 나아갔다. 약 400년전 하나님이 아브라함을 갈대아 우르에서 불러내어 정착시킨 땅, 바로 그 땅을 향해 이스라엘 민족이 다시 나아갔던 사건이 바로 출애굽 사건이다.

애굽으로부터 가나안으로 돌이킨 출애굽 사건도 아브라함의 경우와 마찬가지로 세상적 상식과 순리를 거스르는 돌이킴이었다. 찬란한 문명 국가 애굽, 특히 경제적으로 풍요로운 애굽으로부터 광야를 거쳐 가나안으로의 돌이킴은 인간적으로 볼 때 '사서 고생하는 돌이킴'임에 분명하다. 그러나 이 돌이킴도 성경 기록을 보면 그리 쉽지 않았음을 알 수 있다. 애굽에서 나올 때부터 애굽 왕 바로의 강력한 반대와 저항에 부딪히고 더 나아가 이스라엘 백성들의 불만과 항의가 끊이지 않았다. 결국 하나님의 10가지 심판 재앙이 내린 후에서야 비로소 애굽이라는 세상은 이스라엘 민족을 나가게 해주었다. 그러나 그것도 잠시뿐, 바로는 곧바로 모든 군대를 총동원하여 이스라엘 민족을 추격하였고 그들을 홍해 앞에 가둬 사면초가의 위기로 몰아 넣었다. 이때에도 하나님은 홍해를 가르는 은혜를 베푸셔서 이스라엘 민족이 가나안을 향해 나아가는 발걸음을 계속하게 하셨다.

세상(죄)에서 돌이켜 하나님께로 나아가는 여정이 그리 녹록치 않다라는 사실을 보여준 출애굽의 사건을 통해 이스라엘 민족은 세상적 노예 신분에서 하나님 나라 백성으로 돌이키는 축복의 은혜를 받게 되었다. 만약 그들이 애굽에 계속 남아있었더라면 고도로 발달된 사회, 경제, 문화적 혜택을 누리며 살아갈 수 있었을 것이다. 그러나 반드시 기억해야 할 것은 인간의 문명이 발달되면 될수록 세상적 죄악도 함께 비례한다는 등식이다. 인류 역사 속에 공통적으로 증명된 사실은 바로 '배부르고 등 따시면' 하나님을 점점 잊어버리게 된다는 공식이다. 바로 이 세상적 공식으로부터의 돌이킴이 이스라엘의 출애굽이었고, 그 출애굽은 공동체적 돌이킴의 가치와 중요성을 부각시켜준 사건이었다. 오래 전 하나님을 향한 아브라함의 개인적 돌이킴은 모세를 통한 이스라엘의 공동체적 돌이킴으로 구현되어 마침내 하나님의 나라가 이 땅에 세워지는 역사의 시발점이 되었다.

아브라함과 이스라엘을 인도하신 하나님의 은혜가 오늘 '나'에게도 개인적으로 동일하게 부어지고 있음이 믿음으로 고백되고 있는가? 그렇다면 지금 '나'의 삶은 가족과 이웃의 돌이킴을 향해 얼마나 많이 노력하고 있으며 선한 영향력을 주고 있는가? 성경 역사 속에 출애굽이 공동체적 돌이킴을 대표한다면 개인적 죄악으로부터의 돌이킴은 다윗의 삶을 통해 고찰해 볼 수 있다. 다윗은 이스라엘 왕국의 2대 왕으로 40년간 통치하였으며, 이스라엘 역사상 가장 위대한 왕으로 평가받고 있다. 유다 지파 이새의 여덟 아들 중 막내로 태어난 다윗은 어려서부터 하나님을 신뢰한 목동으로 음악가로 시인으로 성장하였으며, 나중에는 백성으로부터 존경 받는 군인으로 정치가로 국가를 섬기었다. 다윗은 왕이 된 후에도 계속해서 여호와의 율법을 신실하게 지켰으며, 이스라엘 민족을 여호와 숭배사상으로 단합시켰고, 정치, 경제, 군사, 외교 모든 면에서 총체적 번영을 이룬 지도자였다. 그리고 그 무엇보다도 주목하는 것은 예수 그리스도가 다윗의 후손으로 오셨다라는 사실이다.

그러나 성경은 다윗의 위대한 업적만을 기록하고 있지 않다. 다윗은 전쟁터에 나가 있던 자신의 부하 우리야의 아내 밧세바를 강간하였고 그 사실을 은폐하기 위해 우리야를 전쟁터에서 죽도록 조치한 악랄하고 비열한 죄를 범하였다. 이런 다윗을 성경은 '하나님의 마음에 합한 사람'이라고 평가하고 있다. "다윗을 왕으로 세우시고 증언하여 이르시되 내가 이새의 아들 다윗을 만나니 내 마음에 맞는 사람이라 내 뜻을 다 이루리라 하시더니"^행 13:22. 다윗은 자신의 부하들이 전쟁하러 나간 사이 옥상에 올라가 남의 집 아내를 엿보고 급기야는 강간과 살인 교사죄를 범하였다. 그런 다윗이 어떻게 하나님 마음에 합한 사람이란 말인가? 성경 속 다윗의 이야기는 그의 범죄함으로 끝나고 있지 않다. 하나님이 선지자 나단을 통해 다윗의 죄악을 밝히자 다윗은 그 즉시 자신의 죄를 솔직히 인정하고 자복하며 회개하였다. 바로 이 신속한 돌이킴이 다윗으로 하여금 하나님의 마음에 합한 사람이라는 최상급의 호칭을 계속 유지할 수 있게 하였던 것이다. 그 어떤 상황아래서도,

심지어 죄악의 올무와 교만함의 과시(인구 조사) 속에서도 하나님의 음성을 들을 수 있었던 영적 민감함이 다윗으로 하여금 죄악으로부터 신속하게 돌이키는 영적 각성을 이끌어냈던 것이다. 오늘날 성도 중에 죄를 짓지 않고 살아가는 사람은 아무도 없을 것이다. 그리고 다윗보다 더 심각한 죄(간통과 살인)를 범하고 살아가는 성도도 극히 드물 것이다. 그렇다면 다윗보다 도덕적, 윤리적으로 더 나은 삶을 살고 있는 '나'는 얼마나 하나님 마음에 합한 사람인가? 얼마나 민감하게 범죄함으로부터 반응하며 그 죄로부터 신속하게 돌이키고 있는가?

마지막으로 살펴볼 돌이킴은 소명과 함께 동반한 돌이킴이다. 지금의 터키 지역인 다소에서 태어난 사도 바울은 그 당시 가장 권위 있는 바리새파인 힐렐 학파의 수장 가말리엘 문하에서 교육을 받은 후 초기 기독교 박해에 결정적인 역할을 수행하였다. 그러던 어느 날 교회를 핍박하기 위해 다메섹으로 가던 도중 부활하신 예수님을 만난 바울은 유대교에서 기독교로 돌이키는 은혜를 경험하였다. 그리고 그날 예수님으로부터 복음을 들고 땅끝까지 나아가는 선교의 소명도 함께 받았다^{행 9:15-16, 13:47}. 이 획기적인 돌이킴으로 인해 바울의 인생과 신앙은 전적으로 변화되었으며, 교회의 핍박자에서 위대한 기독교 사역자로 거듭나게 되었다. 바울은 그 동안 자신이 핍박했던 교회의 예수를 하나님의 아들 그리스도라고 증거하였으며 심지어 율법의 가르침과 대조되는 '이신칭의'를 주장하는 복음의 수호자로 변화되었다. 이런 근본적, 본질적 돌이킴(radical change)은 그 어떤 종교, 철학, 학문, 사상, 교육 등의 결과로써 이루어진 것이 아니라, 다메섹 도상에서 예수 그리스도를 만남으로 이루어졌다^{행 9:19-31}. 오직 예수 그리스도께서 바울에게 나타나 소명을 주셨다는 사실만이 바울의 근본적 돌이킴의 변화를 설명할 수 있는 열쇠이다. 이 은혜의 열쇠가 오늘 우리의 삶 속에도 동일하게 주어지길 소망한다.

오늘 우리들이 살고 있는 포스트모던 시대는 '혼돈과 무질서의 시대'이다. '분열과 타락의 시대'이다. '인본주의와 물질주의' 시대이다. 그리고 '죄악과 어두움'의 시대이다. 21세기 '소돔과 고모라'의 시대 속에 세워져 있는 교회를 향해 아브라함, 다윗, 사도 바울 그리고 출애굽 사건은 한 목소리로 질문을 던지고 있다: 지금 죄악 된 세상으로부터 돌이켜 하나님을 향해 나아가고 있는가?

하나님을 만난 초심으로 돌이킴

'돌이키면 살아난다' 이 말씀을 역으로 해석하면 '돌이키지 않으면 죽는다' 라는 말라기의 경고가 된다^{말 4:6}. 죽지 않고 살기 위해서는 돌이켜야 하는데, 그 돌이킴 중에 하나님을 만나 예배하고 쓰임 받았던 그 초심으로 돌아가는 돌이킴이 있다. 이에 대해 크게 신앙적 초심, 소명적 초심, 예전적(예배적) 초심, 그리고 관계적 초심으로 돌이킨 사람들의 예를 살펴보려 한다.

신앙적 초심으로의 돌이킴을 가장 잘 보여주는 사건은 창세기에 기록된 야곱의 이야기이다. 이스라엘의 조상 아브라함의 손자인 야곱은 형 에서의 장자권과 축복권을 비열한 방법으로 가로챈 후 에서의 보복이 두려워 외갓집이 있는 하란 땅으로 피신하게 되었다. 고향집으로부터 약 400km넘는 하란으로 도망가던 중 야곱은 꿈 속에서 하늘에 닿은 사다리와 그 사다리를 오르내리는 천사들을 보았고, 그 사다리 위에 계시는 하나님을 만나는 놀라운 경험을 하였다. 바로 그곳, 야곱이 하나님을 만난 곳을 성경은 벧엘이라 기록하고 있다^{창 28:11-19}.

외삼촌 라반의 집에서 20년의 우여곡절 세월을 보낸 야곱은 마침내 가정을 이루고 많은 부를 쌓은 후 가나안으로 돌아와 세겜이라는 곳에 정착하여 세상적 부와 명예를 누리며 성공적 삶을 살아가고 있었다. 그러던 어느 날 딸 디나의 강간사건과 이로 인해 야곱의 아들들이 세겜 족속을 학살하는 복수극이 일어나자 야곱은 일생일대의 최대위기에 봉착하게 되었다. 바로 이때 하나님은 야곱에게 나타나 '벧엘로 올라가 제단을 쌓으라'라고 말씀하셨다. "하나님이 야곱에게 이르시되 일어나 벧엘로 올라가서 거기 거주하며 네가 네 형 에서의 낯을 피하여 도망하던 때에 네게 나타났던 하나님께 거기서 제단을 쌓으라 하신지라"창 35:1. 이 명령은 세상의 자리 세겜에서 일어나 돌이켜 하나님의 집 벧엘로 올라가 예배를 회복하라는 영적 각성을 의미한다. 역으로 생각하면, 지금 야곱은 죄악 된 세상에 머물며 하나님을 만난 첫 신앙의 은혜를 망각하고 영적 침체와 나태함에 빠져 있음을 보여준다. 이런 신앙의 위기 속에 빠져 있는 야곱, 세상의 물질문화와 성공관에 빠져 믿음의 초심(벧엘)을 잃어버린 야곱, 그 야곱에게 하나님은 다시 찾아오셔서 말씀하셨다. '죄악 된 세상의 땅 세겜에서 돌이켜 벧엘의 신앙을 회복하라.' 오래 전에 인생의 정답은 보았으나,

지난 30여년 동안 망각하고 있었던 그 정답을 다시 기억하게 된 야곱은 가족들과 함께 우상숭배와 세속문화의 죄악을 청산하고 다시 하나님께로 돌이켜 나아가 마침내 그의 아들들이 이스라엘 12지파를 이루는 축복을 받게 되었다. 그 축복의 벧엘을 지금 '나'는 경험하고 있는가? 언제 어느 곳에 있든지 다시 돌아갈 수 있는 신앙의 초심 '나의 벧엘'은 과연 어디인가? 그러나 반드시 기억해야 할 것은 초심의 본질은 벧엘이라는 장소가 아니라 그 벧엘에 계신 하나님이시다라는 사실이다. "그가 거기서 제단을 쌓고 그 곳을 엘벧엘이라 불렀으니 이는 그의 형의 낯을 피할 때에 하나님이 거기서 그에게 나타나셨음이더라"^{창 35:7}. 엘벧엘! 벧엘이 신앙의 초심이 될 수 있는 것은 바로 그 곳에 하나님이 계시기 때문이다.

그 다음으로 선지자 요나에 대한 성경 기록을 보면 '소명적 초심으로 돌이킴'의 중요성과 필연성을 깨달을 수 있다. 복음서를 보면 예수님이 병을 고치고 귀신을 쫓아내는 이적을 보이자 바리새인과 율법학자들은 예수님에게 표적을 요구하였고 이에 대해 예수님은 선지자 요나의 표적을 들어 설명하였다. 예수님의 부활 표적으로 언급된 요나(요나가 물고기 뱃속에서 삼일 후 나온 것 같이 예수님 자신도 십자가에서 죽으신 후 삼일 만에 부활하실 것을 암시^{마 12:40})는, 당시 유대인들 사이에 세계 열방이었던 앗수르의 수도 니느웨(12만명이 사는 거대한 도시)를 회개시킨 능력의 선지자로, 그것도 단 하루 만에 회개시킨 위대한 선지자로 추앙 받고 있었다.

그럼 요나서에 기록된 선지자 요나는 얼마나 위대한가? 하나님의 부르심에도 불구하고 그 소명이 자신의 뜻과 다르다 하여 이를 거역하고 니느웨와는 정반대 방향인 다시스로 내려가는 배에 올라탄 요나는 그 배 맨 아래층으로 내려가 숨어버리는 불충을 범하였다. 그러나 하나님을 피해 '아래로 아래로' 내려간 요나는 결국 하나님의 징계를 받아 '배 밑창보다 더 아래'인 바다 속 큰 물고기 뱃속 아래까지 내려가게 되었고, 그 물고기 뱃속에서 만신창이가 된 후에서야 비로소 회개하며 '구원은 오직 주님에게서만 옵니다'라고 고백하였다. "나는 감사하는 목소리로 주께 제사를 드리며 나의 서원을 주께 갚겠나이다 구원은 여호와께 속하였나이다 하니라"^{욘 2:9}. 그러나 이 고백도 잠시뿐, 요나는 마지못해 니느웨로 가서 하나님의 심판 메시지를 선포하였고, 그 메시지를 들은 니느웨 전체가 회개하고 구원받자 심히 분개하여 하나님께 불평 불만을 쏟아 부었다.

사실 요나서를 보면 하나님의 관심사는 니느웨가 아니라 바로 선지자 요나에게 있었음을 알 수 있다. 하나님의 명령에 불순종하고 제멋대로 행한 요나를 하나님은 다시 불러 그 소명적 초심으로 돌이키게 하였고, 심지어는 요나의 건성적인 순종을 사용하여 전 니느웨가 회개하는 기적을 이루게 하셨다. 이런 요나의 모습은 어쩌면 오늘 '억지로', '제멋대로', '내 뜻대로' 사역하는 '내' 모습을 예표하는 경고일런지도 모른다. 세상은 요나를 통해 일어난 능력과 기적만을 보려 한다. 그러나 성경은 요나를 사용하신 하나님을 보아야 함을 강조하고 있다. 요나서는 선지자 요나가 바다에 던져짐으로 거센 폭풍과 파도가 잠잠해졌음을 기록하고 있으나, 복음서는 그 폭풍과 파도를 말씀으로 잠잠케 하신 예수님이 하나님의 심판 폭풍 속으로 스스로를 던짐으로 우리가 구원받았음을 선포하고 있다. '요나보다 더 큰 이'마 12:41 예수 그리스도의 십자가 은혜와 사랑이 오늘 우리가 바라보아야 할 소명적 초심인 것이다.

세 번째로 예전적 또는 예배적 초심으로 돌이킴을 보여주는 대표적인 예는 출바벨론 사건이다. 출애굽 사건 이후 이스라엘의 역사는 사사 시대를 거쳐 다윗, 솔로몬 시대에 이르러 그 찬란한 영광에 도달했으나, 그 이후 나라가 둘로 나눠지고 점차 타락과 불충의 내리막길로 내딛다가 결국 나라가 패망 당하는 수치를 겪게 되었다. 다윗 시대를 황금시대로 이끌었던 여호와 숭배 신앙은 솔로몬 때 예루살렘 성전 건축으로 이어졌으나, 솔로몬 통치 말기부터 본격적으로 나타나기 시작한 종교 다원주의와 혼합주의로 인해 결국 하나님의 진노와 심판이 이스라엘 역사 위에 임했던 것이다. 하나님을 향한 참된 예배를 거부하고 이방 우상 신들을 섬겼던 이스라엘의 최후는 패망이요 이방 땅으로 유배당하는 치욕의 울부짖음이었다. 앗수르에 패망 당한 북 이스라엘은 이방 민족과 피가 섞임으로 그 민족적 정체성을 상실하였고 남 유다의 수많은 백성들과 왕족들은 바벨론의 포로로 잡혀가 70년 동안 유배의 고난을 겪었던 그 아픔의 시작은 바로 하나님을 떠나 우상들을 숭배함에 있었음을 기억해야 한다.

바벨론에 포로로 잡혀간 남 유다 사람들은 70년의 유배생활 후에 하나님의 극적인 인도하심으로 다시 가나안 땅으로 돌아오게 되었다. 그들이 가나안 땅으로 돌아와 제일 먼저 행한 것은 바로 전쟁과 폐허로 파괴된 성전을 재건하는 일이었다. 그럼 무엇 때문에 그들은 예루살렘으로 돌아오자마자 성전 재건을 시작하였던 것일까? 국가 경제 기반 또는 산업 시설 재건보다도 성전 재건에 우선 순위를 둔 이유는 과연 무엇이었는가? 우상을 섬기는 이방 땅 바벨론에서 70년의 각성과 연단의 세월이 이스라엘 백성에게 깨닫게 해준 진리는 바로 하나님을 향한 예배의 간절함과 갈급함이었던 것이다. 재건된 성전에서 예배드리는 감격과 감사의 눈물, 그 눈물 속에 다시 하나님의 품으로 돌이킨 백성들의 삶을 통해 이스라엘의 역사는 다시 시작되었던 것이다. 오직 하나님만을 경배하며 찬양하는 예배로의 돌이킴만이 우리를 살린다는 진리는 오늘도 시공을 뛰어넘어 계속 증거되고 있다.

마지막으로 살펴볼 돌이킴은 복음서에 기록된 '돌아온 탕자의 비유'눅 15:11-32로, 하나님 아버지와의 관계적 초심으로 돌이킴만이 삶의 본질적 기쁨과 축복을 누리는 유일한 길임을 보여주고 있다. 러시아 상트페테르부르크에 있는 에르미타주 미술관에 가면 인류역사상 최고의 걸작으로 찬사 받고 있는 미술 작품이 하나 있다. 렘브란트가 말년(1669년경)에 그린 '돌아온 탕자'라는 그림이다. 이 그림을 보면 누구나 제일 먼저 시선을 두는 곳은 한 노인이 헐벗은 거지 모습의 탕자를 감싸 안고 있는 모습이다. 아버지 앞에 무릎 꿇고 안겨있는 탕자, 그 탕자의 삭발된 머리, 헤어진 옷, 그리고 찢어지고 벗겨진 신발에서 그의 삶이 얼마나 고달프고 참담했는지를 엿볼 수 있다. 이런 탕자의 모습을 통해 하나님 아버지를 떠난 삶은 결국 모든 것을 잃어버리고 갈 곳 없이 방황하게 되며, 그런 탕자가 다시 일어날 수 있는 길은 오직 하나님 아버지의 포근한 사랑으로 돌아오는 방법 밖에 없다는 진리가 선포되고 있다. 성경은 오늘도 말한다. '하나님 아버지의 사랑 앞에서는 그 어떤 죄도 문제가 되지 않는다. 지금 있는 죄악 된 세상에서 돌이켜 하나님 아버지의 품 안에 안기기만 하면 된다'. 그러나 이 값없는 사랑을 누리기 위해서는 먼저 '하나님은 나의 아버지인가'라는 질문에 분명한 답을 해야 한다.

누구나 한번쯤은 고민하게 되는 질문, 지금 내가 걷고 있는 인생길이 과연 옳은 길, 정답의 길인가? 만약 인생 종착점에 도달해서야 그 동안 걸어온 길이 정답의 길이 아니라는 것을 알게 된다면 얼마나 허무하고 비참할까? 다시 원점으로 돌아가 새로이 시작할 수 없는 인생, 그 인생을 살아감 속에 어느 길로 가야 올바른 목적지에 도달할 수 있는지를 알 수만 있다면 얼마나 좋을까! 이 고민에 성경은 '돌이키면 살아난다'라는 말씀으로 답을 하고 있다. 나와 내 가정과 교회가 살고, 선교사의 피로 세워진 이 나라 이 민족이 다시 일어나는 길은 오직 하나님께로 돌이키는 길 밖에 없다. 지금 죄악과 어두움의 혼란 속에 길을 잃고 방황하는 현 시대는 모든 한국 교회를 향해 큰 소리로 외치고 있다. '하나님 앞에 자복하고 통회하는 마음으로 1907년 평양 대부흥의 회개의 초심, 1973년 여의도 광장 기도의 초심으로 돌이키라고!' 예수 그리스도의 십자가 복음 앞으로 돌아가라고!

"죽은 고기는 물에 떠내려가지만 살아 있는 고기는 물을 거슬러 올라간다."

끝맺으며

    십자가 신학을 주창했던 종교개혁가 마틴 루터를 잇는 독일 경건주의의 발자취를 살펴볼 때 반드시 주목해야 할 인물들 중에 '진젠도르프'라는 사람이 있다. 진젠도르프는 1719년 19세이던 당시 젊은 귀족들의 '통과의례' 격인 '봔더야르'(Wanderjahr)라 불리는 여행 도중 뒤셀도르프에서 16세기 이탈리아 출신의 무명화가 도메니코페티가 그린 '에케 호모'라는 그림을 만나게 되었다. 본디오 빌라도가 예수님을 재판하면서 '이 사람을 보라'요 19:5고 소리치자 피를 흘리며 예수님이 말없이 고개를 떨구고 있는 모습을 그린 그 그림은 젊은 귀족 진젠도르프의 삶을 완전히 바꿔 놓았다. 진젠도르프가 그날 그 그림 앞에 섰을 때 하나님의 놀라운 은혜가 그에게 부어졌고 다음과 같은 음성이 들렸다고 전해진다.

"나는 너를 위해 목숨을 버렸건만, 너는 나를 위해 무엇을 하고 있느냐?"

사실 진젠도르프가 은혜 받은 실제 그림이 어떤 것이었는지는 확실치 않다. 오늘날 페티가 그린 에케 호모의 여러 다양한 버전이 있기 때문이다. 그럼에도 불구하고 진젠도르프가 본 작품으로 여겨지는 그림은 뮌헨의 바이에른 국립 미술관에 있는 것이라는 설이 최종적으로 유력하다. 왜냐하면 이 작품의 맨 아래 붉은 난간 부분에 다음과 같이 라틴어로 적혀 있기 때문이다.

Ego pro te haec passus sum

Tu vero quid fecisti pro me

이 문구가 바로 진젠도르프에게 들려왔던 예수님의 말씀이었던 것이다.

ECO PRO TE HAC PAS SVS SVM
TV VERO QVID FECISTI PROME

예수 그리스도를 십자가에서 처형한 빌라도 보다 약 800년전 '에케 호모'(Ecce homo)가 아닌 '에케 데우스'(Ecce Deus)를 외쳤던 사람이 있다. 그는 바로 선지자 이사야이다. '보라 너희 하나님께서 여기 계시다!'사 40:9. 그 하나님은 능력으로 오시는 왕이시며 자신의 양떼를 돌보시는 목자로 오신다고 예언하였다사 40:10-11. 왕으로, 목자로 오시는 하나님, 바로 그 하나님이 이 땅에 오신 예수 그리스도이시다. 빌라도가 '에케 호모'라 외쳤던 바로 그 분이 이사야가 선포했던 '에케 데우스' 였던 것이다. '에케 데우스'이신 예수님의 음성을 들은 진젠도르프는 고향으로 돌아가 백작으로서 누릴 수 있었던 편안하고 호화로운 삶을 모두 포기하고 오직 하나님만을 섬기는 헌신의 삶을 살아갔다.

진젠도르프는 어느 날 체코에서 종교의 자유를 찾아 이동한 모라비안 교도들을 만났고(모라비안 교도는 체코의 개혁자 얀 후스를 따르는 루터 이전의 개신교도들을 지칭한다), 그후 모라비안 형제회를 조직해 본격적인 경건주의 운동을 전개해 나갔다. 그 모라비안 운동이 할레대학과 함께 근대 선교의 불을 일으켰고 1832년 7월, 한국 최초의 선교사인 귀츨라프를 우리나라로 보냈으며, 고아원의 아버지 조지 뮐러를 회심시켜 영국으로 보냈고, 그리고 감리교를 탄생시키는 지대한 공헌을 하였다. 지금도 헤른후트에 있는 모라비안 교회에 가면 진젠도르프와 감리교 창시자인 요한 웨슬리의 흉상이 나란히 세워져 있다.

'보라 이 사람을!' 이 영적 도전에 또 다른 한 사람이 무릎을 꿇게 된다. 영국 복음주의를 대표하는 여류 찬송작사가 F.R. 하버갈이다. 그녀의 찬송시는 한국의 통일 찬송가와 새 찬송가를 통틀어 8편이나 실려 있을 만큼 영국뿐만 아니라 한국 기독교에도 지대한 영향을 미쳤다. 일생동안 성결의 삶을 몸소 실천하며 참 그리스도인의 모습을 보여준 그녀가 1858년 뒤셀도르프에 있는 한 독일 친구를 방문하였을 때 예수님이 머리에 가시관을 쓰시고 피를 흘리고 계시는 그림을 보게 되었다. 그 그림에는 'ECCE HOMO'라는 제목이 붙어 있었고 그 밑에는 "나는 너를 위해 목숨을 버렸건만, 너는 나를 위해 무엇을 하고있느냐?"라고 쓰여 있었다. 그녀가 본 그림이 바로 진젠도르프의 삶을 완전히 뒤바꾸어 놓은 그림이었던 것이다. 그 그림을 통해 깊은 영적 감동을 받은 하버갈이 작사한 찬송이 바로 '내 너를 위하여'라는 은혜의 찬송이다. 진젠도르프를 변화시키고 그 변화의 줄기에서 요한 웨슬리의 감리교를 창시하였으며 한국 최초의 선교사까지 보내신 예수 그리스도는 어제나 오늘이나 영원토록 동일하게 역사하고 계신다. 인류 역사 속에 조용히 그러나 강하게 변화를 만들어온 '에케 호모'는 바로 예수 그리스도가 지신 십자가의 카이로스이었다.

태초부터 지금까지 인류 역사를 다스리시는 하나님의 아들 예수 그리스도는 2000년전 인간의 이성과 상식을 뛰어넘어 이 땅에 진리로 오셨다. 그리고 성경이 예언하고 기록된 대로 온 세상을 주관하며 다스리시는 왕으로 오셨으며, 동시에 하나님 나라의 백성들을 친히 품으시는 선한 목자로 오셨다. 들판에 놓여있는 양들에게 선한 목자가 필요하듯이 우리 사람들에게는 영혼의 목자가 반드시 필요하다. 들판에서 맹수의 위험과 도적들의 위험과 자연재해의 위험 등에 노출된 양처럼 사람도 인생이라는 거친 들판속에 여러 모양의 위험과 위기 속에 무방비로 노출되어 살아가고 있다.

과거에 비해 오늘날 우리들이 살고 있는 세상이 비록 과학 및 의료 기술의 진보와 사회 문화적 혁신 등을 통해 삶의 질과 안정감이 높아졌다 할지라도 그 어떤 세상적 것들이 내일 무슨 일이 일어날지의 불확실성을 제거해줄 수 없다. 보다 직설적으로 말하면, 그 어느 누구도 내일 무슨 일이 일어날지 아는 사람은 없다. 만약 2001년 9월 11일에 무슨 일이 일어날지 알았다면 그 누가 뉴욕 세계무역센터 안으로 들어갔겠는가? 2014년 4월 16일에 무슨 일이 일어날지 알았다면 세월호에 탑승할 사람은 아무도 없었을 것이다. 한치 앞도 모르는 것이 인생이다.

이런 인생을 어떻게 살아내야 하는가?

어떻게 사는 것이 정답의 인생인가?

이 질문에 인간의 이성, 상식, 학문, 심지어 종교도 답을 줄 수 없다. 오직 진리로 오셔서 우리를 선한 길로 인도하시는 예수 그리스도, 그 분의 십자가 복음만이 그 대답을 들려줄 것이다. 오늘도 그리스도의 복음과 십자가의 카이로스는 계속해서 선포되며 진행형이다. 언제까지? 예수 그리스도가 다시 오시는 그날까지.

할렐루야!
오직 주님께 영광!